L'immigration clandestine

Mythes, mystères et réalités

Points de vue

Collection dirigée par Denis Pryen

Déjà parus

Succès MASRA et Béral M. LE GRAND, *Tchad, éloge des lumières obscures. Du sacre des cancres à la dynastie des pillards psychopathes*, 2008.

Reckya MADOUGOU, *Mon combat pour la parole*, 2008.

Raphaël BINDARIYE, *Le bonheur d'un couple. De vingt à quatre-vingts ans*, 2008.

André-Bernard ERGO, *Congo belge, La Colonie assassinée*, 2008.

Diogène BIDERI, *Le massacre des Bagogwe. Un prélude au génocide des Tutsi – Rwanda (1990-1993)*, 2008.

Cyriaque Magloire MONGO DZON, *Quelle refondation pour le Congo ?*, 2008.

Khayar Oumar DEFALLAH, *Fils de nomade. Les mémoires du dromadaire*, 2008.

Oumar DIATTA, *La Casamance coincée. Essai sur le destin tumultueux d'une région*, 2008.

Georges TOUALY, *Le modèle de développement ivoirien : mirage ou utopie partagée ?*; 2008.

Mohamed Salem MERZOUG, *L'Africanisme solidaire. Sur les quais de l'espérance*, 2008.

Habib DEMBELE GUIMBA, *Être... ou ne pas naître*, 2008.

Edgard M'FOUMOU-NE, *La reconstruction du Congo-Brazzaville : la synthèse*, 2008.

Adjo SAABIE, *Epouses et concubines de chefs d'Etat africains. Quand Cendrillon épouse Barbe-Bleue*, 2008.

Francine BITEE, *La transition démocratique au Cameroun*, 2008.

Gérard Bossolasco, *L'Ethiopie des voyageurs*, 2008.

Roland Ahouelete Yaovi HOLOU, *La Faillite des cadres et intellectuels africains*, 2008.

Toumany MENDY

L'immigration clandestine

Mythes, mystères et réalités

L'Harmattan

Du même auteur, chez le même éditeur

- Politique et Puissance de l'argent au Sénégal, les désarrois d'un peuple innocent, L'Harmattan, 2006, 257 pages

- SENEGAL, Politiques publiques et Engagement politique, L'Harmattan, 2008, 234 pages

Autres publications

- Nombreux articles publiés dans la presse sénégalaise et panafricaine et se rapportant à la situation économique, sociale et politique du Sénégal et de l'Afrique.

5-7, rue de l'Ecole polytechnique ; 75005 Paris

http://www.librairieharmattan.com
diffusion.harmattan@wanadoo.fr
harmattan1@wanadoo.fr

ISBN : 978-2-296-07853-6
EAN : 9782296078536

Sommaire

A Seckou Ndiaye (Thiar), un ami, un frère, mort le lundi 15 Septembre 2008, à la fleur de l'âge, en laissant derrière lui son épouse et ses enfants, sans avoir eu le temps de s'occuper d'eux en ces moments si durs. Que le Seigneur veille sur eux et leur accorde toute sa bénédiction. Repose en paix Seckou !

Je n'oublierai également pas ce fatidique dimanche 16 novembre 2008 lorsque, tout d'un coup, mon téléphone portable sonna. C'était mon frère qui m'annonçait la mort d'un autre proche : Ibrahima kamoul Ndiaye. Mais l'inexplicable dans ce destin de Kamoul, c'est que la veille, nous avions passé toute la journée ensemble. Bien portant, sans aucun signe de malaise, nous rêvions ensemble de nos projets d'avenir. Mais quelques heures plus tard, dans son sommeil, après avoir participé à une soirée de mariage d'un cousin, Ibou s'en est allé sans avoir eu l'occasion de dire un dernier adieu aux siens. Oui, Dieu seul peut expliquer cela ! Repose en paix mon cher Kamoul et que le Seigneur t'accueille dans son saint paradis, Amen.

T.M.

Reconnaissance

Un grand merci à tous ceux qui m'ont apporté leurs témoignages dans ce récit. Sans eux, ce livre n'aurait pas été écrit. J'espère que cette reconnaissance trouvera le chemin de leurs cœurs.

Je me suis aussi gardé d'incorporer dans cet ouvrage, des photos de clandestins et de cadavres de clandestins, et ce, dans le seul souci de respecter la dignité de ces individus et d'éviter de heurter la sensibilité des siens.

Ma pensée va également à l'endroit de ces très nombreuses familles endeuillées qui n'ont pas eu la chance de faire un dernier adieu aux cercueils des leurs.

Infiniment merci à mademoiselle Sariétou DIAGNE pour avoir relu et corrigé mon manuscrit de sa main si sûre. Jusqu'à ce que la mort nous sépare… et même au-delà.

Un grand merci à John Mendy et Bernard Maneh qui m'ont aidé à traduire la problématique de cet ouvrage en version anglaise.

Merci au professeur ALONSO et à M Martin MENDY pour leur contribution à la version espagnole du résumé de cet ouvrage.

Note au lecteur

L'expression *Barça ou Balsaak* était le slogan des clandestins en été 2006. *Barça* est le diminutif de Barcelone et *Balsaak* est un mot wolof – langue nationale du Sénégal – qui signifie *"enfer"*. Les clandestins, déterminés à partir à tout prix et quoi qu'il leur arrive, n'avaient qu'un seul objectif : « atteindre Barcelone ou mourir en enfer ».

Les mots *pirogue, barque* et *bateau* qui reviennent souvent dans le récit, désignent tous, le même moyen de transport à bord duquel voyagent les clandestins.

Dans le récit, j'ai quelque fois employé les termes espagnols *"campos"* et *"oficina"* qui désignent respectivement en Français, "champs agricoles" et "agence d'intérim" dans le seul souci de rester fidèle, dans certains contextes, à la description du sujet.

Le *capitaine* est le chef du groupe. C'est le bras droit du passeur qui est chargé d'organiser le voyage, du départ jusqu'à l'arrivée aux îles Canaries.

Les conducteurs de pirogue sont aussi appelés les *"Moles"*.

Enfin, au lecteur, et surtout au lecteur averti, je tiens à préciser que ce témoignage se borne, plus modestement, à relater et à analyser des évènements et des faits, ainsi que leurs effets, à un moment où l'immigration se complique davantage : d'un côté, l'Occident durcit le ton et considère de nos jours l'immigration clandestine comme étant un délit et d'un autre côté, les populations des pays pauvres ne sont pas prêtes à renoncer à cette immigration parce qu'elles n'ont pas d'autres choix. A cet effet, notre crainte est que, dans ce contexte particulièrement de plus en plus tendu, l'immigration pourrait, dans un proche avenir, devenir une des sources de crises dans le monde si les dirigeants de la planète n'y prennent pas garde avec beaucoup de réalisme. C'est donc en toute objectivité et sans grandiloquence aucune, sans la moindre hostilité ou complaisance à l'égard de l'Occident et encore moins de l'Afrique que je me livre à cet exercice d'analyse du fléau. Dans ces écrits, que le lecteur ne s'attende pas non plus à une critique gratuite et/ou infondée sur le sujet. Je suis à la fois témoin direct et indirect et ce, pour être né dans les mêmes conditions que ces milliers de jeunes africains qui tentent, au prix de leur vie, d'atteindre les côtes de la péninsule ibérique par la mer ou par le désert marocain. J'ai seulement eu le privilège de pousser plus loin mes études et de me retrouver un jour dans cette Europe qui hante les esprits de millions de pauvres citoyens de la planète. Et non pas au hasard mais avec le recul, j'ai décidé d'écrire sur ce sujet aussi préoccupant où certains « spécialistes » ignorent certaines réalités qui sont pourtant, ô combien fondamentales pour comprendre l'état d'esprit des migrants.

L'auteur T.M.

♣♣

In a few words...

"Europeans, we have reached the higher level of indifference. A total of 27 shipwrecked persons had to turn themselves into "human-tunas" for more than thirty six hours, griping the footbridges of a floating cage of tuna farm, under the watchful eyes of the towboat captain. It looks as if human life is nowadays worthless. The Mediterranean Sea has again been transformed into the Far West. (...)"

Laura Boldrini[1]

The idea of writing this book was conceived during one of my numerous trips to Spain. In summer 2006, I witnessed unprecedented scenes in Franco's country where each week, hundreds or even thousands of African illegal immigrants from Africa South of the Sahara arrived on the shores of the Canary Island.

In all the Streets of large cities in and around the country, one could hardly walk without meeting a young illegal immigrant or group of young Africans who have just been released from the detention centres of illegal immigrant in the Canary Island. They are usually disorientated and as a result, they wander through unknown destinations. Some are even forced to beg in order to survive. Without a shelter and means of livelihood, a good number of illegal immigrants sleep on the bare ground in the train stations or in public places

---

[1] Laura Boldrini is responsible for the Italian seat of the High commissionership of the United Nations for refugees (UNHCR).

which are usually free at night. I don't know whether it is by contempt or compassion that some of these pictures were shown on Spanish television. In 2006, during one morning broadcast on the famous TV Channel *Tve* that was broaching social issues, foreigners who were jostling around the dustbins full of expired foodstuff that has been discarded from the hypermarkets' shelves, were featured under the title "*Vivir de la Basura*". Was it a way of humiliating them or drawing the attention of authorities on this crisis that was nothing but a way of degrading not only the African but human being in general, because all the world super powers are more or less responsible of the future of the Third World countries?

Looking at these young fellow citizens and other African brothers in such a sad and inhuman situation, I was deeply stunned. Suddenly, I decided to immortalize this pain. I had to approach some of these martyrs of poverty and victims of social injustice in order to gather evidence. In this moving and incredible atmosphere, each illegal immigrant has a story to tell. My aim is to state here—based on the evidence and my investigations— the facts and realities behind these stories. It is important to note that immigration is nowadays a fact from which the host as well as home countries, in burying one's head in the sand, struggle to bring effective and even more human solutions. If the leaders of African continent do not live up to expectations of their people, because of their bad political and socio-economic orientation, the rich countries particularly the West, will always be both the pyromaniacs and firemen for they contributed a lot towards the looting of African resources for centuries (It is unfortunate that the same trend is still on). It is a kind of moral duties when the same West calls again for help on behalf of the continent during the G8 summits!

Immigration has been a controversial issue in literature and most writers tend to concentrate on shallow facts either for narrative or libellous purpose. In short, writers hardly understand socioeconomic or sociological details that are very important for the understanding of facts. And most of the time in this mental gymnastics, the best books have been those that have exonerated the West and blamed Africans for the crisis that affects Africa. The truth is that we are all held responsible for this crisis. This is why, in this book I am trying to open some avenues that will help in analysing this scourge that has become almost a tragedy that plunges into mourning not only poor families but the innocent ones.

Developed within the scene of events, this novel is a vivid portrayal of socio- economic, cultural, even communal problems of immigrants. Therefore, the only salvation for the African youth over the past years has been to escape poverty that is not only rampant in Africa but also a real threat for future prospects. This novel should be seen as an opportunity for both the industrialised and the African countries in particular, to better understand the challenges and realities on the ground and the need to initiate positive measures that could promote human resources in Africa and encourage a sustainable development from the grass roots level. There is also a need for restoring the Europe-Africa relations leading to development and a viable and sincere economic partnership. A partnership that would respect the principles of sovereignty of each state, so that Europe will stop dictating to Africa.

The truth is that immigration is far from being controlled if European Union and African leaders are not ready to look at the root courses of the problem and find appropriate solutions. The West may on their own take a tough stand as far as controlling immigrants into their countries is concerned. The figure of illegal immigrants who lost their life in the sea and in the Algerian, Moroccan and Libyan deserts may rise. The Senegalese authorities may also broadcast heartbreaking advertorial warnings or even end by arresting and putting in prison illegal immigrants just to dissuade others from embarking on those perilous journeys, but nothing will stop these youngsters who are determined to go despite the risk involved.

Therefore, it is necessary for the North and South to come together in order to tackle this issue in a pragmatic and human way. This is because illegal immigration is also responsible for casualties as much as all the wars. Solving the immigration problems is the only way that hope can be restored for these youngsters of "Third World" are struggling every day to give meaning to life. That's what they want and nothing else. The world leaders must understand that the most important solution that can preserve peace in the world is to live together in an atmosphere of mutual respect. It is a must today to establish another citizenship as Barack Obama put it during his European tour in Berlin in July 2008, "a universal citizenship" where Arabs, White and Black must accept to live together without any racial or religious prejudice. This citizenship must not be a choice but a necessity in this new millennium if we want to promote peace and security.

However, this challenge will only be met if each community or nation is willing to make an effort so as to respect the code of conduct of a common wish which is to live together. For example, a Guinean who lives in Senegal as well as a Malian who live in France must accept to be integrated in the host country by abiding by the laws of that country at all. The immigrants should know that those laws are obviously different from those of their native land. We are not asking people to give up their culture or roots - for this is the most precious legacy we have in common - but it is important to note that we cannot live at somebody's place and refuse to embrace the values that can integrate you to the community. Unfortunately, the main course of discord between immigrants and the host country has always been the refusal of the former to comply with the existing norms and values. For example, let's take the case of polygamous immigrants in France, the Republic of Napoleon where polygamy is not allowed by the constitution. These immigrants, when they are condemned by the French administration, they start talking of racism and xenophobia by accusing the French government of all kind of evil. The truth is that they are not law-abiding. For them, polygamy is allowed by their religion. It is high time that each religious community makes a diagnosis of its values in this cosmopolitan world formed by ethnically diverse culture where Christians, Muslims, Jews and even the followers of traditional religions are compelled to live together in peace.

Recently, the debate on the right to wear the veil in France has really dominated the political scene and media in France and even in Europe. In this debate on "the pros and cons the veil", the real question is not to know who has the right or not. I wonder if a Muslim living in France and asserting the right of his wife and children to wear the veil or refusing his wife to be attended by a male physician in a French hospital would make similar concessions for a foreigner of different religion or plead for him so that the latter may practise his religion without the fear of being punished under charia law in his home country. If these two principles are solved and every follower of these religions makes a compromise to allow his neighbour to practise his religion as recommended by the teaching of their Holy Books, then, the hope to reach an agreement in this islamo-christian dialogue can be expected.

In fact, there are two evils that undermine peace in the world. People are forced either to rebel or to flee their country so as to recover their dignity because of socio-economic injustice. Besides, if the second consequence (immigration) is a defendable evil, the first as far as it is concerned has no justification. Nothing can justify the way innocent people lost their lives because of some armed wings throughout the world or international terrorist organizations. However, "these enemies of peace" find the motive: powerlessness offence. As a victim of social injustice, the terrorist use the name of God and religion as refuge and violence as a defensive arm. We therefore accuse some peoples of being blind executioners, fanatics, outdated, or even uncivilized peoples. This is indeed the very root of the world crisis today. It is important to note that the identity of man must not be defined through the religion. It would be a kind of communautarism that could simply lead to a permanent conflict not only between different religious communities but between peoples and nations.

Let us have a look at countries that fall prey to violence resulting in the lost of lives of poor innocents because of suicide attacks. It is important to note that the victims are not the only innocent people but the "kamikazes" or "terrorists." The question is to find out whether these people were maltreated within the society or if they only fall prey to their own "barbarism"! The truth is that nobody will commit suicide without any motives. Besides, these kamikazes know well that they will die when they are ready to carry out suicide attacks. They also know that they will kill or maim many of their own people. Nevertheless, they are determined to commit deeds we term as barbaric. But why are they doing it? Their deeds are a kind of powerlessness before their enemies. Having lost the fight for respect and their own freedom to live, their only hope is by dying as martyrs, they expect to go to heaven. That is their philosophy and for that matter, violence becomes the shortest way to achieve their aims.

In fact, those who are termed today as fanatics, enemies of civilization or Muslim terrorists are the oppressed or people who lost their pride. They were once the Allies or friends of some superpowers. These Allies or friends were the very products of those superpowers. Their Trade Mark. And for those superpowers, when the product is no longer financially viable, the producer has to change it. Suddenly, they try to get this former Allies on the wrong side of their people or even their opponents.

And when the crisis arises, the same superpowers set themselves the task of restoring order. When that is not the case, they accuse the same former Allies of trying to destabilize peace in the world. The truth is that the world has failed. This is because in this late 21st century, some peoples keep on calling others barbaric or outdated as stated before. The whole world should be blamed for failing to promote peace together. It is worth noting that this peace cannot be forced. It can be achieved through a straightforward and sincere dialogue and through a mutual understanding and respect. If the world leaders are concerned with peace in the world or have the willingness to work towards more peaceful humankind, they must necessarily start working on theses two key issues in order to restore the balance of social cohesion between nations.

They should also try to reduce the gap that has separated nations. As long as the countries of Third World keep on living in the dark while the developed nations appear as a shining star in the night, nobody will stop these millions of poor citizen in the world from their quest of green pasture in the so-called developed West.

Therefore, the "remedy" to control immigration between States and to heal the world today, consists of breaking the barriers and the prejudice between peoples. It is important to put an end to social injustice if we want this modern society to be fair, peaceful, and isonomic.

T.M.

♣♣

En pocas palabras...

"Los Europeos, hemos llegado al límite de la indiferencia total. 27 naúfragos debieron transformarse en "hombres-atún" durante más de treinta y seis horas, agarrados a las pasarelas de una jaula flotante de cría de atunes, bajo los ojos del comandante del remolcador. Se diría que la vida humana no tiene ya ningún valor. El Mar Mediterráneo de nuevo se transformó en el Far West. (...)"

Laura Boldrini[2]
La Cruz del 30 de mayo de 2007

La redacción de este libro me vino a la cabeza en el momento en que, durante uno de mis numerosos viajes a España, asistí en el verano del 2006, a escenas inauditas en este país dónde, cada semana, centenares, o incluso millares de trabajadores africanos procedentes del Sur del Sahara, desembarcaban sobre las costas de las Islas Canarias.
En todas las calles de las grandes aglomeraciones del país, no se podían dar dos pasos sin encontrar un joven trabajador o a un grupo de jovenes africanos recien salidos de los centros de detención de trabajadores en las Islas Canarias. Obviamente sin apoyo alguno. Errando sin destino. Algunos hasta mendigaban para tener qué comer. Sin refugios y a falta de medios, mucho de esos trabajadores dormían incluso en el suelo en las estaciones o los lugares públicos liberados por la noche. Por

---

2 Laura Boldrini es responsable de la sede italiana del Alto Comisionado de las Naciones Unidas para los Refugiados (ACNUR).

desprecio o por compasión, quién sabe, algunas de estas imágenes desfilaban en las pantallas de televisión en España. En 2006, durante una emisión matinal sobre la *TVE* que abordaba temas de sociedad, se exhibía bajo el título de "Vivir de la Basura", de los extranjeros que se lanzaban a los cubos de basura llenos de alimentos seguramente estropeados retirados de los puntos de venta de los comercios ¿Era una manera de humillarlos o de alertar a las autoridades públicas en esta crisis que no hace más que devaluar el ser humano y no solamente al Africano, sobre todo teniendo en cuenta que todas las grandes potencias del mundo son en gran parte responsables en parte de este destino del Tercer mundo para no sino nombrar África?

El ver estos jóvenes compatriotas y a otros hermanos africanos en tal situación tristemente inhumana, me aturdía profundamente. De golpe, decidí inmortalizar este dolor. Decidí acercarme a algunos de estos mártires de la pobreza aunque solo sea para nombrar la injusticia social con el fin de recoger sus testimonios.

En este contexto emotivo y especialmente alucinante donde cada trabajador tiene casi su propia historia, mi ambición no es nada de otro que informar aquí - sobre la base de los testimonios y mis propias investigaciones - de los hechos y las realidades que sacuden la crisis hoy vinculada a la inmigración e incluidos los países de recepción como los de origen, en sus políticas de la avestruz, no consiguen aportar soluciones eficaces y por añadidura humanas. ¡Si los dirigentes del continente pecan en esta situación debido a la mala orientación de sus políticas económicas y las elecciones de prioridad sobre las políticas sociales, los Estados ricos, y en particular Occidente, juegan al bombero pirómano ya que de sobra contribuyeron en los

siglos pasados (y siguen desgraciadamente aún), que pillaran los recursos del continente para gritar detrás, a la ayuda, en las cumbres del G8!
La inmigración fue objeto de una literatura muy controvertida donde cada autor no se limita a menudo a los hechos superficiales o de carácter narrador, o difamatorio o por fin, o, el autor controla muy difícilmente algunos detalles sociales, o incluso sociológicos que tienen una importancia capital en la comprensión de los hechos. Y generalmente en esta gimnasia intelectual, esto es que las mejores obras fueron los que blanquearon Occidentales y culpabilizaron África en esta crisis que sacud el continente negro en particular. Ahora bien, la realidad, es que comparten las responsabilidades. Esta es la razón por la que, en el presente relato, intento al mismo tiempo abrir algunas pistas para el análisis de esta plaga que se ha convertido en un drama que enluta cada día de las familias pobres y también inocentes.

Madurado en los lugares de los acontecimientos, esta novela quiere ser un testimonio vivido más próximo a las realidades socioeconómicas, culturales o incluso comunitarias y usuales de los emigrantes.
En efecto, la gran euforia alimentada a partir de los últimos años por la juventud africana para huir de la miseria que prevalece en el continente negro y que constituye de hecho una verdadera amenaza para su futuro, debería, a mi juicio, poder ser la ocasión para los países industrializados y también para los países africanos más concretamente, de descubrir un poco más la realidad del fenómeno y la verdadera cara de los emigrantes - y en consecuencia las realidades socioculturales y económicos a las cuales se enfrentan - para que por fin medidas concretas puedan adoptarse por una parte en el marco de la promoción de los recursos humanos en África y en consecuencia el incentivo a un desarrollo que iría de la

parte baja y por fin, por otra parte, en el restablecimiento de las relaciones Europa-África en el marco de un Codesarrollo y de una asociación económica viables y sinceros. Una asociación que debería ser respetuosa de los principios de soberanía de cada nación para que Europa detenga imponer su voluntad a África.

Lo que es seguro, la inmigración está lejos controlarse si la Unión Europea y los dirigentes africanos se niegan a observar la realidad de frente para dar otra luz a la cuestión. El Occidente podrá endurecer las condiciones de la inmigración, el número de muertes de los trabajadores se multiplicará en el mar y en los desiertos argelinos, marroquíes y libios, las autoridades senegalesas podrán pasar anuncios (tremendos) sobre las cadenas de televisión o incluso de proceder a detenciones o a encarcelamientos firmes de trabajadores para disuadir exactamente los candidatos, resumidamente, nada con todo podrá detener a estos jóvenes más que nunca determinados a ir. Suceda lo que suceda.
Es necesario pues acercar las miradas de estas dos partes del mundo Norte-sur para hacer frente juntos, de manera pragmática y humana, a esta situación que genera tantas víctimas como las guerras y esto, con el fin de volver a dar esperanza a estos jóvenes "del Tercer Mundo" que luchan todos los días para dar un sentido a su existencia. Es todo lo que piden. Nada más. Los dirigentes del planeta deben comprender que la solución que valga para preservar la paz en el mundo, es "vivir juntos" dónde cada uno debe respetar su próximo. Hay una necesidad de crear otra ciudadanía como lo reclamaba Barack Obama en su gira europea en Berlín en julio de 2008, es decir, una "ciudadanía mundial" dónde Árabes, Blancos y Negros deben aceptar vivir juntos. Sin prejuicios. Sin barreras religiosas y raciales. Esa ciudadanía no debe ser una

elección sino una necesidad en este nuevo milenio para preservar la paz y la seguridad del pueblo.
Pero esta apuesta sólo será no obstante posible si cada comunidad o simplemente, cada pueblo acepta hacer esfuerzos para respetar el código de conducta de un común querer de vida común. Para ejemplo, un Guineano que vive en Senegal al igual que un Maliense que vive en Francia deben cada uno, aceptar la integración en su país de recepción y velar por el respeto de las leyes de la República ya que buen número de entre ellas son obviamente diferente de las del país de origen. Lejos de pedir a cada uno de renunciar a su cultura, de abandonar sus raíces - ya que es todo lo que cada uno nosotros tiene de más caro - pero es necesario a pesar de todo reconocer que no se puede vivir en casa de alguien negándose a compartir algunos valores que lo unen. Desgraciadamente, este punto es una de las razones que complican aún más la inmigración. Tomaremos como ejemplo, el caso de los inmigrantes polígamos en Francia en esta República de Napoleón donde la poligamia no se admite con todo en la constitución. Estos últimos, una vez condenados por la administración francesa, gritan al racismo y a la xenofobia acusando al Gobierno francés de todos los males mientras que el verdadero problema, es que no se ponen en entredicho el cumplimiento de los principios republicanos. ¡Para ellos, es porque su religión permite la poligamia! Y en consecuencia, es indispensable hoy que cada comunidad religiosa haga el diagnóstico de sus valores en este mundo cosmopolita y culturalmente mezclado dónde Cristianos, Musulmanes, Judíos e incluso se condena a los adeptos de las religiones tradicionales a vivir juntos en la tolerancia.

Estos últimos años por ejemplo, el debate sobre el uso del velo en Francia sacude vivamente el paisaje político y de información francés e incluso a otra parte en

Europa. En este debate sobre el "para o contra el fular", la verdadera cuestión no consiste de saber quién tiene derecho o quién. Planteemos simplemente la cuestión a un Musulmán que vive en Francia y que reclama el derecho de llevar el velo para su mujer y sus hijas o también que rechaza que su esposa esté diagnosticada en un hospital francés por un médico de sexo opuesto, resumidamente, si también, a su vez, estaría dispuesto a hacer concesiones en su país de origen a un extranjero de diferente confesión o de abogar en su favor para que este último viva su religión sin preocupase de castigase por el charia. Si estos dos principios se solucionan y que cada adepto de estas religiones hace la apuesta de dejar su vecino vivir su religión como lo recomiendan o toleran los textos de nuestros libros santos, entonces, la esperanza de llegar a un consenso en el diálogo cristiano islamo pueden estar permitidos.
En efecto, sólo hay dos males que debilitan la paz en el mundo y que impulsan individuos o a rebelarse, o a huir de sus países para intentar reconquistar su dignidad: se trata aquí de la injusticia social y la injusticia económica. Por otra parte, si la segunda consecuencia (la emigración) es un mal justificable, la primera ella, es injustificable ya que nada puede justificar la actitud de privar de la vida a inocentes como operan algunas organizaciones armadas a través del mundo o algunos grupos de terrorismo internacional. No obstante, "estos enemigos de la paz" encuentran con todo un móvil: el delito de impotencia. Seguramente víctima de una injusticia social, el terrorista utiliza Dios y la religión como refugio, y la violencia como arma de defensa.

Además se califica a algún pueblo de verdugos ciegos. ¡De fanáticos! ¡De bárbaros de la Edad Media! En resumen, de pueblo no civilizado. Y es allí verdaderamente la fuente de las crisis en este mundo contemporáneo. Lo que es

necesario reconocer, es que la identidad del Hombre no debe definirse a través de la religión ya que sería una forma de comunitarismo que conduciría simplemente a un conflicto permanente no solo entre las distintas comunidades religiosas sino entre los pueblos, las naciones. Veamos el caso de los países sometidos a las violencias que cuestan la vida a los pobres inocentes debido a los atentados suicidas. Pero allí, no solo las víctimas son inocentes. Los "camicazes" o "terroristas" también. Hay que saber si estos últimos son víctimas de una injusticia que quieren reparar o si son víctimas de ellos mismos. ¡De su "crueldad"! Pero lo que está seguro, nadie quiere darse la muerte gratuitamente. Y por añadidura, no en atentados. Además estos camicazes, cuando se preparan a cometer un atentado, saben que van a morir. Saben también que provocaran muchas víctimas en las filas de los suyos. Sin embargo, se determinan a cometer actos que calificamos con razón de bárbaros. ¿Pero por qué lo hacen entonces? Sus actos son un delito hasta cierto punto de impotencia ante su enemigo. Perdiendo la batalla del respeto y su propia libertad de vida, su sola esperanza es pues que muriéndo (¡como mártires!), irán al paraíso. Tal es su filosofía y para ellos la violencia es el camino más corto. ¡Para el más débil!
En realidad, los que hoy son llamados fanáticos, enemigos de la civilización o terroristas musulmanes, para la mayoría, son oprimidos o gente herida en su orgullo ya que ellos, en un momento dado de su vida han sido los aliados o los amigos de algunas grandes potencias. Fueron sus productos. Sus marcas de fábrica. Y para estas potencias, en cuanto el producto ya no es rentable, el productor debe entonces cambiarlo. Así se pretende enfrentar a este antiguo aliado con su pueblo o en el menor de los casos con sus adversarios (a menudo políticos). Una vez que aparece la crisis, las mismas grandes potencias aparecen como la solución, la de restablecer el orden.

Cuando no es el caso, se acusa entonces a este antiguo aliado que quiere desestabilizar la paz en el mundo. El hecho hoy, es que el mundo ha fallado ya que si en este siglo XXI que empieza, algún pueblo sigue calificando a otros de bárbaros o de medievales como lo mencionábamos más arriba, es que es todo el mundo falló y esto, no haber conseguido hacer la paz juntos. Y, desgraciadamente, esa paz no puede imponerse. Se logra a través de un diálogo honesto y sincero y en un respeto recíproco y equitativo. Que se lo tengan por dicho pues: si los dirigentes del planeta que quieren preocuparse por la paz en el mundo, tienen la voluntad de trabajar para una humanidad más pacífica, deben entonces indispensablemente combatir estas dos obras con el fin de contribuir a reequilibrar la cohesión social entre los pueblos y esto, intentando reducir la zanja que los divide ya que, mientras los países del Tercer mundo seguirán hundiéndose en el momento en que los Estados desarrollados aparecen como la luz que brilla en la noche, entonces, nadie no podrá decidir a estos millones de pobres ciudadanos del planeta que sólo tienen como ambición la búsqueda de la felicidad. Y en consecuencia, el "remedio" para controlar la inmigración entre los Estados y curar el mundo de hoy, consistirá en primer lugar en romper las barreras y los prejuicios entre los pueblos. Es necesario suprimir la injusticia social si se quiere que esta sociedad moderna sea realmente justa, pacífica e isonómica.

El autor Toumany MENDY

Préambule

Je tiens à rendre ici un sincère hommage aux milliers de clandestins disparus. Il est écrit que chaque être est appelé à disparaître. Un jour ou l'autre. Mais il laisse toujours derrière lui une empreinte de son existence. Auprès des siens. Cette empreinte-là, à défaut de ses œuvres réalisées au cours de sa vie, pourrait aussi être sa tombe.

Tous les livres saints recommandent à l'Homme de se marier, de fonder une famille, de donner un sens à son existence en laissant après sa mort quelque chose qui l'immortalise. Mais hélas, beaucoup de clandestins disparus à la fleur de l'âge et qui n'ont jamais eu l'opportunité de réaliser quoi que ce soit, ont laissé derrière eux, un vide. Comme s'ils n'avaient jamais vécu dans ce bas monde car ils n'ont même pas pu avoir une tombe qui pourrait rappeler aux leurs, leur brève existence. Ils se sont transformés en poussière dans le Sahara ou en homme-thon ayant servi de nourriture aux gros poissons de la Méditerranée et de l'Atlantique. Les pauvres !

Ce monde n'est qu'une sorte de carte de visite multicolore et un sourire de théâtre car, si certains êtres humains ont la jouissance de la vie ici-bas, d'autres vivent plutôt une vie de cauchemar. C'est pourquoi, des milliers de clandestins bravent les grosses vagues de l'Atlantique ou défient l'impitoyable désert du Sahara, au risque d'y laisser leur peau. Ces gens croient pourtant en eux. Ils sont aussi fiers d'eux. Et fiers de leur pays. De leurs terres natales où ils ont vu le jour. Seulement, ils vivent dans un univers où l'espoir d'un avenir meilleur est très mince. Un univers qui, à l'apparence, semble fermé comme s'il n'y avait ni portes ni fenêtres. Et c'est à la recherche de cette bouffée d'oxygène qui leur manque tant, qu'ils tentent d'aller voir ailleurs. Non sans peine de laisser derrière eux, tous ceux qui les ont tant aimés ! En voyant les milliers de clandestins débarquer sur les côtes des îles de la péninsule ibérique ou de l'Italie, visiblement épuisés par les épreuves du voyage « de la mort », d'aucuns se diraient *« les pauvres ! »* et ce, avec mépris. Mais il faut simplement admettre que le seul objectif suprême de cette jeunesse africaine, c'est la réussite sociale et il faut l'atteindre, quel que soit le prix à payer. Et donc, cette jeunesse-là est bien entendu un produit achevé de la civilisation du bonheur. Ou de la civilisation tout court ! Seulement, il ne lui manque, pour vivre heureuse, que l'essentiel, en l'occurrence la possibilité de donner un sens à son existence et d'être utile aux siens. Etrange destin !

Toumany

« Je pense aujourd'hui qu'il aurait beaucoup mieux valu pour moi rester dans le petit village d'où je viens et y garder les troupeaux. J'y aurais compris les choses essentielles aussi bien qu'à présent. J'y serais plus près de la réalité ».

Cioran

« On ne saura jamais leur véritable histoire. Sinon en écoutant, plus sûrement que le fracas du monde, le terrible silence de la mer ».

Didier Pobel

Introduction

« Nous les Européens, nous sommes arrivés à la limite de l'indifférence la plus totale. 27 naufragés ont dû se transformer en "hommes-thons" pendant plus de trente-six heures, agrippés aux passerelles d'une cage flottante d'élevage de thons, sous les yeux du commandant du remorqueur. On dirait que la vie humaine n'a plus aucune valeur. La mer Méditerranée s'est de nouveau transformée en Far West. (…)»

Laura Boldrini[3]
***La Croix* du 30 mai 2007**

La rédaction de ce livre m'est venue à l'esprit au moment où, au cours d'un voyage en Espagne, j'ai assisté en été 2006, à des scènes inouïes dans ce pays de Franco où, chaque semaine, des centaines, voire des milliers de clandestins africains en provenance du Sud du Sahara, débarquaient sur les côtes des îles Canaries.

Dans toutes les rues des grandes agglomérations du pays, jamais on ne pouvait faire cent pas sans rencontrer un jeune clandestin ou un groupe de jeunes africains fraîchement sortis des centres de détention de clandestins dans les îles Canaries. Visiblement sans repères. Errant sans destination. Certains quémandaient même pour manger. Sans abris et faute de moyens, beaucoup d'autres clandestins dormaient à même le sol dans les gares ou les places publiques libérées la nuit aux heures creuses. Par mépris ou par compassion, que sais-je, certaines de ces

---

3 Laura Boldrini est responsable du siège italien du Haut Commissariat des Nations Unies pour les Réfugiés (UNHCR).

images défilaient sur les écrans de télévision en Espagne. En 2006, au cours d'une émission matinale sur la célèbre chaîne *Tve* qui abordait des thèmes de société, on exhibait sous le titre « *Vivir de la Basura* », des étrangers qui se bousculaient autour des poubelles remplies d'aliments sans doute variés, dégagés des rayons de vente des commerces de grande surface. Etait-ce une façon de les humilier ou d'alerter les autorités publiques sur cette crise qui ne fait que dévaloriser l'être humain et pas seulement l'Africain, d'autant plus que toutes les grandes puissances du monde sont en partie ou même grandement responsables du destin du Tiers-Monde pour ne pas seulement nommer l'Afrique ?

En voyant ces jeunes compatriotes et les autres frères africains dans une telle situation tristement inhumaine, j'étais profondément abasourdi. Du coup, j'ai décidé d'immortaliser cette peine. J'ai donc décidé d'approcher certains de ces martyrs de la pauvreté sans doute victimes d'une injustice sociale afin de recueillir leurs témoignages.

Dans ce contexte émouvant et particulièrement hallucinant où chaque clandestin a quasiment sa propre histoire, mon ambition n'est rien d'autre que de relater (sur la base des témoignages et de mes propres enquêtes) les faits et les réalités qui secouent la crise aujourd'hui liée à l'immigration et dont les pays d'accueil comme ceux d'origine, dans leurs politiques de l'autruche, peinent à apporter des solutions efficaces et de surcroît humaines. Si les dirigeants du continent pêchent dans cette situation à cause de la mauvaise orientation de leurs politiques économiques et les choix de priorité sur les politiques sociales, les Etats riches eux, et en particulier l'Occident, jouent au pompier pyromane car ils ont largement contribué des siècles durant (et continuent malheureusement encore), à piller les ressources du continent pour ensuite crier au secours, lors des sommets de pays industrialisés ! Dans sa chronique *Poing Final* d'*Afrique Magazine*, Calixthe Beyala dénoncera en ces termes : *« comme toujours, ces Européens nous diront que la corruption des élites noires est la cause essentielle de la pauvreté du continent. Ils énuméreront les biens meubles ou immeubles de tel chef d'Etat, de telle personnalité, ils clameront à tout vent que si cet argent avait été rétrocédé à l'Afrique, elle se développerait l'espace d'un cillement. Comme toujours, il y aura quelques Africains pour y croire et moi, j'ai envie de crier (...) ! Non, ce n'est guère avec la masse monétaire de l'élite africaine qu'on changera l'histoire de ses peuples, mais plutôt en empêchant l'exploitation éhontée de ses matières premières par des grandes industries occidentales. (...)* ».

L'immigration a fait l'objet d'une littérature très controversée où chaque auteur ne se limite souvent qu'aux faits superficiels soit à caractère narrateur, soit diffamatoire ou enfin, soit, l'auteur maîtrise très mal certains détails sociaux, voire sociologiques qui ont une importance capitale dans la compréhension du sujet. Et le plus souvent dans cette gymnastique intellectuelle, les meilleurs ouvrages sont ceux qui ont blanchissent les Occidentaux et culpabilisent l'Afrique dans cette crise qui secoue le continent noir en particulier. Or la réalité est que les responsabilités sont partagées. C'est pourquoi, dans le présent récit, je tente en même temps d'ouvrir quelques pistes pour l'analyse de ce fléau quasiment devenu un drame qui endeuille chaque jour des familles pauvres mais aussi innocentes.

Mûri sur les lieux des événements, ce roman se veut un témoignage vivant plus proche des réalités socioéconomiques, culturelles, voire communautaires et coutumières des migrants.

En effet, la grande euphorie nourrie à partir des dernières années par la jeunesse africaine pour fuir la misère qui sévit dans le continent noir et constituant de fait une réelle menace pour son avenir, devrait, à mon sens, pouvoir être l'occasion pour les pays industrialisés mais aussi pour les pays africains plus particulièrement, de découvrir un peu plus la réalité du phénomène et le vrai visage des migrants – et donc les réalités économico-socioculturelles auxquelles ils sont confrontés – pour qu'enfin des mesures concrètes puissent être adoptées d'une part dans le cadre de la promotion des ressources humaines en Afrique et donc l'incitation à un développement qui partirait du bas et enfin, d'autre part, dans le rétablissement des rapports Europe-Afrique dans le cadre d'un Co-développement et d'un partenariat économique viables et sincères. Un partenariat qui se voudrait respectueux des principes de souveraineté de chaque nation pour que l'Europe arrête d'imposer sa volonté au continent africain. Malheureusement, en lieu et place de cette promotion des ressources humaines pour relever le défi du développement auquel fait sans cesse face l'Afrique, l'Occident opte pour un autre impérialisme : celui de la matière grise avec notamment le système d'immigration choisie tel qu'adopté par le gourvernement français !

Ce qui est sûr, l'immigration est bien loin d'être maîtrisée si l'Union européenne et les dirigeants africains refusent de regarder la réalité en face pour donner une autre lumière à la question. L'Occident aura beau durcir les conditions de l'immigration, le nombre de morts des clandestins aura beau augmenter dans la mer et dans les déserts algérien, marocain et libyen, les autorités sénégalaises auront beau jeu de passer des spots publicitaires (accablants) sur les chaînes de télévision ou même de procéder à des arrestations ou à des emprisonnements fermes de clandestins pour dissuader les

aspirants, bref, rien pourtant ne pourra arrêter ces jeunes plus que jamais déterminés à partir. Quoi qu'il leur arrive. Il faut donc nécessairement rapprocher les regards de ces deux parties du monde Nord-Sud pour faire face ensemble, de manière pragmatique et humaine, à cette situation qui fait autant de victimes que des guerres et ce, afin de redonner espoir à ces jeunes *"tiers-mondistes"* qui se battent tous les jours pour donner un sens à leur existence. C'est tout ce qu'ils demandent. Rien de plus.
Les dirigeants de la planète doivent comprendre que la solution pour préserver la paix dans le monde, c'est le « vivre ensemble » où chacun doit respecter son prochain, respecter les diversités ethnoculturelles et favoriser les échanges entre les différentes communautés et ce, que celles-ci soient religieuses ou raciales. Il y a une nécessité de créer une autre citoyenneté comme le disait le président Barack Obama lors de sa tournée électorale européenne à Berlin en juillet 2008, c'est-à-dire une "citoyenneté mondiale" où Arabes, Blancs et Noirs doivent accepter de vivre ensemble. Sans préjugés. Sans barrières religieuses et raciales. Cette citoyenneté-là ne doit pas être un choix mais une nécessité dans ce nouveau millénaire pour préserver la paix et la sécurité des peuples.
Mais ce pari ne sera toutefois possible que si chaque communauté ou simplement, chaque peuple accepte de faire des efforts pour respecter le code de conduite d'un commun vouloir de vie commune. Par exemple, un Guinéen qui vit au Sénégal tout comme un Malien qui vit en France doivent chacun, accepter l'intégration dans le pays d'accueil et veiller au respect des lois de la République car bon nombre d'entre elles sont bien évidemment différentes de celles du pays d'origine. Loin de demander à chacun de renoncer à sa culture, d'abandonner ses racines – (car c'est tout ce que chacun de nous a de plus cher) – mais il faut tout de même reconnaître qu'on ne peut pas vivre chez quelqu'un en

refusant de partager certaines valeurs qui vous unissent. Malheureusement, ce point est l'une des raisons qui compliquent davantage l'immigration. Prenons comme exemple, le cas des immigrés polygames en France dans cette République de Napoléon où la polygamie n'est pourtant pas admise dans la Constitution. Ces derniers, une fois condamnés par l'administration française, crient au racisme et à la xénophobie en accusant le gouvernement français de tous les maux alors que le vrai problème, c'est qu'ils ne se remettent pas en cause dans le respect des principes républicains. Pour eux, c'est parce que leur religion permet la polygamie ! Et donc, il est aujourd'hui indispensable que chaque communauté religieuse fasse le diagnostic de ses valeurs dans ce monde cosmopolite et culturellement métissé où Chrétiens, Musulmans, Juifs et même les adeptes des religions traditionnelles sont condamnés à vivre ensemble dans la tolérance.

Ces dernières années par exemple, le débat sur le port du voile en France avait vivement secoué le paysage politique et médiatique français et même ailleurs en Europe. Dans ce débat sur le « pour ou contre le foulard », la vraie question ne consiste pas de savoir qui a droit ou qui n'en a pas. J'aimerais simplement poser la question à un Musulman qui vit en France et qui réclame le droit du port du foulard pour sa femme et ses filles ou encore qui refuse que son épouse soit diagnostiquée dans un hôpital français par un médecin de sexe opposé, bref, si lui aussi, à son tour, serait prêt à faire des concessions dans son pays d'origine à un étranger de confession différente ou de plaider en sa faveur pour que ce dernier vive sa religion sans être inquiété d'être puni par la charia. Si ces deux principes sont résolus et que chaque adepte de ces religions fait le pari de laisser son voisin vivre sa religion comme le recommandent ou le tolèrent les textes de nos livres saints, alors, l'espoir d'aboutir à un consensus dans le dialogue islamo-chrétien pourrait enfin être permis.

En effet, il n'y a que deux maux qui fragilisent la paix dans le monde et qui poussent des individus soit à se rebeller, soit à fuir leurs pays pour tenter de reconquérir leur dignité : il s'agit ici de l'injustice sociale et de l'injustice économique. Par ailleurs, si la seconde conséquence (l'émigration) est un mal justifiable, la première elle, est injustifiable car rien ne peut justifier l'attitude d'ôter la vie à des innocents comme le font de petits groupes de terrorisme international ou certaines branches armées à travers le monde. Toutefois, « ces ennemis de la paix » trouvent pourtant un mobile : le délit d'impuissance. Sans doute victime d'une injustice sociale, le terroriste utilise Dieu et la religion comme refuge, et la violence comme arme de défense.

On qualifie certains peuples de bourreaux aveugles. De fanatiques ! De barbares moyenâgeux ! Bref, de peuples non civilisés. Et c'est là véritablement la source des crises dans ce monde contemporain. Ce qu'il faut reconnaître, c'est que l'identité de l'Homme ne doit pas être définie à travers la religion car ce serait une forme de communautarisme qui conduirait tout simplement à un conflit permanent non pas seulement entre les différentes communautés religieuses mais bien au-delà entre les peuples, les nations. Voyons le cas des pays en proie aux violences qui coûtent la vie aux pauvres innocents à cause des attentats suicides. Il n'y a pas que les victimes qui sont innocentes. Les "kamikazes" ou « poseurs de bombes » le sont aussi. Il reste à savoir si ces derniers sont victimes d'une injustice qu'ils veulent réparer ou s'ils sont victimes d'eux-mêmes. De leur « barbarie » ! Mais ce qui est sûr, personne ne veut se donner la mort gratuitement. Et de surcroît, pas dans des attentats. En outre, ces kamikazes, lorsqu'ils s'apprêtent à commettre leur forfaiture, savent

qu'ils vont mourir. Ils savent également qu'ils feront beaucoup de victimes dans les rangs des leurs. Néanmoins, ils se déterminent à commettre des actes que nous qualifions à juste raison de barbares. Mais pourquoi le font-ils alors ? Leurs actes sont en quelque sorte un délit d'impuissance face à leur ennemi. Ayant perdu la bataille du respect et de leur propre liberté de vie, leur seul espoir est donc qu'en mourant (en martyr !), ils se retrouveraient au paradis. Telle est leur philosophie et du coup, la violence devient à leurs yeux une voie de raccourci. Pour le plus faible !
En fait, ceux qui sont aujourd'hui qualifiés de fanatiques, d'ennemis de la civilisation ou de terroristes musulmans sont, pour la plupart, des opprimés ou des gens blessés dans leur orgueil car ils ont été, à un moment donné de leur vie, les chouchous, voire les alliés ou les amis de certaines grandes puissances. Ils ont été leurs produits. Leurs marques de fabrique. Et pour ces puissances, dès que le produit n'est plus rentable, le producteur doit alors le changer. Du coup, on cherche à mettre en mal cet ancien allié avec son peuple ou dans le moindre des cas, avec ses adversaires (souvent politiques). La crise naissant, les mêmes grandes puissances se donnent alors pour mission de rétablir l'ordre. Lorsque ce n'est pas le cas, on accuse alors cet ancien allié de vouloir déstabiliser la paix dans le monde. Le constat aujourd'hui, c'est que le monde a échoué car si en ce 21ème siècle finissant, certains peuples continuent de qualifier d'autres de barbares ou de moyenâgeux comme nous l'évoquons plus haut, c'est que c'est tout le monde qui a échoué et ce, pour n'avoir pas réussi à faire la paix ensemble. Et, hélas, cette paix-là ne peut pas être imposée. Elle se provoque à travers un dialogue franc et sincère et dans un respect réciproque et équitable. Qu'on se le dise donc : si les dirigeants de la planète qui se veulent soucieux de la paix dans le monde, ont la volonté d'œuvrer pour une humanité plus paisible,

ils doivent alors indispensablement s'attaquer à ces deux chantiers pour enfin contribuer à rééquilibrer la cohésion sociale entre les peuples et ce, en essayant de réduire le fossé qui les divise car, tant que les pays du Tiers-Monde continueront à plonger dans le noir au moment où les Etats développés apparaissent comme étant la lumière qui brille la nuit, alors, nul ne pourra arrêter ces millions de pauvres citoyens de la planète qui n'ont d'autre ambition que la quête du bonheur. Et donc, le "remède" pour réguler l'immigration entre les Etats et soigner le monde d'aujourd'hui, consiste d'abord à briser les barrières et les préjugés entre les peuples. Il faut nécessairement supprimer l'injustice sociale si l'on veut que cette société moderne soit réellement juste, paisible et isonomique.

L'auteur
Toumany MENDY

Chapitre 1. L'immigration : une question de survie et de logique sociale ?

Même si certains passages de ce livre relèvent d'une fiction, les témoignages sur le personnage central du livre ainsi que les faits subis ou qui se sont produits lors du périple du jeune clandestin relèvent d'une histoire réelle, une histoire vivante. Afin de ne pas heurter la sensibilité des personnages impliqués dans le récit, j'ai tenu simplement à modifier les noms. Le livre retrace le périple d'un jeune homme de trente ans. Totala. "Martyr" de la pauvreté, Totala se lance à la quête d'un autre sens : celui du mieux-être pour reconquérir sa dignité et celle des siens, qu'il estime perdues. A cet effet, l'émigration clandestine par la voie de la mer pour tenter de regagner les côtes espagnoles se présente à lui comme étant la seule solution.

L'immigration date de plus d'un siècle. Les premiers immigrés arrivés en France étaient en effet essentiellement des navigateurs et ce, dès le lendemain de la première guerre mondiale. Ils étaient principalement établis dans les ports de Marseille, Le Havre, Bordeaux et Rouen. Pendant la seconde guerre mondiale, d'autres vagues de navigateurs étaient venues rejoindre leurs aînés. Puis, d'autres encore, arrivés au début des indépendances, se sont orientés vers certains travaux manuels, le bâtiment, les fonderies, les filatures et les constructions navales à Toulon, Saint-Nazaire, la région parisienne et toute la vallée de la Seine ainsi qu'à Saint-Quentin et à Lille.

Dans cette première génération d'immigrés, on comptait parmi les peuples d'Afrique de l'Ouest, la communauté Manjack d'origine Bissau-guinéenne. En effet, les Manjacks ont été très tôt les intermédiaires privilégiés du commerce entre les Européens et les populations de l'intérieur de la sous-région ouest africaine. C'est ainsi qu'ils ont pendant longtemps fréquenté tout le large de la côte ouest notamment la Guinée, le Sénégal, la Gambie et la Sierra Léone et ce, à la recherche de produits comme la cire, la cola, les cuirs, etc. Puis, au début du 19ème siècle, beaucoup d'entre eux ont été embauchés dans la marine marchande portugaise. Cette longue collaboration avec les Portugais explique d'ailleurs le fait que la majorité des Manjacks portent des noms portugais comme Mendy, Gomis, Corréa, Preira, Monteiro, Dasylva, etc. - lesquels noms sont simplement orthographiés en Français mais qui correspondent respectivement aux noms Mendes, Gomes, Correia, Perera, Montero, Da Sylva. Mais au-delà de cette collaboration, l'origine même de ces noms vient de l'esclavage car les propriétaires d'esclaves, dans le passé, donnaient leurs noms aux esclaves qu'ils ont achetés. La langue Manjack est fortement influencée par trois autres langues : le Portugais, le Français et le Wolof. L'influence du Portugais sur le « parler Manjack » est due à la colonisation et à l'influence de l'école au sein de la communauté manjack. Mais avec la rudesse du colon portugais, le peuple manjack par nature très pacifique a fui vers le Sénégal où ses premiers interlocuteurs ont été les Wolofs et les Lébous, d'où la fréquence notamment de certains mots wolof dans la langue manjack. Du Sénégal, la vague d'émigration vers la France et la collaboration dans la marine marchande auront également permis de rajouter dans le vocabulaire de la langue manjack, des mots français. Il faut également noter une grande similarité entre le vocabulaire manjack et celui diola et qui pourrait sans doute s'expliquer par la cohabitation et le rapprochement culturel entre les deux peuples.

Il faut toutefois retenir que les flux migratoires se sont beaucoup plus développés à partir du milieu des années 80 et ce, suite à la crise économique ayant abouti aux plans d'ajustement structurels qui avaient lourdement touché les populations en majorité paysannes. En effet, depuis l'accession du Sénégal à l'indépendance en 1960, le gouvernement sénégalais s'est essentiellement contenté des infrastructures laissées par l'Etat colonial, la France, oubliant que l'onction des premières années après les indépendances où il y avait encore plus de facilités, ne restera pas éternelle. Aucune politique, ni industrielle, ni infrastructurelle digne de ce nom n'a été menée. Les industries implantées par les Français depuis la période coloniale sont les mêmes qui existent jusqu'à présent et ce, avec non sans grandes difficultés de nos jours. Ces industries, il faut aussi le préciser, étaient précisément implantées dans des zones où il y avait des intérêts majeurs pour la France : la capitale Dakar, l'un des plus importants ports de l'Afrique de l'Ouest et le bassin arachidier au niveau de la région de Kaolack et quelques villes greniers comme Tambacounda, Ziguinchor et Thiès où il y avait également quelques petites industries en fonction des potentialités économiques desdites régions. Dans la région de Casamance et au niveau du bassin arachidier où la culture de l'arachide était la mieux développée, il y avait l'industrie de commercialisation des oléagineux qui est aujourd'hui morte. Le reste du pays avait donc été ignoré en termes d'investissements. Ce qui justifie d'ailleurs le fait que la grande majorité de la population sénégalaise est paysanne car l'agriculture était la seule alternative possible de survie de ces populations. Certaines populations proches de la mer comme Saint-Louis ou certaines localités de la Casamance profitaient aussi de la pêche. Mais avec la rareté de la pluie et des ressources aquatiques à partir de la fin des années 80, début des années 90, la masse paysanne confrontée à un problème de survie et de sous-emploi n'avait plus d'autres solutions que de fuir le pays, à la recherche d'une autre possibilité de vie. D'où le très grand flux migratoire vers l'Europe car la capitale Dakar, où tout est notamment concentré ne peut malheureusement pas absorber même le dixième de la demande sociale en termes d'emplois. Et donc, lorsqu'on tente de faire les statistiques d'expatriés sénégalais, l'on se rend nettement compte que les zones rurales sont plus touchées. Suivent ensuite les agglomérations urbaines où il n'y a presque pas d'industries et donc pas d'opportunités d'emplois. Puis enfin, la constante, c'est que seuls les enfants des familles pauvres sont beaucoup plus tentés par ce phénomène d'expatriation. Ce qui justifie encore une fois que ce n'est pas de gaité de cœur qu'ils partent. Ils sont contraints d'y aller pour pouvoir refaire leur vie. Et donc, est-ce parce qu'on doit aimer, par patriotisme, son pays qu'on est contraint d'y rester et mourir de faim ? Et encore qu'on a beau être courageux, idéaliste et réaliste, mais si le minimum de conditions pouvant permettre au citoyen lambda de vivre dignement s'effrite de plus en plus, il va sans dire que le sentiment de patriotisme ne peut qu'être fragilisé. Pour mieux aimer son pays, tout citoyen, quel que soit son degré de patriotisme, a besoin de vivre dignement afin de pouvoir jouir pleinement de sa conscience citoyenne. Ne dit-on pas chez nous « qu'un sac vide ne se tient pas debout !». Malheureusement, les Etats africains semblent rater l'essentiel des priorités pour leurs peuples. En mars 2008 par exemple, pour les besoins d'organisation du onzième sommet de la conférence islamique, une agence nationale avait été créée pour mener une nouvelle politique d'infrastructures dites de dernière génération. Mais qu'avons-nous eu comme investissements ? 32 km de route sur la corniche ouest de Dakar, un tunnel de 300 m de long, quelques ponts jamais achevés, un bateau loué à coût d'un milliard par jour pour abriter les participants au sommet, etc., et pour quel rendement économique ? Des centaines de milliards "gaspillés" dans une simple politique d'embellissement de la ville, cette capitale dont les 2/3 vivent pourtant en-dessous du seuil de pauvreté ! A quoi bon dépenser des milliards, juste pour accueillir des hôtes alors que le peuple souffre ? Mais malheureusement c'est cette méthode de tricherie qui prévaut dans nos pays. Même à l'intérieur du Sénégal, lorsque le président doit se rendre dans une localité, les habitants se doivent de balayer proprement les rues, de boucher les trous des routes principales par où doit passer le cortège, les gens doivent bien s'habiller pour bonder les rues pour applaudir, et tout cela, pour donner l'impression au grand hôte que tout va bien ! Alors que c'est tout le contraire. C'est donc la même explication que l'on peut donner sur les chantiers de l'ANOCI[4] mais à un niveau encore plus regrettable d'autant plus que les fonds investis dans cette politique d'embellissement sont en majorité des fonds provenant d'une dette soit intérieure, soit extérieure et que c'est le contribuable qui devra en supporter les frais.

On le voit donc, la solution possible pour stopper l'immigration ne peut relever que de l'esprit de réalisme dont doivent faire preuve nos gouvernements africains pour rétablir l'équilibre et la cohésion nationale dans nos Etats. Nos dirigeants doivent savoir être sur l'essentiel pour répondre aux besoins des peuples. Une nation ne se construit pas dans l'informel. Encore moins dans l'hypocrisie ! A cela, doit aussi s'ajouter une réelle mise à jour de nos systèmes politiques complètement enfermés

---

[4] Agence Nationale pour l'Organisation de la Conférence Islamique. Cette agence dirigée par le fils du président de la République en l'occurrence Karim Wade et dont la gestion a été jugée gabégique, a suscité beaucoup de critiques au sein de la classe politique et de la société civile. Certaines crises politiques au sein du parti au pouvoir, le PDS, qui ont fini par faire perdre à Maky Sall son poste de numéro 2 du parti ainsi que celui de président de l'Assemblée nationale s'expliqueraient par le fait que ce dernier ait eu à manifester sa volonté de convoquer Karim Wade pour qu'il s'explique devant les parlementaires sur les raisons du dépassement budgétaire dans les travaux qui lui ont été confiés pour la préparation du sommet de l'OCI.

dans des carcans de démagogie et de politique pour soi. Le miracle africain, c'est à l'Afrique et aux Africains de le réaliser. L'Afrique a toutes les chances de s'en sortir car l'avenir de ce troisième millénaire lui appartient. Ce qu'il faut, c'est juste une dose de réalisme, de civisme patriotique et de justice sociale pour relever les multiples défis auxquels fait face le continent. Et pour cela, tout le monde doit s'y mettre : gouvernants comme gouvernés !

En écrivant cet ouvrage, mon ambition est:

- de rétablir le rapport de l'homme blanc vis-à-vis des immigrés clandestins en particulier ou des immigrés tout court aujourd'hui malaimés qui font l'objet de rejet, de discrimination et même de répugnance dans plusieurs pays d'accueil ;

- de diagnostiquer les vraies causes de l'émigration tout en essayant de situer la responsabilité des dirigeants africains face au destin de leurs jeunesses d'une part mais aussi les caprices des pays riches d'autre part.

L'émigration peut être interprétée comme une sorte de révolte en ce sens que le citoyen lambda, las d'être l'éternel parent-pauvre qui vit « sous la botte » de l'éternel riche, préfère aller voir ailleurs pour reconquérir son destin. Et alors, l'immigré est en quelque sorte cette personne à la recherche d'un bonheur. Et faute de trouver ce bonheur-là dans son propre quartier, son village, sa ville natale, son pays, il est alors obligé de s'expatrier. Ce départ que j'appelle révolte (même si inconsciemment ce n'est pas perçu comme tel dans la tête de l'immigré !) est pour deux raisons : soit l'expatrié se dit dans sa tête *« j'en ai marre de vivre le calvaire dans ce pays mien où l'Etat ne semble pas préoccupé du bien-être de son peuple »,* soit il peut aussi se dire *« cette Europe-là, il faut que j'y aille car ce sont eux qui ont pillé les ressources de notre continent pour développer le leur »*. Et toutes ces raisons me paraissent justes. Mais est ce qu'aller chez l'autre peut être considéré de nos jours comme étant un délit ? Vu la manière dont l'immigration est aujourd'hui traitée et débattue en Europe, nous avons l'impression que l'immigré (le pauvre !) est le bouc-émissaire des maux de la société occidentale. D'ailleurs, le nouveau président français, Nicolas Sarkozy, disait avec des mots peu aimables, que « *la France ne peut pas accueillir la misère du monde »*. Lorsqu'on arrête quelque part un clandestin même dans une contrée lointaine de l'autre côté de l'Atlantique en Amérique du Nord, des journaux en parlent pendant des jours. La préoccupation des dirigeants de l'Union Européenne est aujourd'hui la « traque » des clandestins. Et le ministre français en charge de l'immigration, M. Brice Hortefeux se félicite d'ailleurs de l'exploit plus que jamais réalisé par ses flics puisque, pour le premier semestre de l'année 2008 seulement, le taux d'expulsion des sans-papiers a augmenté de 80% ! En même temps, le parlement italien du gouvernement de Berlusconi vote en juillet 2008 une loi répressive qui considère dans ce pays de Mussolini, l'immigration clandestine comme un délit. Oui, un délit d'immigration passible de 6 mois à 4 ans de prison ferme. Quelle honte !

Durant les quinze premiers jours de détention à Santa Cruz de Tenerife, quand je voyais dans les chaînes de télévision espagnoles, des images de jeunes africains qui déambulaient dans les rues de Barcelone, de Madrid, d'Almeria, de Zaragoza, etc., les sachets plastics à la main où chacun mettait son blouson qu'on lui a offert à sa « libération du camp », mon cœur saignait, non seulement parce que visiblement ces jeunes étaient sans destination et étaient donc laissés pour compte à la merci de la souffrance, mais aussi, je me disais que demain, sans doute, sera mon tour. Puis un jour, mon tour était effectivement arrivé, et me voila dans les rues de Barcelone. Je venais de rejoindre le « contingent barcelonais » des indésirables misérables immigrés. Nous n'avions personne pour nous loger. Nous dormions à même le sol dans les gares routières. Heureusement, on n'était pas encore en hiver. Tous les jours, on se bousculait autour des poubelles, à la recherche d'un petit bout de pain ; on courrait derrière les autobus qui entraient en gare, à la recherche de bouteilles d'eau laissées par les voyageurs. Mais dans cette lamentable situation dans laquelle nous étions à Barcelone, je ne me reconnaissais plus et je commençais à fuir le regard des autres, celui des Blancs surtout. Car intérieurement, je me faisais le reproche de déranger leur quiétude. En même temps, je trouvais que nous étions en train de ternir davantage l'image des Africains et de l'Afrique déjà trop caricaturée par l'Occident. Certes, je suis issu d'une famille pauvre, mais jamais je ne pouvais imaginer un seul instant qu'un jour, j'aurais quémandé et surtout j'aurais même fouillé dans des poubelles pour chercher de quoi manger. Je venais donc de prendre conscience que dans cette quête d'une autre vie meilleure, je venais de perdre davantage ma dignité. Ma dignité d'homme africain qui, on le sait, est très jaloux de la sienne. L'homme africain ne tolère pas l'humiliation et c'est d'ailleurs pour cette raison que, faute de donner un sens à son existence chez soi, il préfère s'expatrier. A la quête du bonheur !

Mais dans cette situation de désarroi, quand je pensais profondément à ma situation, ainsi qu'à celles des autres, je me disais toutefois que les raisons de notre aventure étaient humainement justifiées. Car au juste, chacun de nous avait sa propre histoire et je me disais alors qu'on ne méritait pas cette souffrance.

Du coup, je reprenais le courage d'aller jusqu'au bout, dans l'espoir qu'un jour, Dieu nous débarrassera de ce calvaire.

Aussi, j'avais surtout envie de lancer également un cri de cœur à l'endroit de ces dirigeants occidentaux et de tous ceux qui nous regardaient tous les jours avec mépris, pour leur faire comprendre notre situation. Nous avions besoin d'un minimum de considération humaine. Il ne me restait plus alors qu'à hurler dans les rues pour dire, arrêtez ! Arrêtez de nous caricaturer ! Arrêtez de nous stigmatiser, de nous prendre pour la misère de la planète ! Mais dans ce cri de cœur, j'avais également envie de m'adresser aux autorités africaines pour leur faire comprendre que le temps est venu pour qu'elles prennent davantage conscience de la situation de la jeunesse du continent.

Au juste, qui veut quitter sa famille, ses amis, ses proches, bref sa terre natale ? Je parie que personne ne le fait volontiers. Oui, tous ces milliers de candidats à la mort comme on les surnomme dans la presse, ne sont pas dupes. Ils savent que l'Europe n'est pas un paradis terrestre. Ils savent que la fortune n'y est pas ramassée et que la seule valeur qui y prévaut, c'est le travail ; oui un travail bien mérité. Ils savent également qu'en prenant la mer, ils courent le risque sans doute, à 90% de mourir. Oui, mourir sans que leurs cadavres ne puissent même être retrouvés et récupérés par leurs parents ; mourir pour servir de nourriture aux gros poissons de l'Atlantique et de la Méditerranée. Ils n'ignorent pas non plus que d'autres difficultés de la vie les attendraient de l'autre côté de la Méditerranée mais hélas, ils décident de partir. Partir, faute de mieux et dans l'espoir qu'un jour, s'ils ne périssent pas en mer, le bonheur leur sourira comme la majeure partie de leurs compatriotes de la diaspora qui sont les seuls, hormis les hauts responsables du pouvoir et de la classe politique, à afficher tous les signes extérieurs de réussite sociale pour ne pas dire de richesse tout court. Car en réalité, avec la cherté du coût de la vie, la classe moyenne tend à disparaître. Un fonctionnaire ou un autre employé du secteur privé qui perçoit de nos jours même 150 000 francs, a autant de problèmes qu'un chômeur car avec ce salaire qui, des années derrière, était une grande aubaine, il ne peut même plus assurer quotidiennement sa dépense surtout lorsqu'on sait qu'au Sénégal, seule 1 personne sur 5, travaille. Et encore que cette estimation est bien discutable dans ce pays très envié en Afrique de l'ouest pourtant! Que dirons-nous des autres pays ? Des fonctionnaires de certains Etats du continent noir peuvent rester des mois sans percevoir leurs salaires et, paradoxalement, au moment où le pouvoir central se livre au gaspillage de l'argent du contribuable. Mais gare à celui ou celle ou encore au syndicat qui osera appeler à la grève ! Ainsi donc, c'est cette perte d'espoir dans nos propres Etats qui pousse les pauvres citoyens à quitter leurs pays. Et d'ailleurs, pourquoi rester dans un pays où tout est confisqué par un petit groupe de prétendus hommes politiques ainsi que leurs privilégiés qui continuent de piller les ressources publiques et de vivre sur le dos du pauvre contribuable ? Pourquoi vouloir endurer sa souffrance quasi-éternelle en se laissant gouverner les yeux fermés par une classe peu soucieuse des préoccupations du peuple ? Dans tous les cas, en prenant la mer, nous étions persuadés que le risque était énorme, mais l'on se disait que tout ce qui pouvait nous arriver de pire n'aurait été que le moindre mal. Même la mort ! Barça ou *Balsaak*, telle était notre devise. Nous sommes donc loin d'être dupes. Nous sommes simplement ces gens ambitieux dont la conscience est fracassée par la perte d'un espoir pour l'avenir. Notre peur à nous, c'est de ne pas, à l'avenir, pouvoir donner un sens à notre existence et du coup condamner aussi nos descendants dans la même situation. Comme l'avaient si tristement vécu nos parents et grands-parents. Cet engouement lié à l'émigration n'est rien d'autre que le refus d'une certaine injustice sociale qui fait de la pauvreté dans nos pays, un cas héréditaire. Ceux qui tiennent aujourd'hui des discours maladroits à l'endroit de ces milliers de jeunes clandestins martyrs de la pauvreté et qui organisent des conférences dans de luxueuses salles de banquets des hôtels 5 étoiles, ne savent pas grand-chose de la misère. Non, ils ne savent même pas ce que c'est parce qu'ils n'ont jamais vécu dans des situations comme les nôtres. Les Etats riches regroupés au sein du G8 ne peuvent pas non plus connaître les solutions miracles pour l'Afrique, là-bas à partir de luxueuses palaces où ils se retrouvent pour discuter de l'avenir du monde. Hélas oui, l'avenir du monde ne se décrète pas. En tout cas, pas celui de l'Afrique. Et si cela doit l'être, ce sera sur la terre africaine, là où se vivent les réalités. Loin de toute hypocrisie.

Ce fléau de l'immigration clandestine qui n'est sans doute pas prêt à s'arrêter n'est au juste qu'un appel de pieds à l'endroit des dirigeants de la planète car même si chaque jour fait de nouvelles victimes en mer, dans les déserts marocain, algérien et libyen, cela n'enlèvera en rien le courage et la détermination de ces jeunes à se lancer dans ces périlleuses aventures. Et donc, la bonne-gouvernance doit être une exigence pour les pouvoirs africains et en même temps, les Etats riches doivent arrêter systématiquement de piller les ressources de l'Afrique ; d'orchestrer des compromis qui ne font qu'enfoncer davantage le continent noir. Ils ne peuvent pas continuer d'exploiter l'Afrique et vouloir en même temps empêcher les Africains d'aller chez eux. S'ils ne veulent pas qu'on vienne chez eux, alors qu'ils nous aident à rester chez nous car c'est cette injustice qui constitue le premier grand désordre qui gangrène le monde actuel. En réalité, chaque fois qu'il y a un foyer de tension en Afrique, à y voir de plus près, une grande puissance y est pour quelque chose. Diviser et créer le désordre social en soutenant les régimes dictatoriaux ou des milices dans le continent et ce, afin de mieux l'exploiter, est en vérité la règle d'or des grandes puissances. Nous n'avons pas besoin de donner des exemples qui datent de plusieurs années : ils sont nombreux et rien que les cas actuels de la Côte-d'Ivoire, du Darfour, du Tchad, du Soudan, etc. comme quelques années auparavant avec le génocide du Rwanda, mais aussi les guerres civiles en Sierra Leone, au Liberia, en RDC, etc., sans compter le désordre et le « foutage de gueule » politiques soutenus par certaines puissances occidentales tapies dans l'ombre au niveau de plusieurs pays africains, en sont de parfaites illustrations. Et même dans la crise qui secoue le Sud du Sénégal notamment « ma » Casamance naturelle, on ne peut pas exclure une éventuelle main étrangère qui étrangle l'Etat sénégalais et remet en cause son sens d'Etat-nation. Quid de l'Irak, de l'Iran, de l'Afghanistan, etc. ? On nous sert le prétexte que pour certains, ce sont des pays terroristes, et pour d'autres, ils sont impliqués dans des programmes nucléaires visant à déstabiliser la paix dans le monde. Les plus forts imposent aux faibles leur manière de vivre comme ils voudraient qu'ils vivent. En lisant un jour dans la presse la volonté des Usa de contraindre les Irakiens d'organiser des élections avant la fin de l'année, je ne peux que me dire avec amertume : ah le monde ! Et après tout, comment peut-on donc créer des guerres civiles et prétendre refuser en même temps le droit d'asile aux pauvres populations simplement victimes de bêtises humaines ? Qu'on se le dise, et on ne cessera pas de le répéter, personne ne quitte son pays parce qu'il ne l'aime pas. Seulement, le monde d'aujourd'hui pourtant considéré comme étant le monde moderne, le monde civilisé, est vraisemblablement aussi, le monde le plus injuste. Nous vivons de plus en plus dans une société où les systèmes excluent certains peuples, certaines communautés ou certaines parties du monde. La pauvreté s'accentue de plus en plus pour une majorité de la planète alors qu'une minorité s'enrichit davantage. Et l'on s'étonne de l'explosion de tensions sociales partout où les peuples considérés comme étant des « sous-hommes étrangers à la notion de démocratie et de civilisation » se soulèvent pour défendre leur dignité !

En outre, un adage de chez nous dit que *« lorsque vous voyez une grenouille sous un soleil de plomb, c'est qu'il fuit sans doute un grand danger »*. C'est dire, encore une fois de plus, qu'on ne quitte pas sa patrie sur un coup de tête. On y est obligé d'une manière ou d'une autre, de près ou de loin. Les raisons qui poussent des centaines de milliers d'Africains à l'émigration et en particulier des jeunes qui ont pourtant tout à faire et à prouver devant eux et chez eux, sont justifiées et ne peuvent en aucun cas être banalisées comme c'est malheureusement le cas. Oui, nous ne cesserons d'insister sur ce fait car il faut que les gens sachent que personne ne veut se donner volontairement la mort. Personne ne veut subir gratuitement l'humiliation. Chaque être humain a sa dignité. Pour certains, comme l'avait d'ailleurs ouvertement dit le président Sarkozy dans son discours tenu à l'université de Dakar en juillet 2007, *« les Africains sont quelque peu étrangers à la notion du développement et croient que l'Europe est un Eldorado où tout y est ramassé »*. Quel mépris que de vouloir douter de l'intelligence de ces braves citoyens de cette partie du monde simplement victimes d'une injustice sociale ! Malheureusement encore, les dirigeants africains refusent d'entendre qu'ils sont aussi quelque part responsables de la misère du continent à cause de leur nébuleuse gouvernance. Une chose est évidente, c'est que quiconque aspire émigrer a pour seul objectif la recherche du mieux-être comme nous persistons à le faire comprendre, la conquête (ou reconquête) de sa dignité et donc le refus de l'humiliation. L'immigration n'a qu'un mobile essentiel : le goût du progrès et du développement. Et ces deux réalités s'enchainent.

Bassirou, un compagnon de fortune qui a effectué le voyage avec moi, me disait dans une de nos causeries que s'il a préféré partir en Europe, ce n'est pas seulement pour sa propre cause mais aussi pour celle de ses enfants. *« Nos parents ont été dirigés par les parents de certains de nos camarades, tout simplement parce que les nôtres n'ont pas eu la chance d'accéder à un minimum de confort matériel qui les permisse de s'affirmer. Aujourd'hui, nous sommes "sous la botte" de nos camarades sans doute mieux nantis que nous parce que nous vivons malheureusement la même situation que celle qu'ont vécue nos parents et grands-parents. Alors, moi, je dis que cette injustice doit s'arrêter. Si je décide d'aller en Europe, c'est pour un jour réussir, trouver les moyens d'encadrer mes enfants, leur payer les meilleures écoles pour qu'à l'avenir, ils soient au même niveau que ces fils de président, de ministres, de députés ou de hauts cadres de l'administration. Telle est la seule cause qui motive mon départ et j'ai demandé à ma famille de prier pour moi : qu'elle sache que même si je meurs en mer, c'est pour sa cause et ce drame serait pour moi un martyr pour la famille* ». On le voit donc, l'émigration est presqu'une nécessité voire une obligation pour ces milliers de jeunes comme moi, comme Bassirou, comme tant d'autres qui avons perdu toute possibilité de nous épanouir dans nos propres pays. J'entends certains responsables du pouvoir sénégalais, accuser les jeunes émigrés de têtus, et même de délinquants pour ne pas dire de vendeurs de drogue comme l'a osé dire, à travers les ondes d'une radio privée, un haut responsable du pouvoir et proche du président

Wade et ce, pour le seul tort pour nous, d'avoir cherché à nous expatrier. Mais quel mépris ! Eux les gouvernants, que proposent-ils à la jeunesse ? Rien. Et alors, ils doivent comprendre que le fait de quitter sa terre natale, celle où l'on a vu le jour, est toujours un déchirement. Quitter chez soi pour se lancer dans une aventure dont on ignore la fin et avec le seul espoir qu'au bout de l'effort, l'on arrivera sans doute à améliorer sa condition de vie et celle des siens, a forcément quelque part en soi, une dose de tragédie et de martyr. Tous ceux-là qui ont péri en mer dans l'Atlantique et la Méditerranée aujourd'hui devenus les nouveaux cimetières des milliers d'immigrés clandestins ne sont-ils pas des martyrs ? Et donc, loin d'être considérée comme une délinquance, l'immigration est un mal nécessaire et dans tous les cas c'est aussi pour une question de fierté qu'on s'y lance car être un homme en Afrique, c'est d'abord être capable de subvenir à ses propres besoins et à ceux de ses parents, quoi que cela puisse coûter. C'est pourquoi, j'ai envie de dire aux parlementaires italiens, que l'immigré n'est pas coupable !
Dans les temps anciens en Afrique, certaines personnes au sein de certaines communautés, à cause de la pauvreté, se voyaient même obligées de signer un contrat avec le diable, quitte à mourir plus tôt, mais pourvu que les siens fussent à l'abri de la misère sociale. A *Uchon Manjacu* par exemple, il est ancré dans la tête de chacun qu'un vrai homme ne demande jamais. Il ne doit jamais tendre la main. Même s'il meurt de faim, il a intérêt à supporter son calvaire seul et dans la discrétion totale car demander un soutien auprès d'un tiers est synonyme d'une perte d'orgueil pour ne pas nommer l'indignité.
Mon grand-père nous expliquait que de leur temps, au moment où la famine était très fréquente dans le monde rural, aucun foyer ne pouvait savoir qui avait ou non, de quoi manger. Tous les soirs, pour tromper la vigilance des voisins, on allumait les feux dans les cuisines et on

remplissait les marmites d'eau qu'on chauffait inutilement et ce, jusqu'à ce que les enfants s'endormissent. Le but était juste de faire échapper la fumée de la cuisine pour faire croire aux autres (les voisins) qu'on était en train de faire à manger alors qu'il n'en était rien. Toute cette stratégie consistait donc à se protéger contre une éventuelle humiliation chez les autres. On préférait donc jouer le jeu quitte à mourir de faim mais jamais on ne pouvait aller voir le voisin pour lui demander de quoi manger. Pas même à un proche, encore moins à un ami. Généralement d'ailleurs, quand la première dame de la maison était issue d'une famille un peu plus aisée que la famille conjugale, alors, c'était elle qui allait demander de la nourriture auprès des siens. Et là encore, tout se faisait dans un secret de polichinelle. Quand elle devait ramener la nourriture, il fallait toujours attendre très tard dans la soirée au moment où tout le village s'était endormi, pour rentrer avec le don. Et tout ça, dans le seul souci de préserver la dignité et l'orgueil de la famille conjugale en difficulté.

Mais disons en outre, qu'en dehors des raisons personnelles ou encore familiales qui expliquent en grande partie le fléau de l'immigration clandestine, il y a aussi d'autres raisons non moins fondamentales liées aux attitudes pour ne pas dire aux caprices des pays riches vis-à-vis des Etats du Tiers-monde. En effet, concernant par exemple la débâcle de l'agriculture, certes, par exemple, chaque Etat est en partie responsable dans la mesure où c'est lui qui est le protecteur direct de ses paysans mais il faut aussi reconnaître que les pays développés sont lourdement responsables de la situation de misère que nous vivons. Et tout laisse croire que ni l'Europe, ni l'Amérique et encore moins l'Asie ne souhaitent le développement du continent africain. Pas même la Chine pourtant jugée aujourd'hui comme étant le meilleur partenaire économique de l'Afrique, n'a l'intérêt que l'Afrique se relève et se tienne debout! La seule différence entre la Chine et les autres Etats riches dans la politique d'exploitation du continent noir, c'est qu'elle ne se mêle pas – du moins pour le moment - aux problèmes politiques internes des pays africains. Ou alors, elle le fait de manière intelligente. En tout cas, elle ne donne jamais l'impression de s'y intéresser comme les autres puissances coloniales qui se comportent en califes de l'Afrique. Oui, les autres qui, pourtant, nous haïssent !

Mais comme dirait l'autre, si dans une famille, tout le monde est riche, qui va commander qui, dans la mesure où personne n'a besoin de personne ? Tel est le vrai problème aujourd'hui qui cache derrière, les vrais rapports entre l'Afrique et les pays du Nord. Maintenir l'Afrique dans sa position de dépendance et donc d'assistanat est le seul intérêt des pays occidentaux afin de pouvoir mieux dompter le continent. L'humilier aussi ! Mais c'est à nous les Africains de refuser cette situation. L'Afrique ne peut pas continuer d'être l'éternelle terre de chasse aux intérêts. Jusqu'à quand ? Sans doute quand nos terres et nos sous-sols n'auront plus rien ! Et alors, on nous laissera enfin tranquilles, mais comme une chaussette trouée qu'on met dans la corbeille.

Voyons ce qui se passe actuellement au Sénégal pour ne citer que ce pays en exemple parmi tant d'autres dans la sous-région ouest africaine: depuis quelques années, le pays est inondé de produits asiatiques et notamment chinois et ces produits-là coûtent beaucoup moins chers que les produits locaux. Les boutiques asiatiques s'installent de plus en plus dans les artères des grandes villes du pays. Un haut responsable politique du Sénégal avouait même sur le plateau de télévision France 2 en novembre 2007, que « *l'Europe a perdu la bataille économique en Afrique* » face à l'Asie (et en l'occurrence la Chine) – confirmant à tort mes propos que l'Afrique est, comme elle l'a toujours été d'ailleurs pendant plusieurs siècles d'esclavage, un véritable terrain de chasse aux intérêts.

Autrefois, celui qui avait un troupeau de vaches dans le monde rural, faisait partie des gens mieux à l'aise mais aujourd'hui tel n'est plus le cas à cause de la viande exportée qui est fortement subventionnée par l'Union Européenne. Du coup, cette viande coûtant beaucoup moins cher que la viande locale, il devient par conséquent très difficile pour un éleveur de vendre son bœuf aujourd'hui à sa valeur réelle. Si nous prenons également le cas des céréales, il y a quelques années seulement, la culture des céréales et des légumes était un tant soit peu source de création de richesse chez les populations rurales. Mais en l'espace de quelques années, l'écoulement de ces produits est devenu un calvaire pour les paysans tout simplement parce qu'ils font face à une concurrence plus que déloyale face aux produits européens généralement vendus à moitié prix. Mais nous ne parlerons jamais assez des noix de cajou aussi qui, vers les années 1995 jusqu'au début des années 2000/2003, remplissaient pleinement la fonction nourricière des populations rurales (surtout au sud du Sénégal) et en Guinée-Bissau. Il y a quelques années en arrière, chaque kg de noix de cajou équivalait au kg de riz. On se procurait donc du riz sans difficulté et tout le monde mangeait à sa faim. Ces dernières années, non seulement le troc « noix de cajou contre riz » permettait à chaque famille d'assurer son autosuffisance alimentaire, mais en plus, ça permettait aux paysans de se faire beaucoup d'argent. Dans mon village notamment, à partir du mois de février jusqu'en début juillet, aucun jeune ne quittait le village car durant cette période de récolte des noix de cajou, tout le monde avait quasiment de quoi mettre dans la poche. En dehors des noix de cajou, le liquide extrait des pommes de cajou servait également à fabriquer le vin local appelé le "*soum-soum*" et très apprécié par les buveurs d'alcool. Ce sont les femmes qui, en général, s'adonnaient à la fabrication de cette boisson locale au moment où les hommes eux, s'occupaient de la commercialisation des noix de cajou. Au final, dans chaque famille, chacun avait de quoi mettre sous la dent. Et dans la poche aussi. Mais aujourd'hui, tout cela est devenu difficile à réaliser. Au moment où dans quasiment tous les villages de la Casamance par exemple, les paysans se sont retournés vers la production estimée fructueuse de l'anacardier, rien ne va plus. Alors que tous ces paysans avaient déjà planté partout de l'anacardier, rendant plus de trois quarts de leurs champs, incultivables, ils ne trouvent malheureusement plus de preneurs de noix de cajou. Et avec la propension du choléra qui fait de nos jours plus de victimes que le paludisme, la fabrication de cette boisson locale a été formellement interdite. Comme quoi, le malheur ne vient jamais seul. Outre cette première difficulté, les rares commerçants qui viennent de nos jours acheter les noix de cajou, imposent le prix aux producteurs sous prétexte qu'au niveau du marché mondial, rien ne va plus pour ce produit.

Depuis le naufrage du bateau *Le Joola*[5] en septembre 2002, les producteurs de bananes, de mangues, d'oranges vivent un calvaire incommensurable car les seuls preneurs de leurs fruits qui leur restaient, à savoir les commerçants locaux communément appelés *banabanas* ne peuvent plus effectuer le voyage sur Dakar même si récemment, un navire de transport de marchandises a commencé à effectuer la navette Dakar/Ziguinchor. Chaque année, les produits pourrissent dans les plantations, faute de pouvoir les écouler ; et l'Etat non plus, ne cherche pas de solutions face à cette catastrophe. Or, il suffit d'un peu

[5] Le bateau *Le Joola* faisait la navette Dakar –Ziguinchor et constituait un puissant moyen de désenclavement de la région sud. Le 26 septembre 2002, il a fait naufrage au large des eaux gambiennes, faisant un lourd bilan de plus de 1800 morts.

d'investissements pour mettre en place une usine de transformation de fruits. Là, non seulement les producteurs locaux en seront largement bénéficiaires mais l'Etat lui aussi en tirera un très grand profit sur les recettes fiscales. Mais non, on préfère rêver d'autres moyens de développement qui, non seulement nécessitent de très lourds investissements mais en plus, leur impact sur l'économie nationale et la vie des populations est très discutable. Il faut qu'on change notre vision des choses pour l'Afrique en sachant miser sur les priorités de développement. Sur quelles bases l'Afrique peut-elle décoller dans la mesure où tous les champs de production et d'exploitation sont investis et monopolisés par les pays riches mais aussi ignorés par nos gouvernants ? Et encore que l'Etat protecteur africain a de surcroît disparu et cédé la place à "l'Etat marchand" qui brade ses richesses minières, ses matières premières, ses licences de pêche. Comment donc, la jeunesse africaine ne serait-elle pas tentée par l'immigration dans la mesure où elle n'a aucune perspective d'avenir ? Non seulement les pays riches exploitent le continent noir et le maintiennent en permanence en otage mais en plus de cela, les dirigeants africains censés défendre la cause des paysans surtout, se fichent pas mal de leurs problèmes. Jamais les doléances des agriculteurs africains ne reçoivent le moindre écho à l'OMC. Et alors, ces pays qui nous pillent, refusent en plus de nous accueillir chez eux sous prétexte qu'ils ne peuvent pas accueillir toute la misère du monde. Hélas, on ne peut pas faire croire au monde civilisé que l'immigration est la cause de la misère des Français au point de créer le ministère de l'immigration et de l'identité nationale. Non, tous les maux de la société française ne découlent pas de l'immigration. Qu'on se le dise donc, et comme nous ne cessons de le répéter dans cet ouvrage, si les pays riches ne veulent plus nous accueillir, ils sont libres parce que c'est chez eux mais au moins qu'ils nous aident à rester chez nous et ce, en arrêtant de piller nos ressources et d'alimenter des guerres civiles et des tensions politiques à travers le continent noir pour l'affaiblir et pouvoir se satisfaire. Aussi, la réduction des subventions de leur agriculture permettrait sans aucun doute de mettre tous les agriculteurs dans les mêmes conditions et peut-être ça éviterait l'étouffement de l'agriculture africaine. À l'heure actuelle, les subventions de l'agriculture européenne et américaine sont plus élevées que la totalité de ce que reçoivent les pays d'Afrique en aide au développement, nous dit-on. Par conséquent, ces facteurs font baisser incontestablement les prix et ferment du coup la porte aux producteurs africains. Aujourd'hui, les produits européens et asiatiques, déversés sur les marchés africains à prix artificiellement bas, désorganisent complètement nos filières et ruinent davantage les paysans qui représentent plus de 60% de la population dans le cas particulier du Sénégal. Et pourtant, quand ces Occidentaux parlent de l'Afrique et de sa misère, ils excluent vraisemblablement le fait que c'est la politique agricole telle qu'elle est imposée au tiers-monde, qui est en grande partie responsable de la faim dans ces pays sous-développés. Voilà en vérité les vraies raisons qui poussent les Africains à l'émigration. Ce n'est pas parce que l'Europe a un autre mérite que l'Afrique n'a pas, que des milliers de jeunes sont prêts à perdre leur vie en tentant de regagner les côtes espagnoles par la mer. Et puis cette Europe-là doit aussi savoir qu'elle est quelque part responsable de la situation actuelle du continent africain pour l'avoir colonisé et pour avoir bradé ses richesses pendant près de trois siècles.

A Barcelone, lorsque, avec mes compagnons de fortune, nous errions dans les rues, dans l'attente de la tombée de la nuit pour aller nous coucher à même le sol au niveau des gares ou d'autres places vidées pendant des heures creuses, en croisant les regards des Toubabs, nous lisions un certain mépris qu'ils affichaient à notre égard, comme si nous étions des sous-hommes. L'immigré, dans les discours des dirigeants actuels de l'Union Européenne, est le bouc-émissaire des difficultés de l'Europe. Ils ne veulent plus de nous aujourd'hui, tout simplement parce qu'ils n'ont plus besoin de bras valides pour creuser les tunnels de leurs Métros à l'époque où les moyens techniques n'étaient pas si performants. Ils ne veulent plus de nous, parce qu'avec les progrès technologiques, ils n'ont plus besoin de braves paysans qui labouraient leurs champs et travaillaient dans leurs plantations en contrepartie de rien. Oui, ils ne veulent plus de nous car aujourd'hui ils n'ont plus besoin de ces braves ouvriers, mineurs, dockers noirs dans les ports, etc. qui travaillaient plus de quinze heures par jour pour de minables salaires. Or pendant tous ces siècles d'exploitation de l'homme noir pour ne pas nommer l'esclavage, l'Africain n'avait jamais été tenté par l'émigration. Personne ne voulait quitter chez lui. L'Europe était complètement ignorée. Mais c'étaient ces Européens et ces Américains qui venaient nous chercher chez nous pour nous amener de force chez eux. Mais sous prétexte du respect des droits de l'homme, on nous a fait croire que l'esclavage avait été aboli et les Etats africains avaient enfin droit à leur indépendance. Loin de polémiquer, je crois plutôt que c'est parce qu'ils avaient enfin obtenu les moyens techniques pouvant remplacer la main-d'œuvre qui leur était "malléable et corvéable à merci". Et puis la France, ce pays dont les braves tirailleurs sénégalais ont servi de chair à canon pendant les deux guerres mondiales, ose aujourd'hui élever sa voix, par celle de son nouveau président, pour fustiger les immigrés. Dès sa prise de fonction à la tête de la présidence de l'Union Européenne, les vœux pieux du président français Nicolas Sarkozy, furent d'harmoniser une politique commune de l'immigration en Europe et ce, afin de lutter contre l'immigration clandestine aujourd'hui considérée comme un délit. Oui parce que pour eux, on ne doit pas venir chez quelqu'un qui ne vous a pas invité et ce, quel que soit le motif. Et c'est sans doute pour punir ces coupables que la durée de rétention des clandestins, adoptée dans l'espace de l'Union Européenne, a été prolongée de 18 mois. Soit un an et demi dans la psychose. Un an et demi dans l'attente juste d'être retourné chez soi. Pourquoi alors ce long délai ? Celui qui ne veut pas accueillir un étranger dans sa maison n'a pourtant pas intérêt de l'attacher devant son portail, de l'y laisser souffrir pendant longtemps avant de le chasser. Cette punition est inhumaine et c'est exactement le même scénario avec cette prolongation du temps de détention des clandestins. Chose curieuse, c'est que ces mêmes Occidentaux foulent le sol africain comme une simple promenande de santé. Généralement sans visa pour la majorité des pays africains. Chez nous, ces Européens ne se considèrent pas immigrés comme nous le sommes chez eux. Ils préfèrent le terme « expatriés », comme si ce n'était pas la même chose ! Et tout ça, juste pour faire la différence entre l'Occidental et l'Africain. Le Blanc et le Noir sans doute. Cela peut aussi s'appeler « discrimination ». Mais ce qui est aussi dommage, c'est qu'on refoule le clandestin comme un chien. En France, beaucoup de clandestins sont refoulés avec des tenues de travail ou, voire avec des tenues indécentes. Traqué dans la rue, dans le chantier ou même en rentrant du travail, le malheureux immigré n'a même pas la faveur d'être conduit chez lui pour récupérer ses affaires. S'il a un compte en banque, ce qui est une évidence pour tout le monde, et si par malheur il n'avait fait une procuration à personne, tous ses biens sont d'office perdus. Et encore que même avec la procuration, il faut avoir la chance que la banque ne soit pas au courant que le propriétaire du compte est expulsé du territoire national. Et c'est ça un

Etat de droit dans ce monde dit civilisé respectueux des droits fondamentaux de l'Homme ? Le mieux serait au moins que ce clandestin ait la possibilité de retirer tout son argent en banque, de récupérer tous ses biens à son domicile et qu'on lui permette pourquoi pas même de payer lui-même son billet avec son argent – si son pays d'accueil ne veut pas effectuer la moindre dépense pour son retour au pays natal. Il pourra ainsi rentrer dignement chez lui. Mais refouler quelqu'un avec sa tenue de peintre, de maçon ou d'ouvrier quelconque et en plus sans aucun centime dans la poche, les menottes à la main comme un délinquant qu'on vient de traquer, hélas, au-delà du caractère de mépris et d'humiliation, c'est véritablement une atteinte à la dignité humaine. Mais lesdits pays protecteurs des droits de l'Homme n'en parlent pas. Que va alors devenir cet individu après avoir passé plus d'une vingtaine d'années loin de sa famille et qui se retrouve du coup dans une situation pire que celle antérieure à son aventure ? Peu de gens s'en résignent ! Certains préfèrent se suicider tandis que d'autres, blessés dans leur orgueil, n'ont qu'un seul défi à relever : revenir à tout prix ! Et en réalité, beaucoup d'immigrés clandestins sont des gens déjà refoulés et qui, d'une manière ou d'une autre ont réussi à retourner en Europe.

Aujourd'hui en France, on traque les clandestins comme des délinquants parce qu'il y a un objectif à atteindre en termes de chiffres. Et pourtant, cette France reste la seule ancienne puissance coloniale qui garde encore totalement sa mainmise sur ses anciennes colonies. Depuis les indépendances, les accords de coopération sur les marchés publics signés avec les colonies sont une forme de dictature. De source sûre, à partir d'un certain montant de valeur nominale d'un marché public, une colonie française (le Sénégal par exemple) est dans l'obligation de choisir une entreprise française pour l'exécution des travaux alors que la même expertise existe sur place. Ce qui est donc sûr, même si l'Afrique doit assumer pleinement le présent, il n'en demeure pas moins que la situation actuelle du continent n'est que la lourde conséquence de ce triste passé du colonialisme qui restera toujours vivant.

Mais ce qui fait surtout saigner mon cœur encore, c'est que mon Afrique, après près d'un demi-siècle d'indépendance, continue toujours de subir l'impérialisme de l'Occident. Il y avait d'abord cet impérialisme humanitaire lié à l'esclavage. Puis s'en est suivi l'impérialisme sur les matières premières au temps de la colonisation où toutes les ressources du continent étaient pillées sans contrepartie. Qu'en est-il aujourd'hui ? Nous assistons à une autre forme d'impérialisme : celui de la matière grise avec notamment le concept d'immigration choisie. Et demain ? Nous serons sans doute jetés comme des chaussures trouées après que l'homme Blanc ait suffisamment développé le système informatique et la robotique pour remplacer l'intelligence humaine. Et alors, si nous ne nous sommes pas suffisamment préparés pour reprendre le destin de notre continent, on ratera à jamais le train du développement parce qu'il sera sans doute trop tard. Telle est la réalité devant laquelle les dirigeants africains actuels doivent ouvrir leurs yeux s'ils ne veulent pas commettre une grosse erreur d'histoire.

Plus haut, j'avais mis en cause la responsabilité des dirigeants africains dans la débâcle de la jeunesse du continent, ce qui est tout à fait justifié. Ma conviction est que si nos dirigeants avaient un tant soit peu fait preuve de pragmatisme et de bonne-gouvernance depuis l'accession de nos Etats à la souveraineté nationale, la situation du continent noir serait sans doute meilleure que celle actuelle. Ce ne sont pas les Occidentaux qui viennent voler nos fonds publics, ce sont nos dirigeants eux-mêmes qui détournent les fonds alloués à nos politiques de développement pour les loger dans des banques en Suisse ou ailleurs. Ce n'est pas normal, dans un pays où plus de

60% de la population vivent en-dessous du seuil de pauvreté avec moins d'un dollar par jour, que quelques citoyens dits nantis dorment sur des milliards. Cela veut tout simplement dire que le système social ne marche pas. Que la machine de répartition des richesses sociales ne tourne pas. A cela, il faut également à nos dirigeants, le refus de céder aux caprices des grandes puissances. A tout prix. Ne pas céder à ces caprices, c'est en vérité refuser cette soumission qui n'est que la face cachée d'un cynisme néocolonial qui consiste à piller dans l'ombre les richesses du continent et ce, malheureusement, avec la complicité de ces mêmes dirigeants africains. Le vrai problème, c'est que très souvent, les dirigeants du continent noir manquent de vision sur l'essentiel même si l'on reconnaît quelque part que les politiques de développement souvent appliquées leur sont dictées par les grandes puissances. Et pourtant, le continent africain a une richesse intarissable : rien que le soleil (qui est un don gratuit de Dieu !) à partir duquel l'on pourrait fournir de l'énergie solaire ! En plus de cela, l'un des facteurs fondamentaux dans le développement d'un Etat et qui se trouve être l'éducation, est assez souvent abandonné. Presque dans tous les pays du continent noir, l'école traverse de sérieuses crises or, un pays ne peut se développer sans la formation de ses élites. Dans l'école de mon village par exemple, le seul bâtiment de deux classes qui tient est celui construit par les immigrés établis en France. Le bâtiment de 3 classes que le gouvernement avait construit en 1999 a déjà été démoli par la tempête tout simplement parce que les travaux étaient mal faits. Le mur était du crintin sur lequel on mettait du ciment. Et par conséquent dans une zone où il pleut énormément pendant l'hivernage, un tel bâtiment ne peut bien évidemment pas tenir longtemps. Les 3 classes détruites ont été remplacées par des salles en huttes, faute de moyens des habitants du village ; et les immigrés organisés en association ne font que ce qu'ils peuvent pour soutenir l'école. Dans cette école, il n'y a même pas un seul livre scolaire pour les élèves. Chaque maître, au cours d'une séance de lecture par exemple, est obligé d'écrire tout le texte au tableau afin que les élèves le copient. Les textes des livres, que ce soit de lecture ou de calcul, sont ainsi copiés toute l'année. Dans ces conditions hélas, il est difficile pour ces enfants de s'en sortir. Or, une fois au CM2, après des échecs successifs à l'entrée en sixième, ces enfants-là, issus de familles très pauvres, sont obligés d'abandonner les études et du coup, l'idée de s'expatrier leur vient automatiquement à l'esprit d'autant plus qu'ils perdent systématiquement l'espoir d'un lendemain meilleur. Et cette idée est d'autant plus vivante que lorsqu'ils voient les efforts fournis par leurs aînés, parents, ou voisins établis à l'étranger, leurs signes extérieurs de richesses quand ceux-ci viennent en vacances au village, dès lors, nul ne peut les dissuader que là-bas, dans cet Eldorado imaginaire, il existe aussi la misère. Parfois bien plus grande !

Après avoir passé le baccalauréat deux fois sans succès, je suis retourné au village pour soutenir mon père dans les travaux champêtres et domestiques. De toute façon, je n'avais pas le choix car papa n'avait ni les moyens de me payer les cours privés pour retenter ma chance, ni de m'inscrire dans une école de formation professionnelle. J'ai essayé deux fois le concours de recrutement des volontaires mais sans succès. Mais ce qui est sûr, ledit recrutement des volontaires, on le sait, est l'une des plus grosses pistes de corruption de nos jours. Le test n'est qu'une simple formalité. Tout se passe en réalité dans les bureaux des inspecteurs académiques. Ou dans les poches tout simplement. Tout se règle à partir du porte-monnaie. Et là encore, papa n'avait pas les moyens de mouiller la barbe d'un inspecteur pour que je fusse recruté. D'ailleurs, même si je devais poursuivre ma scolarité, je devais obligatoirement aller à Ziguinchor. Or là-bas, mon père ne connaissait personne et il n'avait pas non plus les moyens de me prendre une petite chambre, le temps d'une année scolaire. La seule famille que nous connaissions à Ziguinchor, c'était celle de ma tante paternelle mais là-bas, il y avait malheureusement déjà beaucoup de monde à cause de nombreux élèves qui y logeaient.

Le problème de tutelle était aussi l'un des handicaps majeurs pour les élèves issus des familles pauvres. Certes, maintenant tout va mieux car il y a de plus en plus d'écoles primaires, de collèges et de lycées de proximité. A cela s'ajoutent actuellement les universités régionales qui viennent d'être créées. Mais là aussi, force est de comprendre que le plus important dans la promotion des ressources humaines, ce n'est pas la quantité des institutions scolaires mais plutôt la qualité des enseignements dispensés et les conditions dans lesquelles travaillent les enseignants mais aussi les enfants. Et si nous considérons en effet ce dernier angle, alors, beaucoup d'efforts sont encore à faire si nous voulons former des citoyens qui seront, à l'avenir, capables d'être des acteurs de développement. Je ne peux pas en effet comprendre qu'après avoir alloué près de 42% du budget de l'Etat sénégalais à l'éducation en 2006/2007, qu'il y ait des écoles comme celle de mon village où, non seulement les enfants apprennent sous des huttes mais où il n'existe aucun manuel scolaire dans l'établissement. Que devient cette école ? Sans doute une fabrique de futurs immigrés clandestins car avec les difficultés actuelles du monde rural, ces jeunes auront sans doute moins envie de rester chez eux. Et ils n'auront pas tort!

Il y a quelques années, beaucoup de jeunes avaient malheureusement vu leur scolarité s'arrêter en si bon chemin à cause du problème de tutelle. Beaucoup d'entre eux, après l'admission à l'entrée en sixième, au brevet ou même au bac étaient obligés d'arrêter leurs études parce que leurs parents ne connaissaient personne dans les villes

où ils étaient orientés et en plus, les moyens ne suivaient pas également pour pouvoir bénéficier d'un logement, ne serait-ce qu'une petite chambre à 1500 ou 3000 francs CFA de loyer mensuel[6].
Être élève dans les années 80 n'était pas facile dans certaines localités. A Sédhiou par exemple, beaucoup d'élèves apprenaient leurs leçons sous les éclairages des voies publiques, faute d'avoir du pétrole pour une lampe-tempête à la maison. Et comment un élève peut-il sérieusement se concentrer dans ses révisions dans la rue ?

Ce qui m'est donc arrivé, en l'occurrence l'arrêt de ma scolarité pour défaut de moyens, n'est pas un cas isolé au Sénégal. Comme c'est partout le cas en Afrique. Malheureusement, la situation persiste et chaque année, des milliers de jeunes se retrouvent sur la touche, à ne rien faire à cause du manque d'encadrement. Depuis la création de "l'école nouvelle" vers les années 86, l'Etat sénégalais ne semble se préoccuper que d'une chose : scolariser les enfants jusqu'au niveau CM2 et à partir de là, tant pis pour ceux qui n'auront pas la chance de franchir le cap de l'entrée en sixième. En octobre 2007, le ministre sénégalais de l'éducation annonçait dans la presse locale que l'objectif du gouvernement actuel est de faire en sorte que la majorité des élèves puisse dépasser le niveau du CM2. Mais la question que je me pose ici est de savoir quel sens nos dirigeants donnent-ils à l'éducation ? Que vaut le niveau de CM2 et même du collège au Sénégal comme ailleurs même en Occident, dans le monde actuel ? Encore que la question essentielle n'est pas seulement le niveau mais aussi la qualité des

---

[6] Le prix moyen des loyers à Ziguinchor par exemple, tournait autour de ces tarifs vers les années 70 et jusqu'à la fin des années 80. Et pourtant, ce loyer, à l'apparence modique, n'était pas à la portée de n'importe qui.

enseignements. Quelle capacité intellectuelle a aujourd'hui un enfant qui abandonne ses études en fin de cycle primaire, de collège ou même de lycée ? Et alors, que vont devenir ces milliers d'enfants qui sortent chaque année du circuit scolaire? N'est-ce pas ceux-là qui, par la force des choses, deviennent, quelques années plus tard, des mendiants dans les rues, des délinquants ou de misérables petits paysans qui vivent au jour le jour ?
En outre, si j'ai décidé de revenir sur tous ces détails, c'est qu'effectivement, ce sont ces enfants-là qui, devenus adultes, remplissent aujourd'hui tous les jours, des pirogues de fortune pour tenter de regagner les côtes espagnoles. Tous les immigrés clandestins que j'ai connus au cours de mon périple ont quasiment tous, le même dénominateur commun dans leurs propres histoires : la pauvreté des familles.
Par ailleurs, force est de constater que l'immigration touche de nos jours de plus en plus de femmes aussi qui, jadis, n'étaient pas concernées par ce mouvement. Comme les hommes, elles y prennent le même risque et supportent tous les calvaires pour s'en sortir. Mais il faut toutefois comprendre que la raison qui pousse ces femmes à l'émigration est un tant soit peu différente de celle des hommes même s'il n y a qu'une seule finalité pour les deux : la quête d'une autre possibilité de vie meilleure. Il convient toutefois de préciser que cette immigration des femmes touche beaucoup plus les citadines que les villageoises. De plus, la majorité des femmes qui se lancent de nos jours à l'immigration sont soit des veuves, soit des femmes divorcées qui ont en charge des enfants, en un mot, ce sont des femmes isolées. En effet, si le rêve de beaucoup de jeunes filles (surtout dans les campagnes)

est d'épouser des « venants[7] », la femme citadine elle, qui aspire davantage à l'émancipation, tient de plus en plus à son autonomie qui passe bien évidemment par son indépendance financière. C'est ce choix qui la pousse en l'occurrence, à défaut de trouver un bon emploi au pays, à se lancer, comme les hommes, à la quête de cette autre possibilité de vie pour améliorer son pouvoir d'achat. Il faut également prendre en compte l'influence, sans doute, de la logique sociale occidentale qui voudrait que la responsabilité familiale soit entièrement assumée par le couple et non par le mari tout seul. Jadis, seul le mari s'occupait de la famille. Le rôle de la femme était exclusivement limité aux tâches ménagères pour ne pas parler d'assujettissement. Ce qui n'est plus de nos jours le cas, car l'on constate que la femme africaine de manière générale n'attend plus rien de son époux et ce, pour refuser cette image de femme soumise et résignée. Comme les hommes, elle se débrouille elle aussi, tant bien que mal, pour se prendre en charge elle-même et soutenir son mari ou compagnon tant dans ses responsabilités familiales que dans l'éducation des enfants et donc aspire à jouer une complémentarité plus adéquate. Ce qui fait que de nos jours, il n'est d'ailleurs pas rare de voir des femmes qui émigrent en Europe et laissent leurs maris au pays. En plus, la volonté et la détermination de ces femmes ne diffèrent pas de celles des hommes. S.D., une ancienne étudiante sénégalaise qui vit désormais en Espagne me disait : *« j'ai arrêté mes études parce que j'avais eu du mal à passer en année de licence. N'ayant aucune autre alternative pour poursuivre mes études ou suivre une bonne formation qui puisse me permettre une insertion dans la vie active, alors je n'avais plus d'autre solution*

---

[7] Un immigré est surnommé « venant » au Sénégal. Il y a ainsi des VI (venant d'Italie), des VF (venant de France), des VA (venant d'Amérique), etc.

que de partir. Comme tous ces milliers d'hommes et de femmes. J'ai fait un pari à mon papa que je réussirai ma vie, par la grâce du Seigneur. Je me battrai comme un homme et mon souhait est qu'un jour, en repartant au Sénégal, que je puisse regarder mon père droit dans les yeux et qu'il soit fier de moi ». Eh oui finalement, la jeunesse africaine aujourd'hui - et nous ne le dirons jamais assez -, voit l'immigration comme un défi. Blessée dans son orgueil pour n'être pas suffisamment prise en charge par les dirigeants du continent, elle perd son espoir et croit finalement que la vie se trouve ailleurs. Là-bas en Europe. Hélas.

Chapitre 2. Partir, faute de mieux

Le 19 juillet 2006, je devais fêter mes trente ans. Mais ce jour-là, je venais de quitter mon village pour, sans doute, un voyage sans retour. Ce trentième anniversaire de ma naissance a été le plus bouleversant de ma vie car je venais de m'engager pour un autre contrat social : celui de se lancer à la quête d'un autre sens.

Je suis l'aîné d'une famille de huit enfants dont deux filles. J'ai eu la chance d'aller à l'école. Une chance que n'a pas eue un grand nombre de jeunes de mon âge au village. En général, l'aîné est toujours le second père de famille. C'est lui qui épaule le père dans ses responsabilités familiales et en cas de décès de celui-ci ou de son incapacité physique et même morale à diriger la famille, c'est donc lui l'aîné qui prend la relève.

Mes deux sœurs Satou et Awa n'ont pas été scolarisées. Papa étant monogame, ce sont elles qui soutiennent maman dans les travaux domestiques. De toute façon, la scolarisation des filles n'a jamais préoccupé les vieux de mon village comme c'est souvent le cas dans le monde rural. Parmi mes cinq autres frères, seul mon frère cadet Karamo n'a pas été à l'école. Il ne pouvait pas de toute façon avoir la chance d'être scolarisé d'autant plus que moi je l'étais déjà.

Autrefois, quand un père de famille avait plusieurs enfants, il faisait un arrangement entre eux de sorte qu'il puisse y avoir certains qui vont à l'école et d'autres qui restent à la maison pour aider les parents dans les travaux champêtres. Karamo était donc le bras droit de papa. Il était en quelque sorte le second père de famille. Il avait ainsi pris ma place d'aîné. Du moins en termes de responsabilité dans la maison puisqu'étant à l'école, je n'étais jamais là les fois que papa pouvait avoir besoin de moi.

Mais pendant les vacances scolaires, nous rejoignions la famille dans les travaux champêtres ou domestiques selon la saison. Deux de mes frères, Adama et Jules sont au collège. Mbemba lui, venait de réussir son brevet de collège pour entrer au lycée et notre benjamin, Malang lui, est encore à l'école primaire. C'est lui qui se charge, en dehors des classes, de surveiller le bétail, en l'occurrence nos deux taureaux et quelques moutons et chèvres.
Dans la famille, les tâches sont ainsi bien réparties. Maman et mes deux sœurs, en plus des travaux domestiques, vont aussi à la rizière. Ce sont elles qui s'occupent de la fonction nourricière de la famille, puis-je dire. Elles cultivent aussi des légumes qu'elles revendent ensuite dans les marchés hebdomadaires. Les revenus générés leur reviennent exclusivement. C'est maman qui décide alors comment elle doit faire le partage entre elles. Mais de toute façon, le partage chez nous tient compte de l'âge. Le droit d'ainesse est très respecté dans la famille africaine en général. La tradition veut que l'aîné ait toujours plus que les autres ; puis vient le suivant immédiat et ainsi de suite jusqu'au benjamin. Le sexe est aussi pris en compte car lorsqu'il s'agit d'un partage commun, les garçons perçoivent de plus que les filles.
Avec le peu d'argent que nous recevions de nos parents après les récoltes, nous nous payions des habits. Chacun est libre de faire usage de son argent comme il le souhaite. Mais le plus souvent, pour nous les garçons surtout, chacun veille souvent à garder un peu d'économie pour les grandes vacances. Cinq mille francs peuvent largement suffire pour passer de très bonnes vacances au village. Généralement cette petite économie nous permet de payer régulièrement les billets de soirée dansante qui ne dépassent le plus souvent pas cent francs CFA. Sauf lorsqu'un autre village effectue une sortie chez nous ou dans le cadre d'un jumelage entre deux villages ou entre associations villageoises. Pour cet évènement

exceptionnel, le billet peut monter jusqu'à cent cinquante ou deux cents francs CFA.
A la maison, excepté le benjamin, les hommes s'occupent de la culture de l'arachide qui a toujours été depuis plus d'un siècle l'activité principale des ruraux. Mais à partir de 2001, l'arachide est peu à peu remplacée par le coton. En effet, depuis la privatisation de la SONACOS (société nationale de commercialisation des oléagineux au Sénégal), le monde rural s'est retrouvé dans d'énormes difficultés de pouvoir vendre l'arachide qui, de plus, constituait la seule source de revenus du monde paysan. En 2001, il nous était même arrivé de finir le battage des arachides et de rester plus de deux mois sans voir la tête d'un seul opérateur économique. La SONACOS étant privatisée, ce sont donc des opérateurs économiques qui venaient acheter nos arachides. Et le plus dur c'était quand vous ne réussissiez pas à vendre vos arachides dès la fin des travaux. Vous étiez alors obligés de rester en brousse jusqu'au jour où la traite devait commencer. Il s'y ajoutait aussi les feux de brousse qui, faute de surveillance, pouvaient facilement produire des dégâts. Il y avait enfin le cas des vols qui devenaient de plus en plus fréquents. Face à cette situation, comme nous avions souvent eu la chance de finir tôt les travaux bien avant le début de la traite, on était toujours obligés de construire une grande clôture derrière la maison pour garder nos arachides, le temps que commence la vente. Certaines familles qui ne procédaient pas de cette manière, étaient obligées de surveiller jour et nuit leur récolte restée en brousse. Généralement, les enfants y passaient la journée et le soir, le chef de famille ou les aînés partaient les remplacer pour y passer la nuit. Oui, passer la nuit en brousse, dans une totale insécurité. Sans défense car à tout moment, quelque chose de pire pouvait vous arriver là-bas. Ce calvaire pouvait durer plus d'un mois avant le démarrage de la traite. Mais le plus écœurant encore, c'était qu'après la

vente des récoltes, l'on pouvait rester plusieurs mois voire une année sans voir la couleur de son argent. Et là, bonjour la galère !

En 2002, il nous est arrivé de rester plus d'une année sans percevoir nos revenus. Or, personne d'autre ne travaille à la maison en dehors de cette activité agricole. En période de vache maigre, personne n'est là pour épauler la famille, le temps d'attendre les prochaines récoltes. Cette année-là, n'eussent été les ressources de maman provenant de sa culture céréalière, ma famille aurait connu la famine car il n'y avait plus rien à la maison et papa n'avait aucune autre solution. Il s'était si endetté pour entretenir la famille qu'à un moment donné, il n'en pouvait plus. D'ailleurs, même s'il le voulait, où pouvait-il trouver de l'argent dans la mesure où c'était presque tout le monde rural qui était dans cette galère ? Nous étions même plus à l'aise que beaucoup d'autres familles où la malnutrition infantile commençait déjà à faire des ravages. Ce qui avait sauvé ma famille cette année-là considérée comme étant l'une des plus catastrophiques hormis la crise économique des années 80 au Sénégal, c'était l'esprit pragmatique de mes parents. Puisqu'en 2001 déjà, la vente de l'arachide avait connu quelques difficultés, papa avait décidé l'hivernage suivant, que l'on cultivât aussi le mil et le sorgho. *Quand vous n'avez pas de quoi mettre dans la poche et que vous trouvez de quoi mettre sous la dent*, nous disait papa, *cela amoindrit la misère.* Comme s'il savait déjà ce qui allait se passer. Le mil et le sorgho que nous avions cultivés, additionnés au riz produit par maman, nous ont permis, en dépit des mauvaises récoltes liées au manque de pluie, de surmonter les difficultés auxquelles beaucoup de familles du monde rural n'avaient pas pu échapper. Le manioc et l'igname nous avaient également été d'une grande utilité. Cultivés dans la concession derrière la maison, une partie de la récolte a été vendu et une autre partie avait été conservée pour la nourriture. Avec le manioc, on faisait de la farine qui servait de bouillie pour le petit déjeuner.

Les quelques revenus générés par la culture céréalière de maman et mes deux sœurs ont permis de subvenir tant bien que mal aux petits problèmes financiers de la maison ; ne serait-ce que payer du poisson à raison de cent francs tous les deux jours. Avec les vendeurs de poissons qui viennent de Sédhiou, pour cent francs, l'on peut avoir au moins quelques petits poissons qu'il faut préparer pour une sauce de 2jours. Economie oblige ! Le poisson coûte en effet trop cher de nos jours au Sénégal. A cause de sa rareté. Tout cela aussi, à cause de la mauvaise gestion des produits halieutiques par le pouvoir central du temps de Senghor jusqu'à Diouf. Les eaux sénégalaises étaient très riches en poissons et il y en avait toutes sortes. Mais le pragmatisme avait fait défaut. Les pêcheurs sénégalais pensaient que ces poissons n'allaient jamais finir un jour. Je me souviens de la période de mon enfance où, dans tous les villages, on ne payait jamais du poisson. Il suffisait de se rendre au fleuve pour remplir ses bassines et ramener à la maison. Gratuitement. Les pêcheurs communément appelés les "*Walo-walo*" avaient pratiquement envahi tous les villages casamançais qui se trouvaient au bord du fleuve. Chaque jour, des dizaines de voitures étaient remplies de poissons acheminés vers Ziguinchor. Le marché casamançais étant trop limité pour absorber tous les débarquements de ces dizaines de véhicules remplis de poissons tous les jours et quand tout le poisson n'avait pas pu être écoulé dans la journée, ces pêcheurs revenaient avec la quantité restante pour déverser dans le fleuve, s'ils n'avaient pas des gens à qui l'offrir. De toute façon, ils ne pouvaient pas en avoir d'autant plus que tout le monde en avait et tout le monde savait que le lendemain il y en aurait encore. Ceux qui avaient des proches dans des contrées lointaines du pays en prenaient pour leur en envoyer. Certains villageois profitaient aussi de cette situation pour faire un petit commerce. Ils traitaient ces poissons qu'ils revendaient ensuite ou les échangeaient contre certains produits. Ces poissons en surplus étaient ouverts, vidés, légèrement salés puis séchés au soleil en période de saison sèche ou fumés au-dessus des foyers en période de saison hivernale. Ce grand gaspillage des ressources aquatiques était en partie aussi lié à l'enclavement de la région Sud. Pour acheminer les produits vers le nord du pays, il fallait obligatoirement traverser la Gambie, moyennant de lourds frais de transport or, les moyens de conservation des poissons n'étaient pas en effet réunis pour pouvoir effectuer ce trajet de près de 500 km. Parfois, c'étaient des quantités de dizaines de voitures qui étaient déversées dans le fleuve. Quel gâchis ! A tout ce gaspillage, s'ajoutait également celui des pêcheurs étrangers : Européens comme Asiatiques. Des licences de pêche leur avaient été souvent exagérément accordées, moyennant des pots-de-vin. Et ces pêcheurs étrangers faisaient encore pire que les nationaux car avec leurs bateaux de pêche, ils ramassaient tout sur leur passage ; même les tout-petits poissons. Résultat, le fleuve Casamance n'a plus de poissons aujourd'hui et ce sont les pauvres ruraux qui paient le prix de ces dérives car en raison de sa rareté, le poisson est actuellement si cher que ce n'est plus n'importe quel paysan qui peut l'acheter quotidiennement.

Quand le riz était donc fini à la maison, le mil et le sorgho avaient servi de secours. Finalement d'ailleurs, c'était chez nous où beaucoup de villageois venaient chercher de quoi préparer la bouillie pour leurs enfants.
Confrontés à toutes ces difficultés liées à la commercialisation de l'arachide, les paysans ont décidé de se reconvertir petit à petit dans la culture du coton. Avant, le coton n'était cultivé que dans des localités comme Kolda, Tamba ou encore Vélingara. Toutefois, malgré cette reconversion progressive, nous sommes au contraire

bien loin de nous épargner des soucis car le coton est pour nous beaucoup moins rentable que l'arachide en termes de niveau de production. Il s'y ajoute que les premières années étaient de surcroît difficiles dans la mesure où l'on ne maîtrisait quasiment pas les techniques de production. Du côté de la riziculture, il y a de plus en plus de soucis à cause de la rareté de la pluie ces dernières années. Du coup, ce qui n'était devenu qu'un vieux souvenir, c'est-à-dire la crise ayant engendré la famine au milieu des années 80, commence à refaire de nouveau surface.

A Doumassou mon village, l'émigration en Europe était une idée étrangère. D'ailleurs, aucune famille ne pouvait avoir les moyens d'envoyer son enfant en Europe. Payer les services d'un homme d'affaires pour pouvoir obtenir un visa pour l'Europe et ce, au prix de trois à quatre millions de francs CFA, aucun paysan ne pouvait le rêver.

Dans tout le village, il n'y avait que le père de Fakéba qui avait son enfant en Espagne. Ce dernier, Bambo, avait très tôt quitté le village pour rejoindre son oncle à Dakar. Il était d'ailleurs le seul de toute la génération, à avoir quitté le village. Tous les autres vieux, jeunes comme moins jeunes sont tous au village. On y naît, on y grandit et on y meurt. Parfois à ne rien faire.

Bambo a eu la chance d'avoir un oncle maternel qui vivait à Dakar. C'est celui-là qui avait décidé de le récupérer pour l'élever. Puis en 2004, nous apprîmes que Bambo était en Espagne. Espagne ? Je parie que beaucoup de gens de mon village ne connaissaient pas ce nom. Chez nous, tous les pays européens ont une seule appellation : *Toubaboudou* c'est-à-dire le pays des Blancs. Ceux qui savent faire la différence entre la France, l'Allemagne, le Portugal, l'Espagne, l'Angleterre, etc., sont seulement les gens instruits. Ils lisent dans les livres scolaires, des informations sur les pays du monde. Ils apprennent aussi l'histoire et suivent l'actualité. Mais parler de la France ou d'un autre pays à un analphabète de chez nous, lui est complètement indifférent car il ne saura jamais faire la différence. Le pays le plus connu est seulement la France et là aussi, la raison est simple car nous sommes liés à cette puissance occidentale par l'histoire de la colonisation.

La nouvelle de l'arrivée de Bambo en Europe était vite répandue au village. Il n'y avait que des jeunes comme nous, qui avions eu la chance d'aller à l'école, qui savions précisément qu'il s'agissait de l'Espagne. C'est son oncle Karamba qui l'a envoyé en Europe avons-nous appris, par la voie du Maroc. Mais tout le monde ignorait encore ce phénomène de l'émigration clandestine vers l'Europe. Il faut dire que mon village est quasi-complètement coupé du reste du monde pour ne pas dire du Sénégal. Vous pouvez y rester des années durant sans voir une seule fois, une coupure d'un journal ne serait-ce que de la presse nationale. Aucune famille à Doumassou n'a une télévision sur une population de près de mille habitants ! Et d'ailleurs, comment l'alimenterait-on ? Il n'y a pas d'électricité. La seule alternative possible, c'est avoir des batteries que nous utilisons d'ailleurs pour organiser nos soirées dansantes. Et même là encore, ce n'est pas n'importe quelle famille du village qui peut s'offrir le luxe de s'en procurer car à coup sûr, elle n'aura pas toujours les moyens de la recharger régulièrement à partir de Sédhiou ou parfois même de Kolda, à plusieurs dizaines de kilomètres. Même la radio est encore un luxe à Doumassou. Non seulement peu de gens ont un poste-radio chez nous, mais en plus, il est difficile de capter beaucoup de chaînes. Heureusement que Sédhiou a actuellement une chaîne communautaire que nous réussissons à capter facilement et clairement et qui, de surcroît, a la particularité d'émettre en langues locales. Nos parents et grands-parents ne pouvaient rêver ce privilège. On ne pouvait même pas l'imaginer il y a 10 ou 20 ans en arrière. A Doumassou, un jeune garçon qui a la chance d'avoir un petit poste-radio s'offre le malin plaisir de draguer les jeunes filles car il est sans conteste considéré comme étant le plus "branché" du village.

En l'espace d'une année après l'arrivée de Bambo en Espagne, sa famille restée au village commençait à afficher visiblement quelques signes extérieurs d'aisance. Etant nos voisins, de temps en temps, on sentait l'odeur de la sauce d'huile qui s'échappait de leur cuisine. Chose rare au village à moins que ce ne soit un jour de fête ou lors de la célébration d'une cérémonie exceptionnelle comme le mariage ou les funérailles. Ce n'est que lors de ces évènements spécifiques que beaucoup de familles préparent du riz à l'huile. Le père de Bambo, Kélountang, a commencé à porter de grands boubous bien propres pour ne pas dire toujours neufs ; un luxe auquel ne peut accéder n'importe quel vieux du village. Tout a changé d'un coup chez le vieux Kélountang qui, pourtant il y a quelques années, n'arrêtait jamais de se plaindre auprès de papa chez qui il venait d'ailleurs demander assez souvent de quoi payer du tabac pour sa pipe. En réalité, c'est donc son fils Bambo qui a commencé à envoyer des mandats à sa famille. Chaque fin du mois, le vieux Kélountang se rendait à Sédhiou pour percevoir de l'argent.

La famille du vieux Kélountang qui, jadis, était l'une des plus pauvres à Doumassou est du coup devenue le lieu de convergence des villageois. Pour espérer manger un plat de riz à l'huile, il ne faut surtout pas rater les heures de repas. Et voilà que cette famille est devenue un rêve pour tout le monde. Elle devient la seule famille qui prend dorénavant tous les matins un petit-déjeuner. Et pas n'importe lequel. Pas le petit-déjeuner habituel des villageois fait à base de farine de mil ou de maïs et encore que ce petit-déjeuner-là n'est pas toujours à la portée de toutes les familles. Seules celles qui ont une bonne récolte peuvent se permettre de prendre le petit-déjeuner à la bouillie de mil ou de maïs ou quelques rares fois, de riz. Pour vendre son pain, un employé de la seule boulangerie artisanale de notre communauté rurale faisait le tour des villages de la zone. C'est donc ce pain-là qu'achète maintenant le vieux Kélountang sa famille. Généralement, lorsque vous voyez un vieux payer ce pain le matin, à coup sûr, c'est qu'il a un étranger chez lui, un grand hôte. Quelquefois, c'est aussi à l'occasion de grandes festivités comme les mariages, les fêtes de Korité et de Tabaski que les gens achètent du pain.

Moi en tout cas, le petit-déjeuner, je ne l'avais jamais connu dans ma famille. Même lorsque j'étais encore à l'école, on se levait tôt le matin à 6 heures pour partir sans avoir quelque chose dans le ventre. La seule chance qu'on pouvait avoir, c'était lorsqu'il y a eu un restant du repas de la veille. C'était cela qu'on réchauffait pour manger le matin avant de partir. L'école était à une dizaine de kilomètres de mon village, à la communauté rurale de Diana, seule localité qui avait une école primaire vers les années 70/80 sur plus d'une vingtaine de villages. On faisait régulièrement ce trajet toute l'année. Ne pouvant pas rentrer à midi pour repartir à 15 heures, on y passait la journée. Pour cela, chaque matin, maman nous donnait quelques fruits ou légumes : mangues, oranges, patates cuites, etc., selon la saison. Et c'était cela que nous mangions à midi, histoire de tromper la faim, avant de rentrer le soir. Il n'y avait pas encore suffisamment de cantines scolaires. Seules quelques écoles primaires catholiques à l'époque, en avaient. Or, dans ma zone, il n'y avait même pas d'école catholique car toute la communauté rurale étant majoritairement de confession musulmane, les notables ne pouvaient pas de toute façon accepter l'implantation d'une école catholique qui, croyaient-ils, pouvait influer sur la religion de leurs enfants, en l'occurrence, l'Islam.

La maison des Bambo était donc en quelque sorte transformée en « Grand-Place » du village aux heures de repas. Cela ne dérangeait d'ailleurs personne. Pas même les membres de la famille des Bambo puisque chez nous, la solidarité est une tradition. On aime tout partager surtout lorsqu'il s'agit de la nourriture. Même lorsqu'il s'agit d'un simple passant qu'on ne connaît pas, on n'hésite pas à l'inviter à manger.

Un jour, il y eut un décès à Sindina, un autre village situé à une quarantaine de kilomètres de chez nous, bien derrière Sédhiou. La défunte était une femme du village qui s'était mariée là-bas. Tous les vieux de Doumassou, hommes et femmes étaient donc à ce deuil. Papa y était, sauf maman qui était clouée au lit, terrassée par une maladie qu'elle trainait depuis de très longues années. De là-bas, les gens de mon village apprirent qu'une nouvelle voie pour rejoindre l'Europe venait d'être découverte. Et cette voie n'est rien d'autre que la voie maritime à partir des côtes sénégalaises. En plus, les tarifs sont abordables car on peut réaliser son rêve à partir de 350 000 à 500 000 francs CFA voire plus ou moins selon les affinités avec les passeurs ou les courtiers. Telle était la bonne nouvelle recueillie à Sindina et qui avait fait rêver tout le monde. Pour preuve d'ailleurs, une bonne dizaine de jeunes du village de Sindina étaient déjà partis et plus de la moitié d'entre eux étaient déjà entrés en Espagne, m'avait révélé papa. Selon certaines sources, cette voie a été découverte par des pêcheurs sénégalais qui s'étaient perdus en mer et qui, dans leur mésaventure, se sont retrouvés par hasard sur les côtes des îles canaries. Ils ont alors vendu la mèche à leurs camarades restés au pays qui, eux aussi, ont progressivement commencé à tenter l'aventure ; une aubaine à ne pas rater. Mais d'autres disent également que la découverte de cette voie ne date pas de 2005/2006. Selon certaines langues, ce sont les rebelles déserteurs du mouvement indépendantiste casamançais qui ont exploré cette voie. Las de continuer à vivre le calvaire dans le maquis et sachant qu'ils risquaient aussi leur vie s'ils retournaient directement dans leurs villages d'origine dans la mesure où s'ils n'étaient pas tués par leurs ex-camarades rebelles, ils pouvaient également être victimes de règlements de compte avec les habitants surtout victimes des atrocités de la rébellion, lesdits rebelles déserteurs, pour se sauver, prenaient donc tout bonnement les pirogues à partir des îles Diogué pour rejoindre les côtes espagnoles.

Rentré de Sindina, papa m'appela dans sa chambre.

- Totala, je viens d'apprendre une nouvelle et surtout une très bonne nouvelle à Sindina et qui me hante présentement l'esprit.
- Quelle nouvelle ?, l'ai-je coupé court
- Il paraît que maintenant, on peut partir en Europe à partir des côtes sénégalaises. Les départs s'organisent à partir de Ziguinchor, Mbour, Dakar, Kafountine, etc. Pour Ziguinchor et Kafountine, le dernier point de départ est Diogué. Une des îles de la basse Casamance.
- Mais comment cela est-il possible papa ? Êtes-vous bien informé de la nouvelle ?
- Bien sûr que oui, et pour preuve, beaucoup de jeunes du village de Sindina sont déjà partis. Il paraît que les candidats à ce voyage embarquent à bord de grandes barques qui peuvent transporter plusieurs dizaines de personnes voire plus d'une centaine. Une fois aux îles ibériques, il paraît que lesdits candidats à l'immigration sont accueillis par des agents espagnols de la croix rouge qui les gardent pendant un certain temps au camp de la croix rouge pour des besoins de formalités administratives. Puis, ils vous libèrent ensuite et ce sont eux-mêmes qui vous paient le billet pour rejoindre les grandes villes de l'Espagne.

- Oh que c'est génial ! Alors là, je sais que des familles qui auront les moyens de payer ce voyage à leurs enfants, ne rateront pas l'occasion. Comme quoi Dieu n'abandonne jamais ses pauvres créatures. Au moment où le monde rural plonge davantage dans la misère à cause des difficultés liées à la commercialisation de l'arachide, voilà que le Seigneur bien veillant nous montre une voie de salut.

- J'ai donc mûrement réfléchi et je décide aussi que tu partes comme tes camarades. Tu sais, dans toute chose, c'est le début qui est souvent facile mais dès que les gens commencent à s'y intéresser en masse, les choses deviennent de plus en plus compliquées. C'est donc le moment de partir. Toi-même tu vois que rien ne va plus: la pluie n'est plus aussi abondante pour espérer de bonnes récoltes et en plus, depuis que nous nous sommes reconvertis dans la culture du coton, notre modeste niveau de vie a davantage fortement baissé. Tes sœurs Satou et Awa sont grandes. Bientôt elles vont se marier. Tu vois bien aussi que la santé de ta maman se détériore de plus en plus et moi je tends davantage vers la vieillesse. Bref, il y a tout un tas de choses qui peuvent expliquer ton aventure et la seule chose que je demande au bon Dieu, c'est que quand nous les parents ne serons plus là, que tu puisses assurer dignement et pleinement la relève en t'occupant comme il le faut, de la famille et surtout de tes jeunes frères qui ont besoin d'un soutien à l'école.

- Je suis parfaitement conscient de tout cela papa. Mais mon seul souci est comment nous pourrons trouver 350 000 ou 500 000 francs à l'heure actuelle ? Même en période de récoltes il nous est difficile de réunir cette somme à plus forte raison en cette période hivernale.

- Justement. Mais si je te fais la proposition c'est que j'ai déjà trouvé, à mon avis, la solution idoine.

- Et quelle est-elle alors ?

- Nous allons vendre nos deux taureaux. Heureusement que nous avons déjà terminé la culture. Et même si ce n'était pas le cas, il n'y avait pas non plus d'autres moyens.
Après une petite hésitation sur la proposition de papa, (sachant que ces taureaux, grâce à la charrue que nous avions pu acquérir auprès d'un ONG italien d'aide au développement, constituent une importante main-d'œuvre dans nos travaux champêtres), j'ai tout de même accepté.
- Ne t'inquiète pas pour ces taureaux, Totala. Nous saurons nous débrouiller. J'ai encore la force de travailler dans les champs. Tes jeunes frères pourront aussi m'aider le temps que Dieu change notre situation. Tu vois bien d'ailleurs que beaucoup de familles ici n'ont pas de charrue et pourtant ça ne les empêche pas de travailler autant comme nous. L'essentiel et c'est ce que je prie, est que tu arrives en paix en Espagne. Le reste viendra s'il plaît à Dieu.

La démarche fut donc vite conclue entre nous deux puis papa convoqua mes autres frères pour leur expliquer le projet. Etant la veille du marché hebdomadaire de la communauté rurale de Diana qui a lieu tous les vendredis, il fut convenu que nous nous levâmes tôt le matin pour amener les taureaux au *loumo*[8]. Papa lui, allait nous suivre. A vélo. Jusque là, maman n'était encore au courant de rien. En fait, dans notre tradition, les femmes ne sont le plus souvent pas impliquées dans des prises de décisions de la famille et ce, quel que soit leur âge. Le lendemain, nous quittâmes le village à 4 heures du matin. Il fallait partir tôt dans la discrétion pour ne pas éveiller la curiosité de ceux qui nous auraient vus. Pour cela, nous avons choisi en plus, de passer par le petit chemin de la brousse, pour être certains de ne pas croiser quelqu'un en cours de

---

[8] Expression sénégalaise qui signifie « marché hebdomadaire ».

route. Après un peu plus de trois heures de marche, nous voilà enfin au *loumo*. Il était environ 7 heures du matin. Papa était déjà là aussi. Comme nous avions de très gros taureaux, nous avions tout de suite trouvé un acheteur. C'est en général dans les *loumos* que les bouchers viennent acheter les bœufs et les moutons. Le marché a donc été vite conclu et papa a empoché sur place un pactole de 350 000 francs. On ne pouvait pas espérer plus, compte tenu de l'urgence. Avant huit heures, nous avons repris le chemin de retour. Cette fois-ci, même papa était passé par le petit chemin de brousse pour éviter de rencontrer éventuellement des connaissances qui venaient au marché. C'était effectivement l'heure de convergence de tous les villageois de la zone vers Diana. Le marché refuse souvent du monde les vendredis car c'est un jour de repos pour tout le monde. C'est le seul jour de repos pour les paysans pendant les travaux champêtres, sauf si l'on n'est pas de confession musulmane. Et même dans le cas échéant, la plupart des rares familles non musulmanes ne travaillent pas aussi les vendredis, histoire de se reposer en même temps avec tout le monde. Comme Diana est la seule localité de la zone qui dispose d'une grande mosquée habilitée à abriter la grande prière du vendredi, ceci est une raison de plus qui justifie la massification des gens au *loumo*, histoire de faire d'une pierre deux coups : la prière du vendredi et le marché.

A Uchon manjacu, la vente de bœuf est une chose rare. C'est dans le cas d'une extrême exception qu'on le fait. En effet, le bœuf est un animal sacré dans cette communauté parce qu'il a la même valeur qu'une vie humaine car il a été à l'origine de l'abolition de la peine de mort. Jadis, dans cette communauté traditionnelle, quand un grand-père ou une grand-mère mourrait, on l'enterrait toujours avec deux adolescents : une jeune fille et un jeune garçon. Dans la croyance populaire, les deux pauvres adolescents devaient se charger d'accompagner le défunt au ciel. Mais à un moment donné, la communauté a pris conscience que cette pratique était abominable car il ne valait pas la peine de priver la vie à deux jeunes adolescents qui, de surcroît, ont tout un avenir devant eux et qui, peut-être, à l'avenir, pourraient prendre en charge la famille. A la place de ces deux ados, il a donc été décidé de les remplacer par des voleurs. Le vol était en effet un délit passible de peine de mort à Uchon manjacu. Alors, lorsqu'un individu commettait un acte de vol, au lieu de le tuer comme le voulait la juridiction populaire, il avait été convenu que cet individu pouvait être jugé puis gardé en résidence surveillée. Quand un vieux ou une vieille mère décédait quelque part, c'était alors ce voleur qui était enterré avec le/la défunt(e) et ce, en remplacement des deux adolescents. Mais plus tard, les notables de la communauté avaient encore trouvé que tout cela était abominable. Sacrifier une vie humaine pour un simple délit de vol était quelque chose de trop. Il fallait donc finir avec toutes ces pratiques et abolir la peine de mort. Toutefois, le seul souci qui se posait, c'était de savoir ce qu'il fallait pour remplacer les accompagnateurs du/de la défunt(e) grand-père/grand-mère le jour de son enterrement. Dans cette quête de solutions, d'autres ont suggéré le bœuf. C'était ainsi que cet animal domestique avait remplacé le voleur dans ce rituel. Mais cette fois-ci, on n'enterrait pas le bœuf avec le cadavre comme ce fut le cas avec les deux adolescents qu'on choisissait dans la famille ou encore le cas du voleur. L'idéal était juste de poser l'acte. Avant l'enterrement du mort, on tuait d'abord un bœuf en guise de sacrifice et c'était donc ce bœuf-là, dans l'imaginaire collectif de cette communauté, qui accompagnait le mort à l'au-delà. C'est pourquoi, cet animal a été rendu sacré. Depuis lors, il a été décidé qu'on ne devait plus tuer ni vendre un bœuf dans n'importe quelle circonstance. Par exemple, jusqu'ici, il est même rare voire interdit de tuer un bœuf au cours d'un mariage car dans la tradition à Uchon manjacu, le mariage et la mort sont deux évènements sociaux diamétralement opposés. Si le mariage consacre l'arrivée d'un nouveau membre dans la famille, la mort elle, au contraire, marque la disparition définitive d'un être humain ; en conséquence, ces deux évènements ne peuvent pas être vénérés de la même manière. Et donc, le bœuf étant jadis exclusivement réservé aux cérémonies funéraires, il ne peut donc pas encore être servi lors d'un mariage. On dit d'ailleurs, dans la croyance populaire de cette communauté que lorsqu'on tue un bœuf lors d'un mariage, ce mariage-là n'est pas béni et il y aura une forte chance qu'il n'aboutisse pas à l'avenir. En revanche, seule la raison de voyager peut permettre à une famille de vendre un bœuf pour financer le projet d'immigration car on se dit que celui qui part à l'aventure, va pour défendre la cause de la famille.

Rentrés à la maison avant onze heures du matin, papa a attendu l'heure du repas pour réunir tout le monde. Il annonça la nouvelle de m'envoyer en Espagne et expliqua clairement à maman le projet ainsi que les moyens de le réaliser. Tout le monde était content et on avait l'impression qu'ont partageait ce jour-là, le meilleur repas que la famille n'ait jamais eu.

Le lendemain de bonne heure, mon père m'amena chez un grand marabout à Karanta-ding à une soixantaine de kilomètres de mon village. Nous étions partis en vélo. Dans la tradition africaine de manière générale, il est toujours souhaitable, avant d'entreprendre quoi que ce soit, même pour demander la main d'une fille en mariage, d'aller consulter un charlatan censé pouvoir connaître l'issue du projet en vue. Et ce jour-là, nous étions rassurés car ce grand marabout, connu de tous, dans la zone et dont on reconnaît le talent en matière de voyance, venait

justement de nous prédire beaucoup de succès sur mon projet d'aventure en Europe. Il ajouta que je suis une personne très chanceuse et que mon aventure chez les Blancs va m'ouvrir beaucoup de portes vers le bonheur. J'étais tout heureux d'entendre cela. Visiblement, papa était encore plus heureux. Le marabout nous demanda de donner en charité à sept fillettes encore chastes, trois calebasses de riz au lait. Un jour de lundi. Puis, il fallait également remettre sept colas blanches, sept colas rouges, sept mètres de tissu blanc et trente trois papiers-marabout à un imam. Tout cela a été fait dès le lundi qui suivait notre visite chez le marabout. Il fallait donc le faire avant que d'autres personnes du village ne fussent au courant de mon projet. Mais j'étais tout de même persuadé que je n'étais pas le seul candidat à l'immigration dans le village. Je pouvais être le seul déjà prêt mais je ne doutais pas que d'autres gens du village allaient sans doute être aussi intéressés par cette aventure mais chacun devait préparer son voyage dans la totale discrétion pour réaliser son rêve. Le rêve de tous. Partir en Europe à la quête d'une autre possibilité de vie meilleure.
Après avoir donné ces offrandes, j'étais donc prêt pour le départ. Mais le lendemain étant mardi, il fallait attendre mercredi ou les jours suivants pour prendre le départ. Chez nous, on ne voyage jamais un mardi. Mardi n'est pas un jour où il est idéal d'entreprendre quelque chose. On dit que lorsque vous voyagez un mardi, le plus souvent, lorsqu'il s'agit d'un voyage d'affaires, vous atteignez difficilement votre objectif. C'est la tradition et ces aprioris sont bien connus de tous. Mon départ fut donc fixé pour mercredi. Ce jour-là, papa, maman et moi-même, nous sommes levés tôt le matin. Il fallait verser de l'eau devant la porte pour prier Dieu et les ancêtres pour que mon voyage se déroulât dans de très bonnes conditions. En général, lorsqu'il s'agit de non-musulmans, à la place de l'eau, on verse du vin. Certaines communautés

musulmanes du pays préfèrent également du lait à la place de l'eau. C'est selon la tradition de chaque communauté. Verser de l'eau ou du vin devant la porte est un rituel non négligeable à Uchon manjacu. La vénération des *balougoums*[9] a un caractère sacré à Uchon manjacu. Dans la philosophie populaire à Uchon manjacu, les *balougoums* sont les intermédiaires privilégiés entre les êtres vivants et Dieu.

Après la prière de cinq heures du matin, papa m'embarqua dans son vélo pour m'accompagner à Sédhiou où je devais prendre le véhicule. Nous y sommes arrivés vers sept heures du matin. Mais au lieu d'aller directement à la gare routière, nous avons préféré aller attendre le véhicule en partance pour l'embarcadère de Béroto, un peu plus loin à environ un kilomètre à la sortie de la ville. Ceci pour éviter de rencontrer une connaissance à la gare routière et en plus, hors du garage, on paie beaucoup moins cher le billet. Situé à environ 140 km de Ziguinchor sur la rive droite du fleuve Casamance, Sédhiou était l'ancienne capitale administrative et économique de la Casamance (aujourd'hui subdivisée en trois régions : Ziguinchor, Kolda et Sédhiou).Comme Ziguinchor, Sédhiou offre une diversité culturelle très impressionnante qui fait de cette ville originale le carrefour du brassage des peuples venus de Gambie, Mali et des deux Guinées (Guinée-Bissau et Guinée Conakry) Après près d'une demi-heure d'attente, le premier car de la journée fut enfin arrivé. Papa l'arrêta. Deux cent francs, c'était le prix à payer pour aller à Béroto. Papa me demanda de tendre mes mains. Il pria pour moi et me souhaita bon voyage puis je montai dans le véhicule. Papa monta sur son vélo mais sans bouger. Il regardait notre véhicule partir. Jusqu'à perte de vue. J'avais les larmes aux yeux. Ce n'était pas la première fois que je voyageais mais cette fois-ci c'était exceptionnel car

[9] Les balougoums, mot manjack, désigne les ancêtres.

ce voyage-là pouvait m'éloigner de ma famille pendant de longues années. J'en étais conscient. Que se passerait-il derrière moi? C'était la question qui me hantait l'esprit juste au moment du départ surtout que j'avais laissé maman malade. Mais aussi, je me disais intérieurement : qu'adviendra-t-il de mon aventure ? Même si mon marabout m'avait prédit une bonne issue, je n'étais pas suffisamment convaincu. Pour avoir fait les bancs, j'analysais les choses mieux que papa. Je n'ignorais pas totalement que ce voyage avait quelque part en soi, un risque. Le risque de perdre sa vie en mer car je ne doutais pas que les bateaux de voyage dont me parlait papa devaient très certainement être des barques de fortune. Et là, j'étais fort convaincu que je me lançais dans une aventure à issue incertaine. Une aventure qui allait pouvoir être un voyage sans retour. Oui, je savais cela mais je n'avais jamais voulu faire apparaître un certain signe de crispation, de peur ou simplement d'hésitation. Il fallait assumer l'initiative et prendre le courage pour rassurer la famille derrière moi. Dans tous les cas, d'une manière ou d'une autre, les moyens du voyage étant trouvés, il me fallait forcément partir. Partir faute mieux mais aussi partir parce que la cause de la famille était au-dessus de tout. Cet état psychologique ne m'est pas propre. C'est pareil pour n'importe quel émigré, qu'il soit clandestin ou non. Ce n'est pas toujours facile de vivre très loin de sa famille, surtout à des milliers de kilomètres en Europe où il ne suffit pas de prendre un car pour rejoindre en urgence sa famille ou son pays. Vivre à l'extérieur, c'est déjà s'engager d'une certaine autre façon à ne pas vivre une bonne partie des événements familiaux. Même lorsqu'il s'agit d'un décès dans la famille, lequel évènement réunit le plus de cœurs en Afrique, on n'est pas susceptible d'être toujours là pour témoigner de la sympathie et de la compassion des autres, pour accompagner le défunt jusqu'à sa dernière demeure, bref et que sais-je encore.

Tout cela n'est pas anodin pour un émigré africain. Bien au contraire, il rate une partie de la vie qui fait l'essentiel de la richesse de l'Afrique c'est-à-dire, la communion des cœurs dans des circonstances de bonheur ou de malheur surtout. Hélas.

Je suis arrivé à l'embarcadère de Béroto après trois quarts d'heure de trajet. La pirogue en partance pour Diattacounda était déjà prête. J'étais le tout dernier client. Comme si on n'attendait que moi. Pour une première fois, je mis mes pieds dans l'eau d'un fleuve. Malgré mes huit années de scolarité passées à Sédhiou qui se trouve au bord du fleuve Casamance, jamais je n'avais eu à plonger une seule fois mes pieds dans l'eau. Au moment où certains de mes camarades d'école partaient se baigner au fleuve en dehors des jours de classe, moi j'étais dans les champs en train d'aider mes tuteurs. Et quand il s'agissait de vacances scolaires, je retournais immédiatement au village pour aider la famille dans les travaux champêtres. Je n'avais donc jamais connu de loisirs. En plus de la nourriture que je ramenais à ma tutelle au retour de chaque vacance scolaire, les travaux domestiques et champêtres au bénéfice de ma famille de tutelle étaient également le prix à payer pour l'hébergement. Même lorsqu'il n'y avait plus de travaux champêtres à Sédhiou, les élèves étrangers n'étaient jamais libres. En dehors des heures de classe, il fallait forcément partir chercher du bois en brousse pour la cuisine. Voilà d'ailleurs un des calvaires qui conduisait certains élèves à abandonner l'école, eu égard à l'intransigeance de certains tuteurs. D'ailleurs, en ce qui me concernait, c'était pendant ma scolarité que j'allais chercher du bois en brousse. Cette activité dans nos villages, est pourtant jusqu'ici réservée aux jeunes filles.

Après une traversée de trente minutes environ à pirogue motorisée, nous atteignions l'embarcadère de

Diattacounda, un des chefs-lieux d'arrondissement du département de Sédhiou qui est devenu aujourd'hui une région à part entière. Diattacounda se situe sur la route nationale sud (axe Ziguinchor/Kolda) C'était là que je devais prendre un véhicule pour Ziguinchor, la destination de ma première étape d'immigré clandestin. Je n'avais jamais connu cette ville. Je la connaissais seulement de nom. Mon seul espoir pour ne pas me perdre là-bas, c'était de rencontrer mon cousin Fabourama à la gare routière de Ziguinchor. Papa m'avait rassuré que d'une manière ou d'une autre, j'allais facilement le voir car ce dernier était apprenti-chauffeur et donc forcément il était censé être connu à la gare routière de Ziguinchor.
Fabourama est le neveu de papa, fils de ma tante paternelle Mariama, mariée à un ancien chauffeur de la mairie de Ziguinchor. Plaque tournante du commerce sous-régional et ce, de par sa position géographique privilégiée avec certains pays limitrophes avec le Sénégal, Ziguinchor, avec ses nombreux marchands qui viennent de Gambie, Guinée Bissau, Guinée Conakry et même de Mauritanie, est un véritable marché de produits manufacturés et alimentaires. Cette ville est aussi un exemple-type d'harmonie nationale car plus de la moitié des ethnies sénégalaises y sont représentées. C'est dans cette région du Sud du pays où la laïcité se vit aussi en toute harmonie. Dans plusieurs familles, l'Islam, le Christianisme et la religion traditionnelle sont pratiqués dans une parfaite tolérance. Pendant les fêtes musulmanes ou chrétiennes, il est impossible de distinguer le Chrétien du Musulman ou encore du sympathisant de la religion traditionnelle. Ziguinchor, de par sa diversité ethnoculturelle est un carrefour de cultures où Gambiens, Guinéens et Sénégalais se retrouvent.

A mon arrivée à Ziguinchor, la chance m'avait tout de suite souri car dès ma descente du véhicule, la première personne que j'avais rencontrée n'était personne d'autre que Fabourama. Il venait chercher des clients qui partaient pour Sao Domingo, une ville de Guinée-Bissau située à une trentaine de kilomètres de Ziguinchor. Après des salutations et après lui avoir expliqué brièvement l'objet de mon voyage, il m'a rapidement raccompagné chez lui, le temps de revenir « charger » son véhicule car au prochain tour c'était lui qui devait partir. Ma tante Aramata était très contente de me voir. Cela faisait plusieurs années qu'on ne s'était plus revus. Elle venait rarement au village. Sauf en cas d'extrême nécessité. La première personne qu'elle demanda après, c'était maman. Elle savait que ma mère était malade. Maman trainait la maladie du goitre depuis plus d'une dizaine d'années mais cette année-là, son état de santé avait sérieusement empiré. Elle était même obligée d'arrêter le travail. Heureusement que mes sœurs Satou et Awa étaient encore là pour la relayer dans les tâches ménagères et dans les autres travaux domestiques et rizicoles.

- Ton père doit chercher une seconde épouse, me dit tante Aramata. Imagine Totala, si tes sœurs n'étaient pas là, que serait devenue la maison ? Or, il faut savoir que tôt ou tard, elles partiront ; et d'ailleurs c'est ce qu'on peut leur souhaiter car elles ont l'âge de se marier.

- Vous avez parfaitement raison tata. Je sais que papa y pense. Nous les enfants aussi. D'ailleurs si ce n'étaient pas les difficultés de la vie, moi je me serais déjà marié. J'ai trente ans. Même Karamo mon frère cadet a vingt sept ans. Il aurait même déjà pu se marier depuis deux ou trois ans d'autant plus que c'était lui qui était aux côtés de papa. Mais hélas, lorsque nous pensons aux difficultés actuelles liées au problème de survie du fait de l'agriculture qui ne marche plus comme avant et de la pluie qui se fait de plus en plus rare, alors, autant ne pas rajouter d'autres charges à cette vie déjà assez dure et que nous menons. Voilà d'ailleurs les raisons qui peuvent justifier la volonté de la famille de m'envoyer en Espagne. Si Dieu exhausse nos prières et que j'arrive en Europe sain et sauf, peut-être qu'un jour la situation changera. Je pourrai apporter un soutien à la famille et en plus mon frère Karamo et moi pourrons nous marier. Nos épouses pourront alors s'occuper de nos parents et vaquer aux tâches ménagères. Si je réussis mon objectif en Europe, même papa, s'il le souhaite, pourra prendre une seconde femme. Maman étant malade, même si un jour, mes frères et moi, prenions tous des femmes, jamais nos épouses ne pourront autant remplacer maman. Elles auront beau être serviables à l'endroit de papa, ce n'est pas pour autant qu'elles pourront remplacer sa propre femme. Donc personnellement je ne suis pas contre l'idée que papa trouve une seconde épouse et j'ai la conviction que mes jeunes frères sont aussi du même avis. Et de toute façon, qu'est ce qu'un enfant a à s'occuper du problème conjugal de ses parents ? Tu sais bien que cela n'est pas de notre tradition et ce n'est pas nous qui allons briser cette tradition. Telle est la situation de la maison aujourd'hui, Tata. Voilà bientôt six mois que maman ne travaille plus pour une raison de santé que tu connais. Mais je suis sûr qu'en dépit de toutes les raisons que je viens d'évoquer, si la santé de maman s'était beaucoup plus aggravée il y a un ou deux ans en arrière, il est clair que nous aurions déjà pensé à la solution que vous m'évoquiez tantôt. On se serait débrouillé pour que papa prît une seconde épouse ou alors ce serait moi ou Karamo et pourquoi pas même tous les trois qui en auraient pris si les conditions nous l'eurent permis ? Nous sommes bien conscients que les jours de Satou et Awa sont comptés à la maison, eu égard à leur âge de se marier. D'ailleurs, avec les générations d'aujourd'hui, ce n'est même pas sécurisant de garder de grandes filles comme elles à la maison. Elles peuvent facilement se faire engrosser par de mauvais garçons et cela pourrait créer, au-delà de l'humiliation pour la famille, d'autres problèmes pour elles-mêmes et pour nous. Mais Dieu merci, grâce à leur bonne éducation, j'espère que cela n'arrivera pas.

Il faut donc reconnaître que la polygamie en Afrique n'est jamais, pour la plupart des cas, un simple plaisir d'avoir beaucoup de femmes. Ni beaucoup d'enfants. Surtout dans le monde rural. Dans la tradition en tout cas, c'est souvent pour une logique sociale ou pour une question de main-d'œuvre. D'ailleurs, il peut arriver dans nos pratiques, pour soutenir un homme ou simplement un père de famille en difficultés, que ses proches lui donnent en mariage une cousine ou une proche de la famille. C'est une façon pour nous de soutenir un homme qui a divorcé ou qui est veuf ou encore dont la première épouse a des difficultés pour avoir des enfants. Cela se passe souvent aussi lorsque la première femme ne met au monde que des filles car pour nous, il est important pour un père de famille d'avoir un garçon au sein de sa progéniture. C'est le garçon non seulement qui assure la relève du père en cas de vieillesse ou de mort mais aussi et surtout, pour nous encore, seul le garçon est à mesure de rassembler la famille autour de lui. Ce type d'acte peut même provenir de la belle-famille du côté de la femme. L'épouse peut elle-même décider d'aller prendre une de ses cousines dans sa propre famille pour en faire une coépouse et ce, par plaisir de renforcer les liens familiaux. En général, cette seconde épouse est plutôt considérée, dans les rapports conjugaux, comme étant la sœur cadette de la première épouse. Lorsqu'il s'agit par exemple d'un cas de veuvage, la belle-famille peut aussi proposer à son ex-gendre de choisir une autre fille dans la famille pour « remplacer » son épouse décédée. On dit ici que cette nouvelle épouse vient surveiller les enfants de sa sœur ou de sa cousine décédée. Il en est de même pour la progéniture. Un autre cas qui justifie la polygamie vient également d'une autre logique sociale surtout chez les musulmans. En effet, lorsque vous avez un frère aîné qui décède et laisse derrière lui une ou des épouse(s), la tradition voudrait que vous repreniez ces épouses. C'est pour nous une façon de garder et de rassembler la famille. Mais il se trouve qu'à Uchon manjacu tout particulièrement, il est dit dans la croyance populaire que lorsque vous héritez de la femme de votre frère, une fois à l'au-delà, votre frère reprendra toutefois sa femme et en conséquence, si vous n'aviez jamais épousé une autre femme, vous resteriez donc célibataire au ciel. Voilà pourquoi, lorsqu'on hérite de l'épouse (ou même de plusieurs épouses) de son frère défunt, il est fortement conseillé, en plus de celle(s)-là, d'épouser aussi une autre femme qui, au ciel, vous appartiendra. Toutefois, il est important de préciser qu'à Uchon manjacu par exemple, la hiérarchie et le sens de la responsabilité sont de rigueur. L'on ne peut jamais hériter de l'épouse de son jeune frère mais seulement de l'épouse de son frère aîné. L'explication qui résulte de ce fait est que pour ce peuple, l'homme ne doit jamais revenir en arrière mais il doit plutôt tendre vers le haut, autrement dit, il doit aller de l'avant dans le cadre de ses responsabilités. On ne « se baisse » pas pour assumer une responsabilité. On doit plutôt « tendre son bras vers le haut » pour la prendre. Or, en fait, pour cette communauté, hériter de l'épouse de son frère cadet, consiste à revenir en arrière pour prendre des responsabilités qui vous sont au bas de l'échelle. C'est pourquoi, lorsque ce cas de figure se présente, si vous étiez resté le seul frère et de surcroît l'aîné du défunt, l'on est dans ce cas obligé de contourner la règle pour confier la veuve à un demi-frère cadet s'il y en a un. Dans le cas contraire, c'est sans doute un proche cousin germain qui va assurer l'héritage. On dit dans ce cas, «qu'on a contourné ou dévié la règle de l'héritage ». L'héritage n'est pas un acte anodin à Uchon manjacu. C'est une tradition qui repose sur une rigueur basée sur les vraies valeurs et les croyances de la communauté. L'héritage est en quelque sorte une passation de pouvoir entre le défunt frère aîné et son cadet. Il a généralement lieu le premier anniversaire de la mort du frère-défunt et il y a tout un tas de rituels auquel il faut s'acquitter avant que le cadet ne puisse reprendre en charge les responsabilités laissées par son frère décédé. En plus, il faut, au cours de cette passation de pouvoir, procéder à l'évaluation du bilan du défunt : ses réalisations, ses richesses aussi bien sur le plan financier que concernant le bétail, la nourriture, etc.

L'enfant dans le monde rural était jadis considéré comme une main-d'œuvre. Avant, seules les familles nombreuses étaient le plus souvent mieux à l'aise dans le monde rural dans la mesure où elles avaient la particularité d'avoir une forte main-d'œuvre. Ce qui n'était toutefois pas le cas dans les villes. D'ailleurs au niveau des villes, la plupart des ménages étaient monogames, excepté les rares pères de famille qui avaient vraiment les moyens d'épouser plusieurs femmes. La monogamie était plutôt une affaire de « toubab ». Lorsque vous n'avez qu'une seule épouse et surtout quand vous refusiez de faire beaucoup d'enfants, on vous qualifiait de déraciné, d'homme occidentalisé.

Jadis, la polygamie pouvait aussi s'expliquer à Uchon manjacu notamment, par une autre réalité culturelle. Pour cette communauté en effet, la tradition voudrait que ce soient les parents qui cherchent la première épouse à leur enfant. L'aîné surtout. Cela est perçu comme un devoir voire une obligation morale pour le père de famille. Le fils n'a pas dans ce cas à se prononcer sur son choix. Qu'il connaisse ou pas la fille, il doit accepter le choix fait par ses parents. C'est la tradition qui le veut ainsi. Il appartiendra ainsi au fils, à l'avenir, s'il le désire, de prendre une autre femme qui émanera cette fois-ci de son propre choix. Cette seconde épouse est pour ainsi dire, son vrai amour. Mais n'empêche, la première épouse est et devra toujours rester la maîtresse (en termes de responsabilités !) de la maison. Elle est considérée comme étant la sœur aînée de ses coépouses. C'est elle qui, en l'absence de sa belle-mère, donne des ordres. Elle ne s'occupe plus de certaines tâches domestiques comme faire la cuisine, aller chercher de l'eau au puits, laver le linge, etc. Ces tâches sont en général dévolues aux coépouses qui se remplacent mutuellement. Mais la cuisine et le ménage sont en général réservés à la dernière coépouse. C'est la première épouse qui dirige les travaux domestiques ou champêtres. C'est elle qui décide de ce qui doit ou ne doit pas être fait. D'ailleurs, autant, c'est la première femme qui donne même des ordres sur le menu de la famille. Chef du foyer, la responsabilité lui revient de dire à la coépouse qui devait faire la cuisine, ce qu'il faut préparer (le maïs, le mil, le sorgho ou encore le riz). Elle est également la seule habilitée à mettre la main dans le grenier familial. C'est elle qui mesure la quantité de riz à préparer. Quand la cuisine est prête, la responsabilité lui revient également de partager le repas. D'habitude, il y a un bol pour les femmes, un pour les tout-petits qui mangent généralement ensemble avec le vieux ou la vieille de la famille et enfin un autre bol pour les hommes. En un mot, la première épouse occupe un poste très stratégique dans la famille. C'est elle qui coordonne tout et veille sur tout dans la maison. Par exemple, jadis, même en pleine nuit, si quelque chose se passait dans la maison, il appartenait à la première épouse de se lever. Même le mari ne devait pas le faire à sa place d'autant plus que la surveillance de la famille au sens protecteur du terme lui revenait. La seconde épouse elle, s'occupe souvent de l'éducation des enfants alors que la troisième ou la toute dernière coépouse a exclusivement pour responsabilités les tâches ménagères comme nous l'avons évoqué ci-haut.

En l'absence de cette première épouse, si celle-ci avait une fille aînée d'un certain âge, après la mort de sa mère, cette dernière était obligée de laisser son ménage pour venir assurer l'intérim pendant un an. Si elle n'avait pas de fille en âge d'assurer de telles responsabilités, on pouvait faire appel à une de ses belles-sœurs la plus âgée parmi les sœurs ou cousines germaines du mari. Celle-ci devait donc assumer cette responsabilité pendant une année et le jour du premier anniversaire de sa disparition, la famille procédait à l'évaluation du bilan de la défunte mais aussi de celui de son intérimaire. Cet inventaire concernait souvent le bétail, la nourriture et dans le moindre cas, la richesse personnelle de la défunte. C'était donc à l'issue de cette évaluation que la passation de pouvoir se faisait et la fille aînée ou la belle-sœur de la défunte qui avait assuré l'intérim transférait enfin les responsabilités de la famille à la deuxième coépouse qui se devait de prendre le relai dans les mêmes règles de l'art. Il y avait un ordre préétabli auquel tout le monde devait se conformer. Enfreindre à cette démarche équivalait à heurter la tradition et par conséquent le coupable pouvait s'exposer à une sanction pouvant aller d'une grave maladie à la mort ou au moindre des malheurs, il devenait un être misérable incapable de réaliser la plus petite réussite dans sa vie qui soit. Et dans la croyance populaire, cette sanction était infligée par les ancêtres.
Ainsi donc, on le voit, la logique sociale régissant les règles de fonctionnement de la famille avait, jadis, pour cette communauté, un côté sacré voire mystique. Le mariage traditionnel à Uchon manjacu s'appuyait essentiellement sur deux cas de figure : le premier était celui communément appelé en langue manjacu « *benim beudioc* », c'est-à-dire un mariage conçu dès la naissance. Pour ce type de mariage, c'est dès la grossesse qu'on demande déjà la main du futur nouveau-né au cas où celui-ci serait une fille.

En cas d'accord, dès la naissance, ladite future belle-famille se présentait ainsi avec au moins un litre de vin et un pagne. On attachait ensuite un petit morceau de tissu au poignet de la petite fille qui venait de naître et ce, pour justifier qu'elle avait déjà un promis. Ceci dit, la famille du garçon devait dès lors s'atteler à remplir des obligations vis-à-vis de sa future belle-famille : par exemple, l'aider régulièrement dans les travaux champêtres, participer à tout évènement qui concernerait ladite famille, bref, répondre à toute sollicitude de la belle-famille chaque fois que besoin il y avait. Ce mariage devenait sacré et rien ne pouvait en effet provoquer son renoncement. Même à l'âge adulte, ni la fille, ni encore moins le jeune garçon ne pouvaient refuser ce mariage (même en cas de désamour), sous peine d'être frappés par un mauvais sort en guise de sanction pour non-obéissance à la tradition. Ce type de mariage était le plus sacré des trois cas. Le deuxième cas d'espèce du mariage traditionnel à Uchon manjacu – et c'était le plus répandu – consistait pour un père de famille, de trouver une épouse pour son fils. Comme nous l'avons évoqué plus haut, l'avis du jeune garçon ne comptait pas dans ce processus. C'était le père qui décidait sur le choix de la femme que devait prendre son fils. Cela ne se faisait pas toutefois par hasard car le mariage dans la tradition manjack reposait sur une dynamique assez rigoureuse fondée sur des valeurs fondamentales à savoir les mœurs mais aussi l'image et la notoriété de la belle-famille. Pour ce faire, il convenait pour le père du jeune garçon de démarcher de prime abord auprès des charlatans, marabouts, etc., pour déjà essayer de connaître le sort réservé à ce prétendu mariage qui devait avoir lieu entre la fille choisie et son garçon. Outre ces démarches, le père devait également dialoguer avec ses ancêtres pour demander leur bénédiction. Et là, la chèvre et le coq servaient souvent d'éléments de dialogue avec les *balougoums* ou les ancêtres tout court. Le rituel se passait de la manière suivante : les notables de la famille (hommes et femmes) se réunissaient autour des statues qui, généralement, étaient plantées à l'entrée de la maison ou à côté de la porte du chef de famille et qui représentaient en fait ces *balougoums*. Jadis, ce n'était pas n'importe qui, qui pouvait avoir une statue après sa mort à Uchon manjacu. C'étaient souvent les vieux pères et les vieilles mères de la famille qui étaient concernés. L'honneur leur était fait dans la mesure où ils étaient les personnalités morales de la famille. Il fallait donc avoir un âge très avancé qui approchait la centaine pour pouvoir bénéficier de ce statut particulier dans la famille. Toutefois, il pouvait y avoir une exception pour un jeune et qu'il fût érigé à ce rang. Mais généralement il s'agissait exclusivement dans ce cas, d'une personne qui, même si elle n'était pas très âgée, avait toutefois de son vivant, beaucoup œuvré pour la famille. Ces statues représentant donc les ancêtres, servaient d'intermédiaires avec non seulement les *balougoums* vénérés à travers ces objets mais aussi avec Dieu. Dans la croyance populaire manjack, l'ancêtre était le plus apte à plaider auprès de Dieu pour demander Sa grâce. Lui qui est déjà au ciel, est donc censé être plus proche de Dieu pour pouvoir lui demander des faveurs pour la famille. Ainsi, à chaque grand évènement familial comme l'organisation des funérailles, d'un mariage ou simplement lors d'un décès ou d'un malheur quelconque qui frappait un des membres de la famille, les notables de ladite famille se réunissaient toujours autour de ces statues pour implorer Dieu et les *balougoums*. Ils y versaient du vin et un peu de riz au lait dans lequel on mettait de l'huile de palme. Ce plat communément appelé « *pay* » par les Manjacu est un plat traditionnel qu'on ne prépare que lors des circonstances particulières lors desquelles la famille est appelée à se réunir autour des statues de la famille communément appelées aussi « *i-thiap* » dans le dialecte manjacu. Au cours de cette vénération, ils attachent une chèvre avant de faire leurs vœux. Après la vénération, si la chèvre urine, cela signifie que leurs vœux sont ou seront exhaussés ou que le sujet posé et dont la famille veut un éclaircissement, a bien été édifié. Outre la chèvre, il y a en fait un complément de preuve qui se trouve être le coq. On tue le coq et on vérifie son pancréas. Si celui-ci garde sa couleur naturelle, cela rejoint donc la première preuve donnée par les signes de la chèvre à travers ses urines. Mais si le sujet posé ne doit pas avoir de suite favorable conformément au souhait de la famille, le pancréas devient tout noir. Et s'il y a ainsi donc une contradiction entre les résultats fournis par le coq et ceux de la chèvre, le problème reste donc entier et il faut entreprendre à nouveau d'autres démarches en allant voir d'autres charlatans avant de revenir une nouvelle fois se réunir autour desdites statues pour reprendre le même rituel.

Ce rituel était aussi donc accompli lorsqu'il s'agissait d'un mariage car avant de demander la main d'une femme, il fallait d'abord s'assurer du sort réservé à ce mariage à savoir si cette femme pouvait correspondre aux attentes de la famille ; si elle n'était pas trempée dans des choses louches comme la sorcellerie ou d'autres faits mystiques, etc. Un autre aspect non moins fondamental était aussi que le choix de la fille ne portait pas sur n'importe quelle famille. Hormis le rituel ci-dessus décrit, une enquête de personnalité et de mœurs était au préalable réalisée discrètement (si la famille n'avait pas été suffisamment connue) sur cette famille concernée et ce, sur plusieurs générations (depuis les grands-parents). On cherchait aussi à connaître les mêmes informations sur la mère de la fille et sur sa famille également. Une fois toutes les informations recueillies et si elles répondaient aux aspirations de la famille du prétendant, alors, cette dernière pouvait enfin se présenter pour demander la main de la fille. Toutes les démarches se faisaient souvent à l'insu des deux futurs mariés (jeune garçon comme jeune fille). Une fois toutes les démarches effectuées et la dot versée, le jour du mariage était enfin fixé et c'était à partir de là que le père du jeune garçon pouvait informer son fils de son mariage pour telle date et que sa future épouse était la fille d'un tel dans telle localité. Idem pour le cas de la jeune fille qui devait aussi être informée de son mariage de la même façon. Les futurs mariés ne pouvaient pas contester les choix. Le refus de la fille ou du jeune garçon d'obéir à cet ordre pouvait être lourd de conséquence car non seulement il/elle pouvait être chassé(e) de la famille mais en plus cela pouvait même provoquer le divorce de sa propre mère avec son père. Ces deux cas de mariage étaient ceux qui bénéficiaient, jadis, de la protection familiale. Il y avait enfin un troisième type de mariage qui relevait exclusivement du choix du jeune garçon d'épouser une telle, fille d'un tel. Mais là aussi, même si les parents du jeune garçon acceptaient le choix de leur enfant, ils entreprenaient toutefois les mêmes démarches comme dans le deuxième cas ci-dessus décrit pour savoir si oui ou non, leur future belle-fille pouvait être une femme idéale pour leur enfant mais aussi et surtout pour la famille. Si les vœux des parents et ceux du jeune garçon coïncidaient, ce mariage pouvait donc avoir lieu et bénéficier enfin de la même protection familiale que les deux premiers cas évoqués.

Fabourama est rentré de son boulot le soir vers 22 heures. Comme d'habitude, me disait-il. Après le dîner, son père Malamine nous convoqua dans le salon pour discuter des éventuelles démarches à entreprendre pour mon projet de voyage. Ma tante Aramata était là assise. A mon arrivée, c'était à elle que j'avais confié, sur ordre de papa, mon argent, le temps de trouver un passeur. Fabourama connaissait déjà tout le circuit de ce voyage clandestin vers l'Europe. D'ailleurs le matin, après mon arrivée à la gare de Ziguinchor, quand il me raccompagnait à la maison, il m'expliquait que lui aussi était en train de réunir les sous pour partir. Il connaissait bien une courtière qui servait d'intermédiaire entre le passeur et les candidats à l'émigration. C'était cette dame qui collectait tous les fonds versés par les candidats puis dressait une liste qu'elle remettait ensuite au passeur. Cette dame du nom de Kenbougoul, une mère de famille d'une quarantaine d'années environ vivait à Boucotte, un des célèbres et plus vieux quartiers de Ziguinchor. En plus, avec le fléau de l'émigration clandestine, ce quartier est sans doute encore devenu plus célèbre et transformé en un quartier d'affaires. Kenbougoul était mariée à un émigré. Son mari vit en France depuis plus d'une vingtaine d'années. C'est la coépouse de Kenbougoul qui se trouve être la première épouse du mari émigré qui a su bénéficier du regroupement familial. C'est donc cette dernière qui vit en France avec le mari.

Autrefois, il était très difficile de déceler dans les familles à Uchon manjacu, qui était mère de qui ou qui était fils ou fille de qui. Les coépouses se permutaient les enfants. Et cela se faisait même entre cousins germains ou simplement entre proches dans une même famille au sens africain du terme. Car il faut ici préciser que la famille africaine ne se limite pas seulement aux trois entités père-mère-enfant. Quand on parle de famille en Afrique, on fait allusion à un ensemble de proches qui ont des liens de parenté par le sang. Ainsi, du père à la mère, en passant par les tantes, les cousins et cousines, les neveux et nièces, les grands-parents, etc., tous forment une même famille sur la lignée du père. Cet échange d'enfants dans la famille était une logique sociale pouvant permettre le renforcement des liens familiaux mais aussi et surtout un autre aspect non moins fondamental était que ça permettrait, dès le plus jeune âge, de sociabiliser les enfants et de leur inculquer la culture de solidarité et de fraternité indispensable dans la vie familiale. En même temps, cela était aussi une façon de mettre les mamans devant leurs responsabilités car prendre en charge l'éducation d'un enfant qui n'est pas le sien permettrait sans doute à la femme de prendre davantage conscience de la responsabilité familiale qui lui est confiée pour préserver voire renforcer les liens familiaux.

L'euphorie suscitée cet été 2006 par l'immigration clandestine par la mer a dépassé l'ordinaire. Nous avons quasiment assisté à un réel scénario de folie. A Boucotte, les maisons des dames Kenbougoul et de son amie Fatimata qui l'aidait dans la recherche des clients candidats au voyage clandestin, refusaient du monde. Tous les jours, on avait l'impression qu'il y avait une fête chez ces dames d'affaires. Les candidats à l'immigration venaient de partout. Parfois accompagnés de leurs parents pour les jeunes ou de leurs épouses pour ceux déjà mariés. Ces accompagnateurs étaient tout joyeux du fait que leurs proches partaient en Europe. C'était déjà un rêve de princesse pour ces dames qui se considéraient déjà comme épouses de « venants ». Dans les couloirs de la maison de Kenbougoul, on entendait de part et d'autre des parents qui donnaient des conseils à leurs enfants prêts à partir. Des phrases comme celles-ci : *« te voila prêt à partir, sache que tu laisse la famille derrière. N'oublie jamais l'objectif qui t'amène en Europe. Généralement les gens d'aujourd'hui se détournent très vite de leurs objectifs. Une fois en Europe, ils oublient l'idéal qui les y a conduits et se comportent comme s'ils n'avaient pas laissé de charges derrière (...) »*, on entendait assez fréquemment ces paroles. On lisait même sur les visages de certaines femmes venues accompagner leurs époux, une certaine expression de bonheur car enfin, elles seront sans doute

sous peu, des épouses d'émigrés, un rêve nourri par tant de femmes au pays. Dans leurs têtes, bientôt leur vie va s'améliorer et pourquoi pas même, elles auront, via le regroupement familial, à rejoindre leurs maris en Europe.
Mais à travers toute cette illusion, ce qu'il faut surtout retenir dans ce fléau de l'émigration clandestine, c'est l'ignorance des parents qui envoient leurs enfants par la mer. Mal informés et ignorant véritablement les dangers auxquels ils exposaient leurs enfants, n'eussent été les drames qui avaient eu lieu en mer et surtout avec la médiatisation de ces catastrophes humaines, la plupart des familles n'auraient jamais été conscientes de leur bêtise humaine.
Les candidats eux-aussi ne se rendent jamais à l'évidence du risque qu'ils prennent. Ce n'est qu'en pleine mer que chacun se retrouve devant la situation cauchemardesque et là c'est déjà trop tard.

A Ziguinchor, je n'ai jamais rencontré notre passeur pour discuter de quoi que ce soit avec lui. Je ne le connaissais pas. Pas même son nom. Je ne l'ai jamais vu non plus. D'ailleurs aucun candidat à l'émigration ne pouvait le connaître. Il apparaît comme un personnage mythique, tapi dans l'ombre. Les candidats à l'émigration n'avaient affaire qu'aux courtiers. Mais au juste quel est le rôle d'un passeur ? Rien. Ce business est en réalité la plus grande arnaque du monde. La seule responsabilité du passeur, c'est de trouver une pirogue de fortune à bord de laquelle doivent voyager les clandestins. Puis, il lui faut également deux moteurs pour conduire ladite pirogue, du carburant et quelques vivres qui permettraient aux clandestins de tromper leur faim pendant toute la durée du voyage. Voilà la seule responsabilité du passeur qui lui donne le droit d'empocher le gros pactole versé par les candidats à la mort. Oui, il s'agit bien des candidats à la mort d'autant plus que s'engager dans cette voie pour défier la mer avec ses grosses vagues est quelque part en soi une façon de s'engager pour la vie ou pour la mort. Seule la clémence du ciel peut éviter le pire.

Il n'y a aucune garantie, ni de survie, ni de remboursement des frais de voyage en cas d'échec de celui-ci. Dès que vous prenez le départ à l'embarcadère, le voyage est considéré comme consommé.

Il n'y a pas un tarif spécifique pour le voyage. Si d'autres clandestins payent 300 000 francs CFA comme cela a été mon cas ; certains payent beaucoup plus et d'autres encore payent moins cher. Certains peuvent même voyager gratuitement en fonction de leurs rapports familiaux ou simplement en fonction de leurs relations avec le courtier en charge des préparatifs du voyage. De plus, les trois personnes qui s'engagent à conduire la pirogue voyagent aussi gratuitement en contrepartie de leur prestation. Dans tous les cas, le passeur n'a rien à perdre. Pour chaque voyage, après toutes les dépenses effectuées et les frais honoraires payés aux courtiers, il peut gagner au bas mot une bonne dizaine de millions ; ce qu'un petit fonctionnaire ne peut pas réaliser comme économie durant toute sa carrière professionnelle. Kenbougoul m'avait au départ réclamé 500 000 francs. Mais quand Fabourama lui avait fait comprendre que j'étais le neveu de sa mère, elle m'a donc fait une remise de 200 000 francs. Au fait, ma tante Aramata et ladite courtière sont des amies de longue date.

C'est le passeur qui fixe le nombre de passagers et ce, selon les dimensions de la pirogue. Une fois les préparatifs du voyage terminés, le départ reste imminent. On nous demande de rester fin prêts car à tout moment et à n'importe quelle heure de la nuit, nous pouvons prendre le départ pour rejoindre Elinkine. Ce village de pêcheurs est situé à 60 km de Ziguinchor, dans le département d'Oussouye au sud de la Casamance. Il faut simplement surveiller les côtes et la route qui mène de Ziguinchor à

Elinkine pour savoir comment déjouer la vigilance des militaires, des policiers ou des gendarmes chargés de traquer les clandestins. Mais aussi, les intermédiaires chargés de nous amener en voiture de Ziguinchor jusqu'à Elinkine où nous devions prendre une autre pirogue pour les îles Diogué, jouaient souvent la complicité avec les gardes-côtes. Diogué est un autre village de pêcheurs. C'est l'une des plus petites îles de la Casamance qui débouche sur l'océan atlantique. C'est à partir de là que la plupart des clandestins prennent le départ pour les îles canaries. Certains militaires, policiers ou gendarmes chargés de surveiller les côtes, sont corrompus. Ils essaient de jouer le jeu mais la majeure partie d'entre eux sont complices avec les passeurs qui leur donnent aussi beaucoup d'argent. D'ailleurs, il semblerait que chaque fois que des gendarmes devaient faire une descente chez les dames Kenbougoul et Fatimata, c'étaient souvent certains de leurs collègues qui passaient derrière pour prévenir les deux courtières que quelque chose allait se passer. Du coup, les pauvres dames avaient le temps de déserter leurs domiciles avant l'arrivée des hommes en bleu. Un jour, me racontait un camarade, des gendarmes avait fait irruption chez la dame Kenbougoul. Un de ces limiers, S. N. était entré précipitamment dans la chambre de la dame et lui avait demandé de rentrer sous le lit et ce, à l'insu de ses collègues qui n'avaient rien compris. La fouille des gendarmes était, ce jour-là, vaine puisqu'ils n'avaient pas pu mettre la main sur leur « proie ». Ce fléau n'est donc pas un business qui ne se limite qu'aux passeurs. Certains hommes de loi se taillent une belle part dans cette activité. Ce qui est sûr, si tous ces militaires, gendarmes, policiers etc., avec tous les moyens logistiques qui leur sont fournis, avaient la ferme détermination de surveiller efficacement les côtes sénégalaises, je parie qu'aucune pirogue de clandestins n'aurait jamais réussi à s'échapper. Mais hélas, tout le monde est dans le coup car personne n'aimerait laisser filer cette aubaine. Malheureusement, on met le profit personnel devant des vies humaines.

En réalité, les quelques pirogues de clandestins qu'on intercepte de temps à autre et qu'on montre "en show" à la télévision nationale pour justifier la détermination et l'efficacité des dirigeants impliqués dans la lutte contre l'émigration clandestine n'est que la face cachée d'un système qui consiste à jouer le jeu avec les pouvoirs espagnols et l'Union Européenne. A moins que ces dirigeants-là ne soient eux-mêmes les victimes dans cette situation qu'ils n'auraient pas maîtrisée. Tous les passeurs travaillent forcément avec des avocats mais aussi avec des chefs militaires ainsi que ceux de la gendarmerie et de la police. Chaque fois qu'un passeur est prêt à envoyer une pirogue de clandestins, il est obligé de voir avec les chefs des hommes en uniforme qui montent la garde au niveau de la côte. Généralement pour chaque départ de pirogue, l'avocat tout comme le chef de l'armée, de la police et de la gendarmerie en fonction au niveau de la côte, reçoivent chacun, au bas mot, 500 000 francs. Mais ce que l'on ne dénonce pas aussi, c'est cette arnaque enclenchée au sein du corps militaire et paramilitaire dans ce fléau. Certains policiers ou gendarmes ne font que guetter les jeunes (clandestins ou non) sur les routes. Comme des coupeurs de route. Même dans un véhicule de transport en commun, il suffit qu'il y ait un peu plus de jeunes pour qu'on les fasse descendre de la voiture et ce, en essayant de les accuser de vouloir partir à l'émigration. Et le scénario, dans ce genre de situation, c'est que le policier ou le gendarme en service, tente de les intimider et, en retour, leur réclame de l'argent en contrepartie de leur libération. Beaucoup de jeunes sont ainsi escroqués alors qu'ils n'ont même pas encore trouvé un passeur pour pouvoir voyager. Leur argent reste bêtement entre les mains des "mauvais" hommes en uniforme.

Le jour du départ à Ziguinchor, on s'est tous retrouvés dans un lieu jusqu'alors tenu secret. Un des intermédiaires du passeur est venu faire le rappel pour vérifier si les clients à jour financièrement, étaient tous présents. Il était 2 heures du matin. C'était enfin le départ, au moment où un silence de cimetière commençait à s'imposer sur la ville. Direction Barça ou *Balsaak.* Nous avons quitté Ziguinchor le 14 août 2006 veille de la fête de l'assomption. Pour une première fois, je devais rater cette grande fête. Et non seulement je la ratais mais en plus j'avais conscience que je m'engageais dans une aventure risquée. Mourrai-je ? Survivrai-je ? En tout cas, ni moi, ni quelqu'un d'autre des voyageurs clandestins ne pouvaient parier sur ce qui allait arriver. La suite de ce voyage était imprévisible mais il fallait tout de même partir. A tout prix. C'était une affaire d'homme et la seule arme c'était le courage et la foi en Dieu. Quoi qu'il arrivât.

Au départ de Ziguinchor, nous étions 27 personnes à bord d'un minicar de 15 places autorisées. Nous devions rejoindre impérativement avant 3 heures du matin, nos camarades qui nous attendaient déjà à Elinkine. Nous étions tous des Sénégalais. Mais le « contingent de la mort » à partir de Diogué était néanmoins composé de plus de trois quart de jeunes Sénégalais âgés de 20 à 35 ans environ dont une jeune fille et un petit garçon de 10 ans, le plus jeune du groupe. De Elinkine où nos avons retrouvé 55 autres compagnons de fortune, nous prîmes la barque pour les îles Diogué. Nous étions donc au total 82 passagers à prendre la pirogue. Elle était pleine à craquer. Visiblement, cette barque ne devrait même pas transporter la moitié du nombre que nous faisions. Quand tout le monde était monté à bord, la pirogue touchait le sable. Elle ne pouvait donc plus démarrer. Finalement il a fallu trouver un autre système : le capitaine décida de conduire la pirogue à une certaine profondeur à partir de laquelle, quel que soit le nombre de passagers, elle ne pourra jamais

s'affaisser. Il y avait à cet effet, une petite pirogue au bord de laquelle les gens montaient en petit groupe pour rejoindre à quelques centaines de mètres, cette grande barque destinée pour le voyage. A partir de là déjà, certains avaient la boule au ventre. Moi aussi. Tout était noir. La lune était déjà couchée depuis fort longtemps et on ne voyait que les étoiles. Les trois conducteurs de la pirogue avaient une grande lampe torche. L'un d'eux se mettait au bout de la pirogue pour éclairer le chemin. Quelques uns de nos camarades voulaient déjà renoncer au voyage à partir d'Elinkine. Mais là, celui qui renonçait volontairement son voyage, perdait sans conteste son argent. C'était à prendre ou à laisser. En effet, le seul cas de remboursement c'est quand, dès les côtes, avant votre départ, les gardes-côtes vous arrêtent. Et même pour ça, il faut longtemps courir derrière le courtier ou les intermédiaires du passeur pour récupérer votre argent. Mais dès que vous prenez départ, plus aucun autre motif ne peut justifier le remboursement de vos frais de voyage même si, en mi-chemin, les gardes-côtes vous interceptent et vous retournent au pays.
Face à ces contraintes, une fois que vous versez votre argent chez le courtier, le voyage devient quasi-obligatoire.
A partir d'Elinkine, il fallait impérativement prendre un laissez-passer pour pouvoir effectuer la traversée sur Diogué. Ce papier était obligatoire pour embarquer dans la pirogue. Il coûtait 1000 francs CFA et chaque voyageur devait débourser cette somme de sa proche. C'était la base militaire d'Elinkine qui délivrait le précieux document de voyage pour Diogué. Quand nous étions entrés à l'intérieur du village, à quelques centaines de mètres du camp militaire, le chauffeur s'était arrêté. Le guide collecta tout l'argent auprès des voyageurs pour aller prendre les laissez-passer au camp. Il avait, à cet effet,

dressé la liste de tous les passagers qu'il devait présenter au camp militaire.
Apparemment, au moment d'établir lesdits laissez-passer, les guides déclarèrent au camp qu'il s'agissait de pêcheurs (ou étrangers) qui se rendaient à Diogué pour leurs activités de pêche. Mais dans tous les cas, tout le monde savait en même temps que c'était juste une combine. L'armée savait bien que ce n'étaient pas des pêcheurs et encore moins des étrangers. Surtout au moment où des départs de clandestins en direction des îles ibériques se faisaient chaque jour. A partir de Diogué de surcroît. Et même hormis cette hypothèse, l'armée était également censée comprendre que Diogué ne pouvait pas accueillir tous les jours des dizaines voire des centaines de pêcheurs. Et encore, même si c'était le cas, qu'est ce qui les empêchait d'effectuer des contrôles sur ces fameux passagers ? Cette histoire de laissez-passer n'était à mon sens qu'un business pour se faire aussi de l'argent. Finalement, c'était donc tout le monde qui s'enrichissait dans ce fléau, au moment où de pauvres jeunes sans doute victimes de leurs ambitions, mouraient tous les jours en mer. La mort de ces milliers de pauvres clandestins n'est en réalité qu'un tout petit désagrément ponctuel pour tous ces gens-là. Après tout, pour eux, la vie continue. Avec de l'argent. Mais sans compassion pour les victimes. Voyons bien le cas de Diogué, cette petite île où il est quasiment impossible d'y débarquer sans être vu. Si les forces de l'ordre étaient tant déterminées à éradiquer ce fléau de l'émigration clandestine, j'ose croire que personne n'aurait réussi à prendre le départ à partir de là.
Le cas de Kolda en octobre 2007 a été le plus édifiant dans cette histoire de départ de clandestins. Peu avant le drame qui avait coûté la vie à plus de 140 personnes, certains habitants de la ville avaient signalé à la police et à la gendarmerie qu'il y avait probablement un passeur qui était en train de recruter des voyageurs clandestins dans la

ville de Kolda et ses alentours. Ce monsieur, repéré par la police, avait été arrêté puis libéré sans condition quelques heures plus tard. Le drame, on l'a connu dès les jours qui ont suivi. Des familles complètement décimées par la disparition de leurs enfants en mer. Il y eut un quartier de la ville de Kolda qui enregistra une perte de plus d'une vingtaine de vies humaines. La presse en avait fait écho, la nouvelle avait choqué tout le monde mais enfin le dossier fut vite classé. Comme le cas de milliers d'autres jeunes morts dans les mêmes circonstances. Or, à mon avis, ce cas pouvait être l'occasion pour les autorités sénégalaises de mener des enquêtes sur la police et la gendarmerie en partie responsables du drame provoqué, pour avoir libéré le passeur sans doute moyennant une bonne contrepartie financière. C'était clair. Si donc cette police ou cette brigade de gendarmerie avait été sanctionnée, cela aurait servi d'exemple pour tous les autres complices.

Ce que je n'avais pas aussi compris dans cette histoire de laissez-passer, c'était l'utilité même de ce papier. Pourquoi demander un laissez-passer à un citoyen sénégalais qui souhaite se rendre dans un autre village du même pays ? Loin de polémiquer puisque je ne sais pas, jusqu'à preuve du contraire, en vertu de quoi ils le font et quel est le statut de l'île de Diogué, j'avoue tout de même que je n'y comprends rien. Vraiment rien.

A notre départ d'Elinkine, certains camarades avaient déjà commencé à pleurer. Beaucoup d'entre nous, venaient de prendre la pirogue pour la première fois. D'autres n'avaient jamais vu la mer depuis leur naissance. Le moral était presque bas pour tout le monde alors que rien n'était encore fait. Hélas.

La pirogue prit départ et le collaborateur du passeur qui était venu vérifier les conditions du départ à Elinkine nous souleva la main en nous disant *« bonne chance, que Dieu veille sur vous »*. Nous devions retrouver un autre courtier à Diogué et qui devait s'occuper des conditions de départ définitif. Le système était un vrai réseau organisé mais le cerveau de la bande en question, en l'occurrence le passeur, personne ne pouvait le rencontrer. Une fois le départ à Diogué effectué, les clandestins étaient livrés à eux-mêmes et en cas de danger, sauve qui pouvait.

Nous avons passé deux semaines à Diogué. Notre malchance a été que notre pirogue n'était pas encore prête. Les menuisiers chargés de sa confection n'avaient pas pu honorer à temps, leur engagement. Ils avaient de petits soucis avec les forces de l'ordre. Depuis l'intensification des départs de clandestins à bord de ces pirogues d'infortune, les forces de l'ordre surveillaient aussi les activités des menuisiers qui livraient aux passeurs de telles pirogues. Il fallait donc se cacher pour confectionner ces barques. Loin du village d'Elinkine pour ne pas se faire arrêter par l'armée, la gendarmerie ou simplement les garde-côtes. Pendant deux semaines, nous étions donc dans l'attente. Une longue attente dans des conditions de vie indescriptibles à Diogué. Nous étions 131 personnes à être logées dans une seule maison. Notre problème, c'était surtout que la maison où nous étions était très détachée du village. Le propriétaire vivait seul en pleine brousse où il avait construit deux cases. Cette maison était finalement le lieu de refuge des clandestins. On n'osait pas trop s'aventurer à aller à l'intérieur du village de peur d'être arrêtés par les forces de l'ordre qui y faisaient régulièrement des rondes. A la recherche de migrants. Notre clandestinité avait donc commencé à Diogué. Nous étions clandestins dans notre propre pays. Les rares fois où l'on se promenait dans le village, on avait l'occasion de boire une eau supposée propre. L'eau de puits qu'on demandait aux habitants du village. On aurait pu en boire tous les jours mais Diogué était quasiment devenu un milieu d'affaires. Et rares étaient les habitants qui pouvaient nous offrir gratuitement une eau de puits. Tout était à vendre or, on n'avait pas d'argent. La seule

personne qui "buvait propre" et "mangeait propre" c'était notre guide à Diogué. Il était de toute façon l'employé du passeur et par conséquent son employeur lui donnait toujours de l'argent de poche. Pendant les heures de repas, on entrait parfois dans le village pour demander à manger. A condition qu'on fût aussi rassuré qu'il n'y avait pas les forces de l'ordre en patrouille. Chacun cherchait un petit bidon ou une petite bouteille vide d'eau de source par exemple, qu'il découpait pour servir de bol pendant qu'on mendiait dans le village. Lorsqu'on avait la chance de tomber sur une famille qui avait laissé des restants de repas, chacun mettait ce qu'il avait dans cette coupure de bidon ou de bouteille. On pouvait mélanger dans ces petits récipients plusieurs types de plats. On mangeait du n'importe quoi. On n'avait souvent la chance de bien manger que lorsqu'on *"tombait à pic"* aux heures de repas des pêcheurs. Eux, avaient plus de meilleurs sentiments à notre égard que les autochtones.
Le passeur, par la voix de son collaborateur, nous avait prévenus qu'il ne fallait surtout pas se permettre de se promener tout le temps dans le village. Celui qui se faisait arrêter par les forces de l'ordre était perdant car il ne récupérerait pas ses sous déjà versés et ce, pour n'avoir pas respecté les consignes.
Le guide qui avait toujours un portable avec lui, comme un agent de renseignements, était toujours au courant de la date et de l'heure pendant lesquelles les forces de l'ordre devaient effectuer une patrouille en brousse. Il était toujours prévenu à temps. Sans doute par le passeur. Dès que la nouvelle nous parvenait, immédiatement, on vidait la cour de la maison de notre fameux tuteur pour aller se cacher en pleine brousse où les hommes de tenue ne pouvaient pas mettre les pieds. Il nous arrivait de passer deux jours entiers en pleine forêt. Sous la pluie. Dans les herbes ou sur les arbres. Beaucoup de camarades perdaient déjà le moral dans ces conditions très difficiles mais il

était aussi difficile de faire marche-arrière. Intérieurement, chacun se disait : *« ici tant que mes camarades tiennent le coup, moi aussi j'y arriverai »*. Surtout lorsqu'on sait que si l'on désiste volontairement, on perd son argent. C'était la règle dans cette aventure. Seulement, là où le bas blessait, on n'avait jamais imaginé qu'on pouvait autant souffrir dans notre propre pays. D'une part, on était maltraités par le propriétaire de la maison où nous trouvions refuge ; lui pourtant qui avait empoché, selon certaines rumeurs, un pactole de 500 000 francs pour nous accueillir et d'autre part, nous étions en permanence en état d'alerte. De jour comme de nuit, il fallait toujours se préparer à s'évader dans la forêt en cas de patrouille des forces de l'ordre. Et dans toute cette misère, notre seul tort était d'avoir voulu partir à la recherche d'une autre possibilité de vie. Pourquoi autant de souffrances dans notre propre pays alors que personne n'avait volé les biens d'autrui pour se lancer à cette aventure ? Qui aurait décidé de quitter volontairement son pays s'il avait quelque chose de mieux à faire chez lui ? Voilà autant de réalités qui poussent les jeunes parfois à la révolte. Oui, à la révolte car l'immigration, il faut le reconnaître aujourd'hui, n'est plus une simple nécessité même si derrière tout ça, il n'y a qu'une seule finalité, la raison économique. Ce qu'il faut reconnaître, c'est que l'autre réalité du phénomène, et qui n'est pas la moindre d'ailleurs, c'est que l'immigration apparaît de plus en plus comme un défi. Un refus par les populations pauvres, d'une certaine injustice sociale et d'une maladresse de gouvernance dans les pays d'origine. Et ces mouvements d'expatriation peuvent, à l'avenir, avoir des conséquences néfastes si l'on n'y prend pas garde. Car il arrivera un moment où les portes de l'Europe seront complètement bloquées. Et alors, la seule solution qui restera à ces pauvres populations, sera la révolte. Contre leurs gouvernants. Gare ! Mais en vérité, il ne suffira pas de souhaiter le meilleur pour que le pire n'arrive pas. Il faut que nos dirigeants changent d'approche, deviennent plus objectifs dans la manière de gérer le continent. L'Afrique a simplement manqué de dirigeants visionnaires après les indépendances. Car gouverner, c'est véritablement avoir une vision sur le long terme. Un pays ne peut se construire en un temps trois mouvements. Nos premiers dirigeants n'ont fait que continuer la politique colonialiste qui consistait à endormir les populations sur l'essentiel. Si nous prenons le cas du Sénégal, après les indépendances, tous les secteurs des pme/pmi ainsi que des commerces étaient quasiment monopolisés par des étrangers et, en majorité, des Libanais. Jadis, racontait un Sénégalais d'origine libanaise, quand un Libanais venait au Sénégal, c'était comme s'il partait en Amérique. Le Sénégal était à l'époque la terre promise. Un Eldorado de l'Afrique de l'Ouest. Comme la Côte-d'Ivoire. Et au même moment, par l'emprise du pouvoir en place, la population locale, elle, s'endormait sur les facilités avec l'abondance de la pluie mais aussi la clémence du pouvoir central qui se comportait en père de famille en essayant de tout donner à son peuple comme essentiel vital et ce, en contrepartie de sa notoriété politique. Or, ce qu'il faut reconnaître, c'est qu'à cette époque-là, la population n'avait pas véritablement besoin d'être autant assistée. Il y avait de la pluie en abondance. Les terres étaient fertiles. Et alors, pourquoi fournir du mil, du sorgho, du riz à cette population-là, alors qu'il suffisait juste de labourer un petit lopin de terre pour avoir de quoi nourrir sa famille pendant toute une année ? Ce qu'il fallait après les indépendances, c'était en réalité de dire aux braves populations qu'après avoir obtenu l'indépendance, l'heure était à la construction de nos édifices nationaux et que chaque citoyen avait un effort à fournir et que l'arme principale à brandir était le fanatisme patriotique pour faire décoller nos économies. Comme l'ont si bien réussi certaines nations aujourd'hui

hissées aux premiers rangs des plus puissantes économies du monde comme le Japon.
Face à la crise alimentaire actuelle, un responsable du pouvoir expliquait sur le plateau d'une chaîne privée du pays, la situation du continent par le fait que si l'Afrique est arrivée là, c'est à cause du colon qui nous a imposé la consommation du riz. Pour lui, l'Africain ne consommait que le mil, le fonio et le sorgho et c'est sa reconversion alimentaire qui a conduit à l'abandon progressif desdites denrées alimentaires. Je trouve cette tentative d'aveuglement du peuple, honteuse. Quel est le rapport entre cette situation de précarité alimentaire actuelle et ce fait accusateur sur le colon ? Et ce colon-là, nous avait-il seulement imposé le riz ? D'où viennent le coton, l'arachide et bien d'autres produits agroalimentaires qui permettent aujourd'hui aux paysans africains de survivre ?
Dans cette même crise, l'on tente encore d'accuser la FAO d'être à l'origine de la crise pour n'avoir pas suffisamment rempli ses devoirs. Comme un enfant qui se plaint d'être délaissé par ses parents ou ses aînés. Or ce ne sont pas les agents de la FAO qui viendront cultiver nos terres. Ce n'est pas la FAO qui créera le programme agricole dans nos Etats. Le seul devoir de la FAO, c'est l'assistance technique. Il est désolant comme le souligne un compatriote dans les colonnes d'un journal du Sénégal, pour un pays qui a une forêt, du pétrole et toute une richesse enfouie dans son sous-sol et ce, avec des citoyens aux bras valides, de le voir continuer à tendre la main à l'étranger pour demander à manger. Alors qu'il suffit d'une politique agricole cohérente pour atteindre l'autosuffisance alimentaire pour la population. Certes, l'Occident ne peut pas obtenir un non-lieu total sur la situation actuelle que traverse l'Afrique mais seulement, après près d'un demi-siècle d'indépendance de nos Etats, il est suffisamment temps que nous les Africains, ayons une autre approche sur la destinée du continent noir. Oui,

je parle de continent noir plutôt que de l'Afrique car si, un jour, ce qui est fort probable, les pays du Maghreb, sur soutien hypocrite des mêmes pays occidentaux, réussissent à se détacher de ce grand continent malade et ce, pour former l'Union de la Méditerranée, alors, notre destin sera davantage plus pitoyable. Gare ! Ce qu'il faut reconnaitre en réalité, est que non seulement nos dirigeants actuels ne signalent pas les privilèges des peuples africains là où ils sont, mais aussi et surtout, ces dirigeants-là, ne jouent qu'aux pompiers pyromanes. Je suis triste, lorsqu'après les émeutes de la faim, un haut responsable du pouvoir monta au créneau pour, expliquait-il, lancer une grande offensive sur l'agroalimentaire. A partir d'un hôtel cinq étoiles où la faim est un vain mot. Outre la gestion informelle de nos Etats par nos dirigeants actuels, s'ajoute une autre réalité non moins fondamentale sur la situation actuelle de nos pays : l'échec de la transition économique par nos premiers dirigeants qui n'avaient pas réussi à créer la souveraineté alimentaire au moment où, avec l'abondance de la pluie et la fertilité de nos terres, le défi pouvait être plus facile à relever. Et donc, l'état actuel du continent est grandement la conséquence de cet échec. L'émigration et la révolte deviennent les deux armes possibles d'une population affamée : soit elle se rebelle contre son gouvernement, ce qui est le cas des émeutes de la faim en mars/avril 2008 à Dakar et dans certaines grandes villes du continent ; soit, une partie de cette population se munit d'un marteau à la main pour tenter de casser le mur qui sépare son monde, celui de la misère, de celui de l'Eldorado européen où le mot famine n'est prononcé que lorsqu'on parle du Tiers-monde. Et donc, tous ceux qui fuient leurs pays, doutent simplement de leur avenir. En allant à la quête d'une autre possibilité de vie, ils ne désirent qu'une chose : que le monde leur fasse aussi une place. Avant la crise alimentaire, certains dirigeants n'avaient sans doute pas compris qu'aucun pouvoir politique au monde n'est maître de son peuple. Un pouvoir politique est toujours volatile. Au moment où des organisations syndicales et paysannes sonnaient l'alerte sur une possibilité de famine, le gouvernement sénégalais par exemple, s'attardait sur des choses, au demeurant, abstraites dans la vie des populations à savoir les concepts de croissance économique ou simplement de taux de croissance plutôt que de s'attaquer aux grandes priorités avec une réelle politique alimentaire. Il ignorait qu'un peuple passif, un peuple docile n'est rien d'autre qu'un peuple qui mange à sa faim. Il se rebelle forcément dès qu'il n'y a plus rien dans les greniers. Et dans ce cas d'espèce, le conflit n'oppose pas seulement les citoyens au gouvernement mais il va plus loin et devient un conflit entre le peuple dans toutes ses composantes et les institutions.

En effet, l'activité politique n'est rien d'autre que le commerce de la protection. La protection du peuple. Et l'idéal dans tout cela est de savoir dérouler de bons plans d'action qui puissent protéger ce peuple-là contre tous les effets tant endogènes qu'exogènes qui pourraient contribuer à froisser la cohésion sociale et par-delà nationale. Et donc, le meilleur gouvernement qui puisse exister est bien celui qui a une vision cohérente de la politique pour la société de demain. Or nos dirigeants, il faut oser l'avouer, sont confrontés aux problématiques de gouvernance de nos pays et donc ne savent pas où aller. Hélas, ils ne savent pas, en réalité, gérer intelligemment le destin du continent.

Chapitre 3. Dix jours en enfer

29 Août 2006. Il était 1h du matin. Nous prenions enfin le départ à partir de Diogué. Pour Barça ou "*Balsaak*". Après deux semaines de clandestinité dans ce pays nôtre.

Notre périple en mer avait duré 10 jours. Pendant 10 jours, nous étions tous des candidats à la mort. Pendant 10 jours, personne ne pouvait parier qu'il allait survivre. 10 jours de cauchemar, d'angoisse et de peur indescriptibles.

Nous étions "entassés" dans la pirogue comme du bétail. Chacun était assis les jambes serrées et les mains posées sur les genoux. Derrière chaque rangée, on laissait cinq à dix centimètres d'espace pour permettre à chacun de faire ses besoins ou de pouvoir un tant soit peu se mouvoir.

Dès le départ, certains camarades déjà affolés pleuraient mais d'autres avaient gardé leur sang froid pour tenter de surmonter cette peur et cette angoisse. Et d'ailleurs, à quoi bon pleurer lorsqu'on est presque convaincu qu'on a pris le chemin de la mort ? Survivre, atteindre les côtes de l'Eldorado devenait quasiment un miracle pour chacun de nous. Après deux ou trois jours de voyage, il n'y avait plus un espoir de survie. Chacun ne voyait devant lui que la mort. Un fait qui avait dépassé mon entendement durant notre voyage en mer fut l'apparition, un jour, de deux baleines. Elles avaient surgi, on ne savait d'où, à l'aube de notre avant-dernier jour du voyage. Une était à la droite et une autre à la gauche de notre pirogue. Pendant plus de trois heures, les deux poissons nous avaient accompagnés comme un cortège et ce, avant de disparaître subitement. Au départ, tout le monde avait paniqué lorsqu'elles étaient apparues. Mais très vite, le capitaine nous rassura : *« Ne vous affolez pas. Ces poissons ne sont pas agressifs. Bien au contraire, ils veillent sur nous comme des anges. Vous verrez, ils nous accompagneront jusqu'au moment où il n'y aura plus de danger et ils partiront. Donc je vous prie de garder votre sang froid (...).* Le sang froid ? Chacun devait essayer de le garder mais nul ne pouvait s'empêcher d'avoir cette boule au ventre dans cette situation d'incertitude permanente face à laquelle nous nous retrouvions. Garder le sang froid, cette recommandation du capitaine, n'était pour nous qu'un simple acte de résignation d'autant plus que chacun ne voyait devant lui que la mort. Avec impuissance.

Au cours du périple, chaque fois qu'un de nos camarades décédait, on le jetait tout simplement à l'eau et on continuait notre chemin. Comme si on venait de servir une nourriture aux poissons. Ou pire encore, comme si on venait de se débarrasser de quelque chose d'inutile. Certains avaient même vu leurs propres frères mourir dans leurs bras puis les avaient eux-mêmes jetés en mer. Quelle souffrance ! Mais on n'avait pas de choix. Nous étions déjà prévenus que lorsqu'une pirogue remontait avec des cadavres à bord, tous les passagers de cette pirogue étaient d'office refoulés. Les agents de la croix rouge ne voulaient en effet jamais s'occuper des cadavres. Ils avaient peut-être raison, dans la mesure où rien qu'avec les survivants qui inondaient chaque jour les camps, sans compter les malades qui remplissaient les centres de santé, ils avaient déjà assez de boulot pour se consacrer à l'inhumation des cadavres de clandestins.

C'était la peur qui gagnait les esprits car chacun se disait forcément dans sa tête, *« peut-être, la prochaine victime sera moi »*. Dans notre pirogue, au total, treize personnes étaient mortes avant notre arrivée à Tenerife. Beaucoup moins que dans d'autres barques où plus des trois quarts des occupants n'étaient jamais arrivés à destination.

Une des pirogues qui avait aussi quitté Diogué le même jour que la nôtre, avait à son bord 73 personnes. Au cours du voyage, cette barque qui était à quelques centaines de mètres de la nôtre avait tout d'un coup disparu lorsque, un grand orage s'était abattu en mer. Nous étions au huitième jour du périple. Il faisait noir en pleine Méditerranée.

Selon les survivants de cette pirogue, quand il y avait eu l'orage, le capitaine du bateau qui avait avec lui la boussole, avait, à un moment donné, perdu le contrôle et sa boussole et la lampe-torche étaient tombées à l'eau. Dans ce noir, ils avaient complètement perdu les repères. Livrés à eux-mêmes, ils ne savaient plus quelle direction prendre. A un moment donné, leur nourriture était finie, pas même de l'eau à boire. Nous avions déjà dépassé les côtes marocaines. Mais avant que les garde-côtes espagnols ne retrouvassent leur pirogue, il ne restait plus que sept survivants. Les soixante quatre autres compagnons d'infortune étaient tous morts. Certains corps étaient restés en mer tandis que d'autres avaient été récupérés par les garde-côtes et les agents de la croix rouge espagnole.

Au camp, un autre bonhomme nous racontait qu'au départ de leur barque, ils étaient 132 personnes mais à l'arrivée ils n'étaient que 58. Nous apprenions aussi que la même semaine que nous avions pris le départ, une autre pirogue qui quittait les côtes mauritaniennes, avait pris feu à quelques centaines de mètres seulement après le départ. En effet, un des jeunes clandestins à bord qui voulait fumer a commis l'imprudence d'allumer sa cigarette à côté d'un bidon de 20 litres d'essence. Avant l'intervention des garde-côtes mauritaniens, 49 personnes étaient déjà calcinées.

Dans ces perpétuels drames, si certains clandestins avaient eu l'occasion de raconter leur mésaventure, pour d'autres par contre, il n'y avait pas eu de témoignages. Certaines pirogues disparues en mer n'avaient eu aucun survivant et donc pas de témoin du drame. Beaucoup de familles avaient ainsi fait leur deuil après plusieurs mois voire plus d'une année sans nouvelles des leurs.

Ce drame provoqué par la mer dans ce fléau de l'immigration clandestine est même devenu de nos jours, un secret d'Etat. Courant 2006, lors d'une conférence de presse, un journaliste espagnol avait posé la question au chef du gouvernement espagnol, Zapatero, sur un drame qui venait de se produire en mer avec plus d'une centaine de morts. Mais ce dernier n'avait pas voulu répondre à la question. A sa sortie de la salle, un autre journaliste lui avait reposé la même question et la réponse du Premier ministre avait été : « *nous, les chefs d'Etat concernés par cette crise, préférons ne jamais publier à chaque instant, le nombre exact de naufragés clandestins en mer. C'est difficile de porter tout le temps certaines informations à la connaissance du public. Ce qui se passe en mer me fait beaucoup peiner mais nous préférons, chaque fois qu'il y a un drame de grande ampleur, on se concerte entre nous chefs d'Etat pour se fournir mutuellement des informations et puis on censure l'information* ». Telle est donc la triste réalité dans ce drame qui continue d'endeuiller beaucoup de familles. Dans un village voisin du mien, il y avait eu une dizaine de morts en l'espace d'un mois. Une seule famille avait perdu 6 enfants, tous des frères. En une seule fois en plus. Et ce n'était qu'après ce drame que beaucoup de villageois avaient pris conscience du risque lié à ce voyage par la mer.

En effet, si certains aventuriers clandestins succombaient à la suite de leurs malaises, d'autres au contraire, se donnaient plutôt la mort. Par panique ou par dépression, ils se jetaient à l'eau. Mais aussi, d'autres enfin, mouraient innocents alors qu'ils auraient sans doute pu survivre. Ces victimes-là avaient été achevées par leurs camarades. Ce qui se passait en effet, lorsqu'un camarade était sérieusement malade au cours du périple, lorsqu'on voyait qu'il souffrait beaucoup, le capitaine pouvait décider qu'on le jetât à l'eau et ce, expliquait-il sa décision, pour ne pas que les autres camarades, en le voyant souffrir et s'acheminer lentement vers la mort, fussent psychologiquement atteints. Ce qui pouvait créer

une certaine psychose dans la pirogue. Et lorsqu'on se trouve donc dans une telle situation, la seule chose qui peut vous sauver c'est d'avoir un proche ou un intime dans la pirogue. Ce dernier peut s'opposer à la décision du capitaine.
C'est triste et odieux mais il faut le reconnaître, beaucoup de clandestins morts au cours de leur voyage, ont été simplement, pourrait-on dire, assassinés par leurs camarades.

Le capitaine c'est le chef du groupe. Généralement c'est quelqu'un qui a déjà effectué ce voyage plusieurs fois. Il maîtrise donc les choses et sait par où passer pour éviter les garde-côtes depuis le Sénégal jusqu'aux îles Canaries. Il a toujours avec lui une boussole et une lampe-torche et se met au devant de la pirogue pour guider le conducteur. Les conducteurs de la pirogue sont toujours au nombre de trois et se relaient régulièrement pour éviter une grosse fatigue qui pourrait créer un accident en cas de sommeil. Après chaque périple, le capitaine s'arrange toujours pour être expulsé. Ce qui lui permettra de revenir à nouveau avec un autre groupe et ce, dans l'ignorance des autorités espagnoles. De toute façon, il serait difficile de le découvrir dans la mesure où, non seulement les autorités reçoivent chaque fin de semaine des milliers de clandestins souvent difficiles à identifier et en plus il n'y avait pas de prise d'empreinte qui pouvait permettre de détecter les éventuels clandestins déjà expulsés à partir du camp et qui étaient à nouveau revenus.
Le capitaine est donc le collaborateur direct du passeur. Son employé aussi. Il est correctement rémunéré pour ses prestations et pour chaque voyage, il peut facilement gagner au minimum trois à quatre millions de francs CFA voire plus selon le nombre de voyageurs embarqués au départ.

Le capitaine et les trois conducteurs étaient les privilégiés du bateau. Ils étaient les seuls qui mangeaient et buvaient comme ils voulaient. Ils avaient choisi quelques personnes dans le groupe et qui devaient être à leur service. Ils leur faisaient à manger. Il y avait une bouteille de gaz prévue pour faire la cuisine.
Pour nous les autres voyageurs, chacun n'avait droit qu'à un petit gobelet d'eau et quelques biscuits par jour, juste pour se mouiller la gorge et tromper sa faim. Rien de plus. Le sac de riz qu'on avait amené était exclusivement destiné aux quatre privilégiés. Durant les 10 jours de voyage, nous avons mangé une seule fois le riz. Une sorte de cadeau que nous avaient offert nos quatre patrons. Parmi les passagers, seule Khadidiatou, la seule fille du groupe avait la chance de manger avec le capitaine. Elle était toujours l'invitée. Et personne n'y voyait un inconvénient. Bien au contraire, cela plaisait à tout le monde. Seule fille au milieu des hommes dans cette situation de galère, Khadidiatou avait suscité une affection de la part de tout le monde.

Nous avions 60 bidons de vingt litres d'eau à boire. Le jour de notre départ, nous avions acheté cette eau à Diogué. Une eau de puits que nous avait vendue un habitant du village. Mais cette eau pouvait aussi être une eau de pluie comme celle dont on se servait pour se laver durant les deux semaines que nous avons passées dans ce village. Tout était monnayé.

Parmi les treize victimes enregistrées dans notre pirogue, quatre d'entre elles s'étaient jetées à l'eau. Par panique mais aussi par surmenage et pour des raisons mystérieuses dans certains cas. Durant les trois premiers jours du voyage, l'ambiance régnait encore dans la pirogue. La mer avait gardé "son calme et son sérieux". Nos deux moteurs fonctionnaient normalement. Afin d'éviter une éventuelle panne, les conducteurs changeaient de moteur toutes les six heures pour éviter qu'ils se chauffassent

Au départ de Diogué, quelques camarades sans doute plus courageux tentaient de galvaniser le groupe pour que chacun retrouvasse le courage et la sérénité. Certains priaient et d'autres chantaient. Les quelques jeunes mourides[10] qui étaient parmi nous, chantaient à haute voix les "*Khassaïdes*[11]" de la confrérie. Pour ces gens-là, cela représentait un refuge auprès de leur marabout Serigne Touba qui devait veiller sur eux tout le long du périple. Le drapeau du Sénégal flottait au bout de la pirogue. Ce drapeau, symbole de notre fierté pour notre pays, était une preuve de plus que nous l'aimions bien. On le quittait avec la seule ambition de revenir un jour, sans doute après la réussite, y investir. Au départ, certains de nos camarades chantaient même l'hymne nationale du Sénégal. Peut-on donc reprocher à tous ces gens de ne pas aimer suffisamment leur pays pour avoir décidé de le quitter ? Non, là ne réside pas le problème car on a beau aimer son pays mais si l'on n'y trouve pas un minimum de confort vital pour vivre dignement, on est obligé d'aller voir ailleurs. L'amour pour sa patrie ne suffit pas comme preuve de conscience citoyenne. On peut aimer son pays mais si on n'y trouve pas de travail pour vivre dignement, cet amour peut finir par se transformer en haine.

Au milieu de la troisième nuit, un grand orage s'était abattu sur la mer. Tout était devenu davantage noir et les vagues n'avaient plus de pitié pour nous. La lampe-torche qu'utilisait notre capitaine n'avait plus une grande utilité. On ne pouvait compter que sur les éclairs qui, de temps en temps, nous permettaient en quelques fractions

---

[10] La communauté mouride créée par Cheikh Ahmadou Bamba, est la plus grande confrérie religieuse au Sénégal.

[11] Textes de Sérigne Touba, le créateur de la confrérie mouride au Sénégal.

de secondes d'avoir de la lumière. Il fallait s'employer à vider constamment l'eau qui rentrait dans la pirogue pour éviter la noyade. C'était la pagaille totale et toute l'ambiance qu'il y avait durant les deux premiers jours, s'était vite transformée en angoisse. Les chants religieux, l'hymne nationale et les récitations des versets de Coran et de la Bible s'étaient vite transformés en pleurs. Hormis le capitaine resté égal à lui-même, tout le reste des occupants de la pirogue pleurait. Certains, à haute voix, imploraient le Seigneur pour notre protection. D'autres, dans les pleurs, prononçaient les noms de leurs parents, d'Allah, du prophète, etc. Chacun se disait, *ça y est. C'est foutu, on sera tous morts*. On ne voyait que la mort en face. Et c'était à partir de là d'ailleurs qu'une première victime a été enregistrée. Un jeune garçon de quinze ans. Il était juste assis à ma gauche. Pris de panique, il a sauté dans l'eau. Nous étions à l'aube du quatrième jour. Après avoir plongé, il avait réussi à remonter sa tête à la surface de l'eau. Il cherchait à rattraper le bord de la pirogue pour se sauver mais en vain. Les vagues l'ont emporté sous notre regard. Nous étions impuissants pour lui venir en aide. Et de toute façon, chacun ne pensait qu'à sa propre survie. Ce garçon du nom de Balaké était un jeune collégien à Ziguinchor. Il venait juste de réussir son Brevet de fin d'études moyennes (BFEM). Avant ce drame, le pauvre garçon avec qui j'avais très vite sympathisé, me disait que son oncle paternel vivait en France et que s'il réussissait à débarquer en Espagne, son rêve était d'aller poursuivre ses études là-bas. Bien informé à son âge, il savait qu'une fois en France, il allait pouvoir poursuivre ses études en classe de seconde. Il m'expliquait que le droit à la scolarisation est obligatoire pour les mineurs de moins de seize ans et il était donc convaincu de pouvoir atteindre son objectif mais hélas.

Un autre compagnon d'infortune, Abdoul, était la cinquième victime. Abdoul était un de mes potes depuis

Diogué où nous avons sympathisé et tissé une amitié. Il était élève à Ziguinchor et venait de réussir son baccalauréat. Série S avec mention assez-bien. Mais dans cette euphorie de l'été 2006, il n'avait pas pu s'empêcher lui aussi, de se lancer dans ce fléau de l'émigration par la mer. Cette aventure lui avait malheureusement coûté la vie. Abdoul me racontait depuis Diogué que c'était un de ses amis de classe au lycée qui l'avait incité à partir. Ce dernier, après avoir passé les épreuves du premier tour du Bac, n'avait même pas attendu les résultats pour prendre la mer. Par coup de chance, cet ami d'Abdoul après huit jours de périple était arrivé à Tenerife. Après seulement trois jours passés dans un commissariat, il avait été libéré et avait rejoint son cousin germain à Mallorca. La chance qu'avait ce pauvre élève était qu'au moment de son périple, un camp de la croix rouge n'avait pas encore été aménagé à Tenerife pour accueillir un grand nombre d'immigrés. Il faisait partie des premières pirogues à arriver aux îles ibériques. Dans cette illusion, le copain d'Abdoul qui n'avait sans doute pas compris la réalité des faits a cru que le plus difficile était simplement d'atteindre les îles de "l'Eldorado" et qu'une fois arrivé, on serait vite libéré. De Mallorca, il appelait tout le temps son ami Abdoul pour l'inciter à prendre la mer. Lui faisant rêver tous les jours l'Eldorado. *« Je suis arrivé au paradis »* disait-il chaque fois à son ami Abdoul. Puis le pauvre, envouté par les paroles de rêve de son ami, avait décidé d'en parler à son frère qui vit en France. Celui-ci qui était au départ réticent – conseillant Abdoul d'aller s'inscrire à l'université plutôt que d'aller risquer sa vie en mer – avait fini par lui envoyer de l'argent. Huit cent mille francs CFA. Hélas. Le pauvre Abdoul ne pouvait pas s'imaginer que ce billet n'allait pas le conduire en Europe mais plutôt à la mort. Avec son Bac en poche, Abdoul n'avait pas ainsi eu le temps de fêter son succès au baccalauréat, l'examen réputé le plus difficile au Sénégal. Que

deviendra alors son diplôme bien mérité avec tant de sacrifices consentis au collège et au Lycée ? Sans doute une archive à l'office du Bac. Son propriétaire n'étant plus dans ce bas monde ! Et pourtant, Abdoul avait un avenir prometteur devant lui. Avec une mention obtenue au Bac, il était certain d'obtenir au minimum une demi-bourse à l'université. Ce qui lui permettrait de poursuivre sans beaucoup de difficultés, ses études supérieures.
Abdoul, depuis Diogué, était conscient du risque qu'il prenait. Il m'avait déjà signalé lors d'une de nos causeries une semaine même avant notre départ, qu'il avait un problème d'ulcères et qu'il s'inquiétait donc pour sa santé dans ce voyage dont nul ne pouvait ignorer les dangers et les difficultés. Mais les gens assimilaient ce périple à une affaire d'hommes et donc il était hors de question de renoncer. Chacun se disait, *« si tel et tel sont partis, eux qui ne sont pas plus courageux que moi, pourquoi moi aussi ne partirai-je pas ? Oui, moi aussi j'y arriverai ».* Qu'ils le disent ouvertement ou en leur fort intérieur, c'est en tout cas cela le sentiment partagé par les voyageurs clandestins.
Durant le septième jour du voyage, épuisé par la faim, la soif et terrassé par le mal de mer, la fatigue, l'insomnie auxquels personne n'a échappé, Abdoul souffrait. Pendant 48 heures, rien n'allait pour le pauvre garçon. Il n'y avait aucun médicament pour le soigner. Pas même un calmant pour soulager sa douleur. Le capitaine, très sentimental avait dû enlever son sous-vêtement qu'il avait déchiré pour en faire un long morceau. Avec celui-ci, il attacha l'abdomen d'Abdoul pour un tant soit peu atténuer la douleur mais le pauvre avait fini par succomber à sa souffrance. Dans les bras d'un camarade qui le tenait. Quatre personnes le prirent et le jetèrent à l'eau puis nous poursuivîmes le chemin. Nous étions à l'aube du neuvième jour de notre voyage. Ce jour a été le plus tragique de notre périple. Personne ne croyait plus en sa

survie. Nous étions tous physiquement épuisés. Le capitaine tentait de nous remonter le moral en nous faisant croire que nous n'étions plus loin des côtes, mais personne n'y croyait plus. Beaucoup de gens parmi nous, avaient des pieds enflés pour être restés assis pendant plus d'une semaine sans même pouvoir se lever ou se mouvoir un tant soit peu. D'autres avaient un corps complètement enflé. A chacun ses maux. Pas de possibilité pour dormir. On pouvait somnoler de temps en temps mais impossible de dormir même une demi-heure sans se faire réveiller par un quelconque choc psychologique car même les yeux ouverts, on faisait des cauchemars. Sur le total des treize morts enregistrés dans notre barque, huit camarades étaient morts dans la seule neuvième journée du voyage dont Abdoul et Khadidiatou, la seule fille du groupe. La mort de cette jeune demoiselle d'une vingtaine d'années environ n'avait laissé personne indifférent. Même le capitaine qui essayait de remonter le moral des gens chaque fois qu'un camarade était mort, n'avait pu retenir son émotion. Tout le monde avait pleuré pour cette fille qui avait une histoire particulière.

Khadidiatou était enceinte de quatre mois. Après trois années d'études au collège, elle avait été exclue de son établissement. Khadidiatou avait en effet repris la sixième et en classe de quatrième, elle n'avait pas pu à nouveau obtenir une moyenne générale de 10 sur 20 pour pouvoir passer en troisième. N'étant plus autorisée à redoubler une seconde fois dans le même cycle, elle fut ainsi exclue de son établissement. Ses parents n'ayant pas non plus les moyens de lui payer le privé, Khadidiatou était finalement entrée dans une autre école. Celle de la rue. Comme des milliers d'autres jeunes gens qui vivent chaque année la même situation au pays. L'Etat sénégalais ne proposant aucune autre alternative pour palier aux échecs scolaires afin de remettre en route tous les jeunes issus de familles démunies et sortis très tôt du circuit scolaire et qui n'ont donc pas les moyens de suivre une formation ou d'intégrer une école privée, les régions de l'intérieur du pays n'ayant également aucune perspective d'emploi, l'activité principale de tous ces jeunes gens est donc boire du thé, jouer, danser. Surtout dans des villes comme Ziguinchor où l'ambiance est quotidienne dans les boîtes de nuit. Ainsi, des jeunes filles qui n'ont rien à faire, commettent souvent la bêtise de se faire engrosser par des jeunes qui ne peuvent même pas les prendre en charge.

Khadidiatou, comme la plupart des filles de son âge, avait elle aussi un copain. Un jeune du quartier qui, lui aussi, après avoir passé deux fois sans succès le baccalauréat, avait rejoint le grand contingent des chômeurs à col blanc. Cet amoureux de Khadidiatou, du nom de Sidiki, avait toutefois une chance particulière. Son oncle maternel qui vit en Italie lui envoyait souvent un peu d'argent. Puis, après avoir arrêté sa scolarité, ce dernier avait décidé de l'amener en Europe. Après un périple par la voie du Maroc, Sidiki était entré en Espagne en 2000. A la suite de la régularisation des sans-papiers en 2001, le jeune amoureux de Khadidiatou avait pu obtenir sa carte de résidence en Espagne. Il travaillait et de temps en temps, il envoyait de l'argent à sa douce moitié. Début 2006, Sidiki était venu en vacances au pays. Après trois mois passés à Ziguinchor, il avait laissé sa copine enceinte. Ce qu'il ne fallait surtout pas faire dans la tradition des Khadidiatou ! Au quatrième mois de grossesse, Khadidiatou ne pouvait plus dissimuler son état. Sa famille était au courant. Provoquant une déception et une consternation chez les parents de la pauvre jeune fille. En effet, dans leur tradition, une jeune fille n'a pas le droit d'avoir un rapport sexuel avant le mariage. Et lorsque ce malheureux incident arrive à une jeune fille, c'est sa famille qui en sort très déshonorée. Dans certaines coutumes d'ailleurs, durant la première nuit de mariage d'un jeune couple, il faut impérativement qu'il y ait une preuve sur la virginité de la nouvelle mariée. Et pour cette preuve, il faut qu'au réveil des mariés, du sang soit retrouvé sur le lit conjugal. Pour cela, c'est généralement un drap tout blanc qu'on met au lit ce jour-là afin de faire apparaître très clairement les taches de sang. Ce sont des vieilles mères appartenant aux deux familles des mariés qui se chargent de vérifier cette preuve. Tôt le matin, elles entrent dans la chambre du nouveau couple pour voir si oui ou non il y a eu des taches de sang sur le lit conjugal. Cela n'est pas un évènement anodin dans la tradition de certaines communautés de chez nous. Lorsque des taches de sang sont retrouvées au lit, les vieilles femmes portent la nouvelle à la connaissance de toutes les autres femmes présentes au mariage. Elles crient de joie et dansent toute cette matinée pour rendre hommage à la nouvelle mariée. Mais après tout, c'est la famille de la nouvelle mariée qui sort très honorée de cet évènement. La belle-famille est aussi heureuse dans cette situation pour avoir eu une belle-fille « pure ». Une mariée pure est en fait celle qui n'a connu comme premier homme que son propre mari. Dans le jargon de certaines communautés par exemple, on dit de cette fille, qu'on l'a « trouvée ». On dit donc que cette fille est « pure » ou « propre ». La virginité de la nouvelle mariée est assez symbolique car elle honore les deux familles et surtout permet l'équité dans les échanges car un produit pur s'échange en retour de la dot. Ce mérite est même une récompense pour la famille - particulièrement celle de la maman de la jeune fille. Dans certaines traditions, lorsque la nouvelle mariée est chaste, on la ceint d'un collier en chantant ses louanges à travers sa descendance. C'est une très grande fête pour la famille car cet événement a tout son sens d'autant qu'il permet à la jeune fille de rendre digne sa maman. Aussi, mais si la virginité de la jeune mariée n'est pas une condition suffisante pour l'harmonie du couple, mais ce qu'il faut

reconnaître c'est qu'elle la fierté du mari à l'égard de la nouvelle mariée
Par ailleurs, au cas où la future mariée perd sa virginité avant le mariage, elle peut se confier à sa propre mère ou à une autre personne de confiance. Si le futur mari n'avait jamais couché avec elle, on peut ainsi lui signaler très secrètement la situation. S'il aime toujours la fille et qu'il accepte de l'épouser malgré la perte de sa chasteté, alors, deux vieilles femmes par exemple, appartenant aux deux familles des futurs mariés peuvent se concerter pour trouver une solution pour dissimuler ce cas. Quand le futur mari sortait déjà avec la fille, le compromis était alors dans ce cas plus facile à solutionner. Et alors, le jour du mariage, une des deux vieilles mères très discrètement choisie pour jouer le jeu, cache, au moment du coucher, sous le lit conjugal, un coq bien attaché pour qu'il ne fasse pas de bruit. Tôt le matin, le mari va égorger ce coq et dispatcher le sang au milieu du lit. Ainsi, quand entreront le matin, comme à l'accoutumée, les vieilles mères dans la chambre pour constater la fameuse preuve sur la virginité de la mariée, elles trouveront en effet des taches de sang sur le lit et fêteront donc l'évènement alors qu'au fond, la réalité est tout à fait le contraire. Dans ce cas, le secret est plus qu'un secret d'Etat. Seuls les mariés et les deux vieilles mères désignées pour sauver l'honneur de la mariée et des deux familles détiennent le fameux secret de polichinelle.
Dans d'autres cas, lorsque la mariée qui se trouve dans une telle situation très embarrassante a les moyens, elle peut recourir à la chirurgie pour coudre son hymen avant le jour du mariage.
Avant de regagner la maison conjugale le jour du mariage, la mariée ne doit jamais être dehors toute la journée. Au moment où les femmes chantent et dansent dans la cour de la maison, elle doit rester dans la chambre jusqu'à ce que tous les rituels soient accomplis. Juste avant le départ, elle

prend un bain de purification à l'intérieur d'un grand mortier. C'est une vieille femme de la famille qui doit se charger de la "laver". Après ce bain de purification, une fois sortie du mortier, elle doit taper de son pied par derrière, le mortier pour le faire tomber. Puis elle fait ensuite ses ablutions avant de s'habiller. On la couvre ensuite d'un pagne blanc et le départ devient donc imminent pour l'accompagner chez son mari.

Khadidiatou n'a donc pas eu la chance car elle n'avait pas gardé sa virginité mais avec la grossesse en plus, la situation était plus difficile car il n'y avait plus aucune solution pour sauver l'honneur de la famille. Dans cette situation comme celle de Khadidiatou, certaines filles, même conscientes du danger de l'avortement, préfèrent recourir à cette dernière solution. Quitte à mourir. Or Khadidiatou, à quatre mois de grossesse, ne pouvait plus recourir à l'avortement. Et d'ailleurs beaucoup de gens dans le quartier murmuraient déjà sur son état de grossesse. Les parents de Khadidiatou, humiliés, décidèrent ainsi de donner leur fille en mariage précipitamment, dans un village à une cinquantaine de kilomètres de Ziguinchor, à un vieil homme qui pouvait avoir l'âge du grand-père de la pauvre jeune fille. C'était la correction à infliger à leur fille qui avait déshonoré la famille. En général, lorsqu'une fille était engrossée hors mariage dans certaines communautés, on la donnait à tout homme qui serait intéressé de l'épouser. Qu'elle aimât le prétendant ou non. Celui qui l'avait enceintée ne pouvait pas la prendre pour épouse. Parfois, pour faire mal à la fille, on pouvait lui donner en mariage à un très vieil homme. Juste pour la punir.

D'ailleurs, autrefois, il n'y avait pas que la jeune fille engrossée qui était punie. Le garçon aussi. Pour ce dernier, l'humiliation était si grande que le coupable pouvait définitivement fuir son village ou sa ville natale. Ses parents l'envoyaient ailleurs auprès de certains proches – habituellement chez la famille maternelle – pour éviter certains désagréments entre les deux familles (celle du garçon et celle de la jeune fille). Jadis, à Uchon manjacu par exemple, lorsqu'une jeune fille était engrossée hors mariage, on organisait le procès à la place publique du village ou du quartier. Dès que la grossesse était constatée, les vieilles mères dans la famille convoquaient discrètement la fille pour lui demander l'auteur de sa grossesse. Le nom du garçon étant désigné, lesdites mères passaient l'information aux vieux de la famille qui, à leur tour, allaient voir le chef du village ou du quartier pour l'informer. Ce dernier envoyait une délégation auprès des parents du garçon pour leur tenir au courant de la faute commise par leur fils. Car il s'agissait bien évidemment d'une faute. Engrosser une fille hors mariage était un délit. A l'issue de cette démarche entre la famille du garçon et celle de la jeune fille, le chef du village devait fixer la date du procès. Ce fameux procès se tenait publiquement devant tous les villageois, hommes et femmes adultes. Tout le monde s'asseyait, formant un cercle et on mettait les deux coupables au milieu. Tous nus ! Chacun d'eux devait répondre impérativement et avec précision, aux questions du chef du village, lesquelles questions étaient exclusivement relatives à leur vie privée. Ils devaient expliquer à haute voix devant l'assistance, comment ils se sont aimés, où ils se retrouvaient pour faire l'amour, quand ils se rencontraient, combien de fois ils ont fait l'amour, etc. C'était, hélas, une très grande humiliation pour les parents des deux jeunes et cette situation pouvait être à l'origine de sérieux problèmes entre les deux familles. Ça pouvait même aboutir à des histoires de sorcellerie car la famille de la jeune fille surtout, beaucoup plus déshonorée dans cette histoire, avalait difficilement cette pilule. C'est pourquoi, les parents du garçon faisaient fuir leur enfant pour lui éviter certains malheurs pouvant émaner des histoires de

maraboutage ou de sorcellerie. Dans le pire des cas, le jeune garçon pouvait être mystiquement tué.
Après le procès, la famille du jeune garçon devait payer une lourde amende. En général, on demandait un bœuf, une chèvre, un sac de riz et un décalitre de vin. Si les deux petits amoureux faisaient l'amour dans une chambre, quel qu'en fût le propriétaire, tout le contenu de cette chambre était vidé jusqu'au plus petit objet qui s'y trouvait. Tout cela devait ensuite être brûlé car tout se qui se trouvait dans ce lieu, devenait, selon la tradition, impure. Enfin, lorsque le chef de village n'était pas trop tendre, il pouvait ensuite demander aux jeunes du village ou alors désigner quelques adultes du village ou du quartier de bastonner sévèrement les deux coupables.

Khadidiatou, prévenue par ses parents qu'elle devait être « offerte » à un homme qu'elle ne connaissait même pas et trop vieux de surcroît, avait décidé d'informer son petit ami Sidiki avant qu'il ne fût trop tard. Si jamais elle rejoignait la maison conjugale de son fameux mari, il pouvait lui être très difficile de s'échapper. Dans ce cas de situation, quand l'homme sait à l'avance que la femme ne l'aime pas, il se prépare en conséquence avant l'arrivée de la mariée. Il va consulter des marabouts ou des charlatans qui vont envouter la femme pour qu'elle ne pense plus jamais à une éventuelle évasion à partir de la maison conjugale. La femme, dans ce genre de situation, lorsque le charlatan ou le marabout réussit bien son travail, devient docile comme un chien avec son maître. Pour éviter toute cette situation, Khadidiatou qui n'ignore pas toutes ces réalités sociales, avait donc eu la présence d'esprit de s'évader précipitamment. Encore qu'elle ne pouvait pas savoir quel jour on pouvait la “livrer” à son futur mari.

Au cours de son évasion, Khadidiatou avait gardé le contact avec Sidiki. Puis une solution avait été trouvée entre les deux amoureux : l'émigration par la mer. Sidiki avait proposé à sa petite amie que si elle osait prendre la mer avec les autres clandestins, il allait lui envoyer de l'argent pour le voyage. Khadidiatou ne pouvait pas en tout cas trouver une solution meilleure que celle-ci. Retrouver son petit ami en Europe. Sidiki avait ainsi envoyé discrètement de l'argent à un de ses meilleurs amis qui devait s'occuper du voyage de sa petite amie. Coïncidence faite, Khadidiatou s'était retrouvée dans notre groupe pour le voyage. Avec une grossesse de quatre mois.

Avec la pénibilité du voyage et surtout les conditions dans lesquelles nous avions vécu à Diogué, Khadidiatou n'avait pas tenu le coup. Elle avait d'abord fait une fausse couche dès le septième jour du périple en mer puis un peu plus de 24 heures plus tard, elle avait rendu l'âme. D'habitude, quand quelqu'un décédait, on le jetait systématiquement à l'eau mais pour le corps de la pauvre Khadidiatou, personne n'avait eu le courage de le jeter. On l'avait ainsi laissé au fond de la pirogue. Couchée sur le côté droit, on avait l'impression que Khadidiatou dormait.

Au dixième jour du périple, nous avions rencontré le bateau de la croix rouge espagnole. Les agents à bord avaient intimé l'ordre à notre capitaine de s'arrêter mais celui-ci avait refusé d'obtempérer. Préférant conduire la pirogue jusqu'à la côte. Nous étions à environ deux kilomètres des côtes. Un hélicoptère survolait au-dessus de nous. Au départ, personne dans la pirogue ne comprenait l'attitude du capitaine. Certains camarades lui proféraient même des injures mais il n'avait écouté personne. Le bateau de la croix rouge nous avait ainsi suivi par derrière jusqu'à notre arrivée à la côte. Nous avions enfin posé nos pieds sur terre. Par miracle. Certains camarades très mal-en-point et très déshydratés, soufrant entre autres, d'autres malaises, avaient été directement acheminés vers un centre de santé pour subir les premiers soins avant de nous rejoindre au commissariat de police où nous devions passer au moins deux à trois jours pour des besoins d'interrogatoires préalables avant de rejoindre le camp. Le capitaine avait en personne pris le corps de Khadidiatou dans la pirogue pour le poser par terre. C'était après qu'il nous avait expliqué sa décision de conduire lui même la pirogue jusqu'au bout. *Si on s'était arrêté pour être transférés dans le bateau de la croix rouge, ces agents auraient jeté le corps de Khadidiatou à l'eau. C'est ce que je ne voulais surtout pas. Khadidiatou mérite de se reposer en paix sous terre quelle que soit la façon dont elle sera inhumée,* nous avait-il finalement confié en pleurs. Mais ce qui était sûr, Khadi comme on l'appelait, allait être enterrée comme tous les autres clandestins non identifiés. Dans des fosses communes. Comme des soldats inconnus tombés dans un champ de bataille !

Au cours du voyage, il n'y avait plus aucune intimité pour quiconque. Pour faire pipi, il fallait pisser dans un sachet puis le jeter à l'eau. Sous les yeux des voisins. Aussi, pour faire ses besoins, des coupures de bidon avaient été prévues à cet effet. C'étaient des bidons de 20 litres qui contenaient notre eau à boire. Chaque fois qu'un bidon d'eau était vidé, on le découpait pour s'en servir comme pot chaque fois qu'un camarade était dans le besoin. Après, il fallait y mettre de l'eau de mer pour le nettoyer avant de verser le contenu dans la mer. Il n'y avait plus de pudeur entre nous pour faire quoi que ce soit devant les camarades. Et de toute façon, il n'y avait aucun moyen pour préserver son intimité.

L'océan est un autre monde. Avec toutes ses espèces. Tous ses mythes aussi. Pour la première fois de ma vie, j'ai vu en mer des poissons qui volaient comme de petits oiseaux. C'étaient de petits poissons tout blancs en forme d'un petit avion. Certains de ces poissons volaient

jusqu'à tomber dans la pirogue. La première fois qu'on avait vu ces poissons, c'était la panique totale dans la pirogue. Le capitaine, un habitué du trajet, nous avait rassuré que ce n'était que des poissons et qu'ils étaient inoffensifs.
Au cours du voyage, certains de nos camarades qui avaient craqué ou qui étaient complètement surmenés nous expliquaient qu'ils voyaient des choses bizarres la nuit. Alors que nous étions en pleine mer, certains camarades se voyaient en pleine ville ou dans des endroits de luxe.
Dès le quatrième jour du périple, - le jour où nous avions d'ailleurs eu un premier mort dans le groupe – un voisin qui était juste à ma gauche, avait tout d'un coup commencé à nous raconter des choses que nul ne comprenait. Alors que régnait un silence de cimetière dans la pirogue, Balla, du nom de ce jeune homme, m'avait dit :
- Totala, nous sommes presque arrivés. Dès le prochain virage, nous entrerons dans mon village et je vais descendre.
- Qu'est ce que tu me racontes ?
- Je sais bien ce que je te dis, Toto (comme il aimait m'appeler). Là nous sommes dans une voiture et nous sommes à l'entrée de mon village. Je vais bientôt descendre et vous laisser continuer.
J'étais stupéfait. Comme tous les autres camarades autour de nous qui écoutaient notre conversation. D'un seul coup, Balla s'était levé et avait voulu se jeter à l'eau. N'eût été la rapidité d'un jeune garçon qui était derrière lui qui l'avait immédiatement retenu, il allait tomber à l'eau. Comme le jeune Balaké. Balla criait et frappait toute personne qui tentait de le retenir ou de le calmer. Tantôt, il pleurait en criant au secours, soi-disant qu'il y avait des sorciers de son village qui voulaient l'égorger. En même temps, il accusait un autre jeune de son village qui se trouvait curieusement dans la pirogue, d'être complice avec ces sorciers.

- *Laisse mes pieds, espèce de salaud. Toi qui était mon ami au village, comment oses-tu attraper mes pieds pour qu'on m'égorge ?,* lançait-il à ce garçon du nom de Laye.

- Et Laye de lui répondre : *non Balla, je n'en fais pas partie. Je n'y suis pour rien.*

- *Tais-toi, imbécile. Tu n'y es pour rien et pourquoi acceptes-tu d'attraper mes pieds pour que l'imam du village m'égorge ?*

Personne ne comprenait ce dialogue de sourds. Même si on prêtait une certaine incohérence aux propos que s'échangeaient les deux amis, on était tout de même paniqués.

Balla était quelqu'un de physiquement bien battu. Dans son état de surmenage, pour éviter qu'il bousculât les gens dans la pirogue, ce qui pouvait facilement provoquer ainsi un accident, le capitaine avait décidé à ce qu'on l'attachât. Quatre camarades s'étaient décidés de le maîtriser pour l'attacher avec des cordes et le coucher au fond de la pirogue. Pendant trois jours, Balla était resté attaché. Son corps était à la longue enflé mais on ne pouvait pas non plus jouer sur les sentiments à son égard pour le détacher car il représentait un risque pour le groupe. Ce qui nous faisait surtout peur, c'était que le jeune Balaké qui s'était jeté à l'eau avait presque commencé comme Balla. Au départ, il racontait des bizarreries et les gens prenaient ça pour une comédie. Quelques minutes avant de se jeter à l'eau, il disait aux camarades qui étaient à côté : « *regardez cette belle ville ! Où allons-nous encore ? Moi je descends ici.* ». Avant même que ceux qui étaient autour de lui ne se rendissent compte de ce qui allait se passer, le pire s'était produit. Le pauvre garçon s'était jeté à l'eau. À la poursuite de ces fameuses belles filles. Personne ne comprenait ce qui nous arrivait. En même temps que les scénarios nous paraissaient bizarres, considérant que les auteurs de ces bizarreries avaient tout simplement "disjoncté", mais en même temps aussi, nous étions tentés de croire à ces histoires incroyablement mystiques que nous racontaient les concernés. En effet, Balla, bien que du fond de la pirogue où il était resté attaché, chaque fois que quelque chose devait arriver, il nous prévenait à haute voix. C'était ainsi qu'à deux reprises, il nous prévenait de l'orage qui devait s'abattre sur nous. Précisant que cet orage était provoqué par des sorciers qui venaient attaquer notre pirogue. Il nous demandait de nous agripper sur les planches ou les bords de la pirogue. Ce qui était curieux dans cette histoire, c'est que chaque fois qu'il nous prévenait d'un tel orage, l'orage s'abattait effectivement sur nous dès les minutes qui suivaient ses paroles. La pirogue se soulevait carrément au point de vouloir se renverser et il fallait que les gens s'appuyassent suffisamment fort sur les bords pour empêcher la catastrophe.

Un autre jour encore, un autre camarade d'origine guinéenne s'était mis à hurler en pleine nuit. Se plaignant des morsures de petits démons qui, disait-il, s'étaient infiltrés dans notre pirogue. Visiblement, le pauvre souffrait mais on ne voyait pas ces fameux démons. Et pourtant, le lendemain matin de cet épisode, le pauvre bonhomme d'une trentaine d'années environ, s'était retrouvé avec plein de morsures partout sur son corps. Son visage était griffé. On ne pouvait donc pas ne pas croire en ces histoires surnaturelles. Depuis ces incidents, à chaque tombée de la nuit, tout le monde avait une grosse boule au ventre. Chacun se demandait *« qu'est ce qui va se passer encore cette nuit… »*. A un moment donné, le capitaine qui était le plus courageux du groupe avait fini par « péter les plombs ». Il avait sorti son sabre puis s'était adressé à tout le groupe : « *écoutez-moi bien chers camarades. Je suis à mon troisième périple dans cette même mer mais jamais je n'ai vécu ce qui est en train de se passer depuis deux jours. Je n'accuse personne de sorcellerie mais je veux rappeler à tout le monde que si nous avons risqué nos vies jusqu'ici en prenant la mer pour aller en Europe, c'est pour aller à la quête d'une autre vie meilleure pour notre avenir et celui de nos familles. Si tout était "rose" chez nous, personne n'aurait quitté chez soi. Pas par cette voie en plus. Nous sommes de communautés, d'ethnies et d'origines différentes et par conséquent, que chacun se mette en tête que personne ne peut profiter de notre état d'angoisse et de peur pour plonger dans des histoires de sorcellerie. Celui qui voudra tenter de faire du mal au groupe, n'en fera qu'à sa tête. A partir de maintenant, quiconque va nous raconter encore des bizarreries pour semer la panique dans la pirogue, périra par ce sabre que je tiens dans mes mains »*. Depuis cet avertissement, plus rien ne s'était reproduit. A part quelques réveils de vagues qui nous terrifiaient de temps en temps, nous avions commencé à retrouver l'espoir. Jusqu'à ce fameux neuvième jour où, en l'espace de moins de 24 heures, nous avons perdu huit de nos compagnons.

Parmi les treize victimes, figurait également un homme, sans doute l'aîné du groupe, âgé d'une quarantaine d'années. Aliou. Il était l'aîné de sa famille. Marié et père de trois enfants. Selon ses motivations, les raisons qui l'avaient poussé à se lancer dans cette aventure relevaient exclusivement de l'attitude de ses parents. Son père en particulier. En effet, après plusieurs années de labeur, Aliou et son demi-frère Kalidou avaient pu réaliser une économie d'environ cinq cent mille francs CFA. Aliou après concertation avec son demi-frère, avait proposé à ce dernier de tenter la voie du Maroc pour se rendre en Espagne. Une décision que toute la famille avait vivement appréciée. Après plusieurs mois passés au Maroc, Kalidou avait réussi, à partir de Tétouan, à trouver un passeur qui l'avait conduit à Ceuta par la traversée du détroit de Gibraltar. Capitale du Nord du royaume marocain,

Tétouan constitue le point de chute entre la péninsule ibérique et l'intérieur du Maroc. C'est à partir de là comme à Tanger, la ville voisine, que beaucoup d'immigrés clandestins rejoignent Ceuta et Melilla. Ayant obtenu ses papiers en 2002, le jeune Kalidou qui travaillait désormais à Madrid envoyait régulièrement de l'argent à ses parents. Devenu le soutien potentiel de sa famille, Aliou, aux yeux de leur père, était devenu insignifiant dans la maison. A chaque petit détail, le père lui rappela toujours qu'il était un bon à rien et que c'était son jeune frère Kalidou qui faisait tout à la maison. Lui pourtant qui avait tout fait pour le voyage de son demi-frère. Aliou et sa petite famille en l'occurrence son épouse et ses trois enfants, n'avaient plus la paix dans leur propre maison familiale. Chaque fois que quelque chose devait se décider à la maison, seule le dernier mot de Kalidou comptait. L'épouse d'Aliou qui continuait à s'occuper de la maison comme une bonne, était presque considérée par son beau-père comme une esclave. Las de vivre cette injustice et cette discrimination dans sa propre famille, Aliou avait d'abord décidé en 2005 de quitter la maison pour aller se refugier chez ses parents maternels, le temps de reprendre une autre vie. Sa mère étant décédée depuis plusieurs années, son seul soutien ne pouvait être en effet que sa famille maternelle. En 2006, son oncle maternel lui prêta un peu de sous pour voyager. Depuis Diogué, Aliou était déterminé. Il nous disait que rien ne pouvait le faire retourner au village. Atteindre les côtes ibériques ou périr en mer, rien d'autre. Même si, par malchance on le refoulait à partir du camp, nous disait-il, il ne renoncera jamais. Il ira jusqu'au bout de son rêve. Il ne pouvait plus continuer à subir cette discrimination très mal placée au sein de sa propre famille malade de profit.
La mort d'Aliou avait beaucoup touché tous ceux qui connaissaient son histoire. Le pauvre homme ne méritait pas ce drame qu'il venait de vivre.

Il faut en effet reconnaître que le cas d'Aliou n'est pas un cas isolé chez nous. En Afrique de manière générale. En outre, si l'immigration a amélioré les conditions de vie de beaucoup de familles à l'origine très pauvres en Afrique, elle a aussi coupé le cordon ombilical de beaucoup d'autres familles. Il n'y a plus d'entente au sein de beaucoup de familles. Le mot fraternité ne tient plus que du bout des lèvres. Dans beaucoup de familles, toutes communautés confondues, il n'y a que l'argent « qui parle » et qui « a raison sur tout ». Seul celui qui a de l'argent dans la famille a le droit de faire ce qu'il veut. Surtout dans des familles où, des parents, irresponsables, sont devenus assez matérialistes. Pour des raisons de profit personnel, certains pères de famille ne se dérangent même pas de mettre en mal leurs propres enfants les uns contre les autres et ce, selon leur intérêt. C'est celui qui est le mieux à l'aise et qui soutient sa famille ou simplement, qui donne de l'argent à son papa, qui est le mieux en vue.

C'est donc par orgueil que beaucoup de jeunes africains, qu'ils soient élèves, étudiants ou sans activité, se lancent à l'émigration.

L'émigration a brisé certains tabous et une bonne partie de la tradition africaine. Les émigrés ou les « venants » comme on les appelle sont les nouveaux rois. Aujourd'hui, le rêve de beaucoup de jeunes filles, citadines ou villageoises, est d'épouser un émigré. "*Moko yor*" comme on le dit dans une expression wolof au Sénégal (c'est-à-dire, *c'est lui qui a les moyens*). Le rêve de certains parents, c'est aussi d'avoir un gendre émigré. Si un émigré a à l'œil votre copine ou compagne, vous pouvez facilement la perdre et aucune justice ne sera rendue. On peut même avancer ou payer intégralement sa dot sans au final réaliser son projet de mariage avec sa douce moitié si entretemps la désormais ex-âme sœur tombe dans les bras d'un venant. De nos jours, peu sont les familles qui résistent à la tentation au matérialisme.

Il y a enfin une autre motivation qui explique l'engouement suscité par l'émigration : la recherche de l'estime. Cette motivation se greffe en effet à celle que nous venons d'évoquer plus haut. Ainsi, pour tout dire, l'émigration est devenue un fait sociologique. Ce n'est plus simplement la motivation économique qui pousse les jeunes à partir. Et dans ce contexte, vous avez beau avoir une fortune dans votre propre pays, vous pouvez en certains endroits être moins considéré qu'un émigré qui, pourtant, ne vous arrive pas à la cheville. L'émigré a toujours un côté mythique voire messianique qui envoûte le citoyen lambda. Vous pouvez avoir un ami ou un copain d'enfance qui, au départ, était socialement moins à l'aise que vous. Mais dès que ce dernier réussit à partir en Europe, "vous ne boxez plus dans la même catégorie". Il sera beaucoup plus considéré et respecté que vous par votre entourage.
C'est donc pour la recherche de cette estime que certains jeunes se lancent à l'émigration alors qu'ils n'avaient pas besoin d'aller voir ailleurs. Certains jeunes plongés dans cette illusion sont ainsi difficiles à raisonner. Ils n'ont dans la bouche que le mot "partir" et ne rêvent que de l'Eldorado, ce paradis virtuel qu'est l'Europe.

Chapitre 4. Le centre de détention de Fuerteventura, l'autre côté pervers de l'Eldorado

7 septembre 2006. Il était 15h26. Nous avions enfin atteint les côtes de Tenerife. A la jetée de Puerto De Los Critianos, nous avions trouvé sur place une équipe d'agents de la croix rouge espagnole qui avaient déjà monté des tentes gonflantes pour nous accueillir. On nous y servit quelques bonbons et des bouteilles d'eau à boire. Après trois quarts d'heure de repos environ, un car de policier était venu nous chercher pour nous conduire à Santa Cruz de Tenerife, capitale de la province de Santa Cruz, l'un des ports les plus importants d'Espagne. Tenerife est la plus importante des sept îles essentielles qui composent l'archipel ibérique des îles Canaries. Cette sorte de territoire d'outre-mer espagnol est situé au large du royaume chérifien, le Maroc, en plein océan atlantique et constitue en effet l'un des piliers des sites touristiques en Espagne. A Santa Cruz de Tenerife, nous avions été conduits au commissariat d'Arona où nous avions dormi trois nuits, le temps que les autorités locales et en l'occurrence la police locale procédât à l'identification des migrants. Après les interrogatoires au niveau du commissariat et à l'issue desquels chaque migrant sortait avec un dossier personnel, nous avions ensuite été conduits au camp militaire Las Raices. Mais avant cela, nous avions au préalable effectué une visite médicale au cours de laquelle on nous avait fait une prise de sang. Les résultats de l'analyse sanguine peuvent être déterminants sur le sort à réserver au migrant clandestin car si l'on découvre que vous avez un problème de santé relatif à votre sang, vous pouvez tomber dans la malchance d'être reconduit au pays d'origine avions-nous appris de source informelle. Las Raices est un camp militaire aménagé exclusivement pour accueillir les clandestins. Face aux vagues successives de migrants qui débarquaient par

centaines voire par milliers chaque semaine, les autorités locales, débordées, étaient obligées d'aménager certains endroits publics pour servir de camps de détention temporaires. Cela a donc été le cas de plusieurs autres anciens sites aéroportuaires transformés en centres de détention des migrants clandestins. Au moment d'être acheminés vers le centre de détention, les camarades qui souffraient ou qui étaient physiquement très affaiblis étaient d'abord orientés vers un centre de santé. Ils devaient toutefois rejoindre plus tard le camp après avoir reçu les soins nécessaires.

Au commissariat, un grand local était aménagé pour servir de salle d'audience lors de l'identification des migrants. Au cours dudit processus d'identification, on vous demande votre âge, le lieu de naissance, la nationalité, les noms des parents et toutes autres informations relatives à votre vie privée. Il fallait donc dès le départ être cohérent pour ne pas trop se contredire dans les déclarations car c'est à partir de là même que votre sort est presque déjà scellé. Mais heureusement pour notre groupe, notre capitaine avant même le départ de Diogué nous avait déjà fait le briefing de l'entretien. Lui, était un habitué des lieux car il était déjà à son troisième périple. Il nous avait prévenus qu'il ne fallait surtout pas donner sa vraie nationalité lorsqu'on est sénégalais. Le gouvernement sénégalais ayant signé avec l'Espagne un accord sur l'expulsion des compatriotes sénégalais, lorsque votre nationalité est détectée, vous avez très peu de chance de vous en sortir. Sauf par chance. Les clandestins n'ayant aucun papier d'identification en débarquant aux îles, il revient à chacun de savoir jouer le jeu et surtout de pouvoir éviter les questions-pièges et les petites astuces d'attrape-nigaud qui peuvent coûter cher.

Dans la salle d'audience du commissariat, il y avait six personnes dont cinq Sénégalais et un Espagnol. Parmi les cinq compatriotes chargés de nous auditionner, un parlait le Wolof, un autre le Mandingue, le troisième parlait Alpoular, le quatrième parlait le Diola et enfin le cinquième s'exprimait à la fois en Français et en Sérère. Les principales langues nationales du Sénégal étaient donc parlées dans la salle d'audience. Tous les cinq compatriotes parlaient Espagnol et au cours des interrogatoires, ils traduisaient directement les conversations à l'agent espagnol qui travaillait avec eux. Celui-ci prenait note. L'entrée en salle d'audience était organisée selon un ordre établi et on entrait un à un. Un numéro était attribué à chacun de nous selon l'ordre d'entrée. Ce numéro était en quelque sorte le code d'identification ou simplement le numéro matricule. Il était inscrit sur un brassard que chacun devait, à partir de ce jour, porter jusqu'au jour où il devait quitter définitivement le camp. Libéré ou expulsé. Moi je portais le numéro 66. Dans certains camps, les numéros étaient plutôt inscrits au dos des tee-shirts, en général de couleur blanche, qu'on distribuait aux migrants à leur arrivée.

Dès l'entrée en salle, les cinq compatriotes sénégalais qui vous auditionnent commencent par vous piéger. Un des enquêteurs peut subitement vous dire dans l'une des cinq langues nationales et surtout en Wolof : *Serigne-bi bissimilah, toggal !* (monsieur, bienvenue. Asseyez-vous s'il vous plaît) Mais si jamais vous vous exécutez aussitôt, leur donnant de facto l'impression d'avoir compris ces paroles, immédiatement vous êtes pris dans le piège. Ils savent déjà que vous êtes sénégalais et il vous sera ainsi très difficile de vous en sortir. A partir de là déjà, les enquêteurs notent ce petit détail et même si vous refusez de reconnaître que vous êtes sénégalais, ils ont en tout cas déjà un alibi pour pouvoir mettre la pression sur vous une fois au camp. Mais puisque dans notre groupe nous savions déjà tous ces petits détails, lors des interrogatoires préliminaires presque personne dans le groupe n'était tombé dans ce piège. Au moment où un de nos camarades était en train de passer son entretien, de temps en temps, un des cinq interprètes sortait pour aller vers les autres qui étaient encore dans l'attente pour, soit de manière discrète, les écouter parler pour identifier en conséquence ses compatriotes, soit il venait carrément vers vous et vous disait en Wolof par exemple : « *salut les gars comment allez-vous ? Et le voyage, vous n'avez pas trop souffert, j'espère ?* » Par ces formules de politesse et d'affection, il tentait tout simplement de nous tendre un piège. Mais quand on ne lui répondait pas, il pouvait renchérir : « *mais frères, je vous parle et vous refusez de me répondre. Vous n'êtes vraiment pas gentils…* ». Il cherchait donc à nous taquiner par toute sorte de formules sénégalaises bien courantes et par inattention ou par simple réflexe, si quelqu'un n'avait jamais été prévenu pour ces petites astuces, il pouvait facilement se faire prendre. Innocemment.

Lorsque mon tour arriva, j'avais déclaré que j'étais gambien. D'ethnie mandingue. C'était alors l'enquêteur qui s'exprimait en Mandingue qui m'interrogeait. Dès le départ, on nous avait déjà soufflé à l'oreille qu'il y avait un Mandingue dans la salle. Il était casamançais et originaire du département de Sédhiou. Il était donc du même terroir natal que moi. Parmi les questions qu'il m'avait posées, hormis celles relatives à ma civilité (prénom et nom, âge, lieu de naissance, nom des parents, etc.), l'enquêteur qui cherchait sans doute à me piéger vaille que vaille m'avait même posé des questions, - (au-delà de celles relatives à la géographie et à la situation politique de la Gambie) -, se rapportant à la vie privée et publique du président gambien à savoir la ville natale du président, combien d'épouses a le président Jammeh, comment s'appelle la première dame du pays, qui était Yayah Jammeh avant de prendre la tête du pays, depuis combien de temps est-il porté à la tête du pays et de quelle manière, etc. A toutes ces questions, il fallait donner des réponses précises. Mais je m'en étais bien sorti sauf que j'étais incapable de donner le nom de la première dame du pays. Je m'étais en tout cas bien préparé pour cet entretien car depuis Diogué, j'avais déjà décidé que j'allais choisir la nationalité gambienne. Concernant le nom de l'épouse du président, quand l'enquêteur m'avait dit : « *comment pouvez-vous être gambien et ne pas connaître le nom de la première dame de votre pays ?* », je lui ai tout de suite rétorqué: « *suis-je vraiment obligé de le connaître ? Est-ce un devoir de connaître forcément le nom de l'épouse du président de mon pays ?* ». *Oui*, a-t-il renchéri. Et sans me laisser faire, je lui ai dit « *en tout cas, je ne suis pas le seul Gambien à ignorer le nom de l'épouse de mon président. Non seulement ce détail ne m'avait jamais intéressé mais en plus, l'épouse du président Jammeh, bien qu'étant la première dame, n'est pas un personnage public. Le président Jammeh est très attaché aux croyances religieuses et en l'occurrence à l'Islam. Les Gambiens peuvent rester longtemps sans même voir leur première dame à la télévision nationale. Comment donc, moi qui vis au fond d'un village du pays, complètement coupé du monde de l'information, pourrais-je savoir certaines choses ? Même l'actualité politique nationale n'est pas à la portée de tous* ». Visiblement convaincu par mes propos devant le silence de ses autres camarades qui me regardaient sans piper mot, l'enquêteur avait conclu : « *bon ça va. Tu peux partir* ».

A la fin de l'entretien, on introduisait ensuite chaque migrant dans une autre petite salle où il y avait un appareil muni d'un grand écran à travers lequel on se voyait comme si on était devant un miroir. Tour à tour, chacun devait s'asseoir face à cet écran et poser ses mains sur l'appareil. Automatiquement l'âge était détecté. Cette étape du processus d'identification permettait de vérifier l'âge réel des migrants et de pouvoir trier les mineurs qui eux, avaient un traitement particulier plus intéressant. En général, au cours de l'entretien, beaucoup de gens tentaient de dissimuler leur vrai âge. Ils essayaient de donner un âge mineur afin de pouvoir bénéficier du traitement de faveur accordé aux mineurs. Les enfants mineurs n'étaient en effet jamais expulsés.

Après une demi-journée d'entretien, nous avions été enfin conduits au camp militaire Las Raices, notre centre de détention. Là on y entrait comme des prisonniers. Dans notre « contingent », il y avait au total quinze mineurs. Ceux-ci n'avaient pas été acheminés au centre de détention. Il y avait des centres spéciaux d'éducation réservés pour ces jeunes mineurs. Ils y suivent une scolarité normale tout en apprenant un métier. Durant tout leur séjour limité à l'âge de 18 ans, chaque enfant en plus des allocations qu'il perçoit, peut aussi, dans le cadre de son apprentissage de métier, être rémunéré. Au moment où les adultes eux, subissent dans les centres de détention toute sorte d'humiliation et de torture tant morale que physique. Ce traitement de faveur accordé aux mineurs est à mon sens une très bonne chose. Mais à mon avis, un seul souci se pose : je crains pour l'avenir de ces enfants notamment dans le cadre de leurs rapports avec les milieux d'origine. Un enfant qui, à l'âge de neuf/dix ans, quitte ses parents et se retrouve dans un autre milieu complètement étranger, pourra, à un certain âge, perdre ses racines culturelles. Or c'est cela même le cordon ombilical de la soudure familiale en Afrique dans la mesure où, l'éducation fait partie intégrante de la culture en Afrique Noire. Ce qui va alors se passer, c'est que toute cette génération sera en perte de repères par rapport aux valeurs culturelles africaines et ne gardera donc rien de la culture de ses origines. Ce qui créera donc forcément une fissure entre cette génération et les siens restés aux pays d'origine.

J'ai passé au total quinze jours au centre de détention Las Raices puis un jour, la décision d'être transféré au camp de Fuerteventura, tomba. Je n'avais rien compris. Je ne savais vraiment pas pourquoi cette décision mais il fallait s'exécuter. Je me sentais bien dans ce camp et je n'avais vraiment pas envie de le quitter avant ma libération. Ou mon expulsion. Nous étions bien traités. Nous étions au total 90 personnes à être mutés à Fuerteventura. Tôt le matin à 5 heures, un bus était venu nous chercher. En trois voyages, nous avions tous été acheminés à l'aéroport Los Rodeos au nord de Tenerife où nous devions prendre l'avion pour rejoindre le nouveau centre. L'avion qui devait nous amener était un petit avion qui ne pouvait pas prendre toutes les 90 personnes à la fois. Il était donc programmé pour deux vols. Moi je faisais partie des premiers à monter à bord. J'étais impressionné par cet appareil que je n'apercevais qu'au-dessus des nuages. Je n'avais jamais approché un avion. A plus forte raison y monter à bord. Je me souviens, quand j'étais encore petit, avec des camarades d'enfance, dès qu'on entendait un bruit d'avion, tout le monde abandonnait ce qu'il faisait pour sortir dans les rues ou dans la cour de la maison pour crier et sauter de joie. On criait à la fois avion ! Avion ! Avion !, jusqu'à ce qu'on le perdît de vue. A cette époque de mon enfance, je ne pouvais jamais imaginer qu'un jour, je monterai dans cet appareil qui relève encore du miracle chez beaucoup de gens. Surtout dans les villages en Afrique. Mais comme on dit bien chez nous, *le monde change et réserve toujours des surprises à ses créatures.*

Le premier groupe de ceux qui devaient partir à Fuerteventura, avait pris le vol à 09h20. Entre Tenerife et Fuerteventura, l'avion fait en moyenne 1h15 mn de vol. A 10h05, le premier vol s'était ainsi posé sur le tarmac de l'aérodrome de Fuerteventura à Puerto Del Rosario. Un bus était déjà sur place pour nous conduire, en compagnie de 6 policiers, au camp. On n'avait pas attendu les autres camarades. Ils devaient de toute façon nous rejoindre à leur arrivée.

A Fuerteventura, nous avions l'impression d'entrer dans un autre univers. C'était un grand hangar de l'ancien site aéroportuaire de la ville. Ce lieu est une véritable prison coupée du reste du monde. Le traitement réservé aux clandestins à Fuerteventura était très différent de celui de Las Raices. A Las Raices, on était mieux traités. On regardait souvent la télé même si on nous coupait le son. On ne regardait donc que les images. Sans rien trop comprendre. Je ne comprenais pas pourquoi on nous privait du son de la télé. Peut-être, ne voulaient-ils pas que nous comprenions ce qui se passait comme actualité surtout qu'à cette époque, la question de l'immigration clandestine était l'actualité brûlante dans la presse nationale et internationale. Le traitement réservé aux migrants clandestins dans le site de Fuerteventura où j'avais été muté pour compléter les 25 autres jours restants sur les quarante à passer normalement avant d'être fixé sur mon sort, était épouvantable. Dans cette deuxième plus grande ville des Canaries, le centre de détention est plus qu'une prison. Tous les détenus sont d'abord confrontés à un grave problème de surpopulation. Alors qu'au camp militaire Las Raices, nous étions 9 personnes par chambre et nous dormions sur des lits quelque peu confortables à raison de trois personnes par lit, à Fuerteventura, nous étions plutôt parqués comme du bétail et complètement isolés du monde extérieur. Les appels téléphoniques au niveau des cabines publiques, les visites, les téléphones portables, tout y était interdit. Quand, j'ai quitté Las Raices pour Fuerteventura, dès l'entrée du camp, les gardes m'avaient fouillé comme si j'étais soupçonné de détenir une bombe dans mes poches. Ils m'ont arraché le gris-gris que j'avais attaché. Ce gris-gris, c'est papa qui me l'avait remis depuis que je préparais mon voyage. Il servait à me protéger contre les mauvais sorts. Tous les clandestins qui entraient donc dans ce camp étaient soumis au même mauvais traitement. Nous n'avions droit à aucun épanouissement. Toujours enfermés, on nous sortait que durant les heures de repas. Nous n'avions droit qu'à 30 minutes pour le petit-déjeuner, 1 heure pour le déjeuner et 1 heure pour le dîner. Pour le déjeuner et le dîner, pour 1 heure, 30 minutes étaient réservées à une petite promenade avant d'entrer dans la salle à manger et les 30 autres minutes étaient réservées pour manger. Il fallait impérativement finir de manger dans les 30 minutes accordées sinon on arrachait les restants de nourriture pour jeter dans les poubelles. On reformait ensuite les rangs pour retourner dans les cellules. Pour entrer dans la grande salle à manger qui pouvait contenir au moins un millier de personnes, on formait sept rangs et on entrait par groupe de 5 personnes. Lorsque les trente cinq personnes rentraient et qu'on commençait à les servir, trente cinq autres personnes rentraient. Et c'était ainsi de suite jusqu'à ce que tout le monde s'installât dans la salle à manger. Pour le reste, il suffisait maintenant de manger vite pour que dans les trente minutes qui nous étaient imparties, chacun puisse finir son plat. Pour chaque repas, en l'occurrence le dîner et le déjeuner, on nous présentait souvent trois plats au choix : en général la viande de porc, une soupe, un plat de riz. Chacun était libre de choisir le menu qui lui plaisait. C'était la seule faveur qui nous était sans doute accordée sachant que les clandestins étaient de confessions différentes et que beaucoup d'entre nous, surtout les ressortissants sénégalais qui étaient de confession musulmane, ne pouvaient pas manger la viande de porc. Dans la journée, nous n'avions donc droit qu'à 1 heure (30 mn avant le déjeuner et 30 mn avant le dîner) de petite promenade dans la cour pour nous détendre, prendre un peu d'air. Puis il fallait encore retourner dans les cellules, dans un cadre de promiscuité indescriptible. Sans télé, sans radio et ni téléphone portable. Dans le camp, il y avait une partie réservée aux femmes. Il y avait des barbelées qui séparaient la zone destinée aux femmes et celle des hommes. Pendant les quelques minutes de promenade avant les repas, on se voyait mais on ne pouvait ni se rapprocher ni même se parler. Ces femmes présentes dans le camp, pour la plupart d'entre elles, étaient venues par le circuit du Maroc. Elles étaient majoritairement d'origine de pays en proie aux guerres civiles ou autres crises sociales mais aussi des pays d'Afrique centrale et en majorité du Ghana et du Nigéria. Ces femmes-là sollicitaient plutôt l'asile politique. Comme certains de nos camarades ressortissants de ces pays en troubles qui eux aussi sollicitaient également le statut de refugiés politiques. Le plus difficile dans ce camp, c'était d'abord de rentrer en contact avec un traducteur ou encore avec un avocat pour le cas des demandeurs d'asile. Même si, dans les textes, il était précisé que les demandeurs d'asile (et même les simples clandestins comme moi) avaient droit de prendre un avocat, mais dans la pratique, rien n'était vraiment le cas. On nous avait simplement distribué des brochures d'information concernant les démarches à suivre. Lesdites brochures étaient en Espagnol et en Français. Mais pour la version française, inutile de se fatiguer car elle était si mal faite que personne ne pouvait comprendre ce qu'on voulait dire dans ces textes. A mon sens, je me disais que les autorités faisaient sans doute exprès pour nous soumettre de tels documents complètement illisibles et incompréhensibles sans doute pour davantage nous désorienter et nous déstabiliser moralement. Je ne voyais pas une autre raison car même si l'Espagne n'est pas un pays francophone, il pouvait y avoir quand même d'excellents traducteurs qui pouvaient produire des documents lisibles et à la portée de tous, surtout qu'il s'agit de textes courts qui ne doivent pas engendrer de lourds frais de traduction. Toutefois, le migrant pouvait - surtout s'il souhaitait solliciter un asile politique -, dès l'arrivée au commissariat avant d'entrer au camp, demander à rencontrer un avocat. Dans ce cas, s'il avait la chance de tomber sur un personnel compréhensible et sentimental surtout, celui-ci pouvait accéder à sa demande et lui trouver un avocat appartenant au Barreau local. En réalité, les avocats du Barreau local avaient le droit d'intervenir pour ces cas pareils. Ils avaient la possibilité d'encadrer les solliciteurs d'asile politique mais en pratique, les migrants ne les rencontraient presque jamais. Les raisons de cette faille étaient sans doute pour permettre des exclusions arbitraires sans se soucier de la législation espagnole en vigueur. Au camp, certains camarades étaient parfois battus par des policiers espagnols ou, le plus souvent, par des enquêteurs au cours des interrogatoires et ce, sans doute, pour les pousser à révéler leur vraie nationalité.

Un jour au camp de Fuerteventura, nous apprîmes que des policiers sénégalais étaient parmi nous. Personne ne sachant qui était policier et qui ne l'était pas, nous étions donc dans la panique et la psychose totale. Chacun de nous devait alors jouer la prudence. Il fallait dès lors savoir avec qui bavarder et devant qui bavarder aussi. Tout le monde était obligé de se méfier et surtout de ne parler que le dialecte que l'on avait utilisé lors des interrogatoires au commissariat et ce, afin d'éviter d'être en porte-à-faux avec ses premières déclarations. On essayait à cet effet de s'unir en fonction des origines (virtuelles bien sûr). On se mettait donc par communauté d'origine : les Gambiens d'un côté, les Maliens d'un autre côté, puis les Ghanéens, les Nigérians, les Guinéens etc. de chaque côté. En effet, les policiers sénégalais qui étaient au camp et qui s'étaient discrètement infiltrés parmi les migrants avaient pour objectif d'espionner leurs compatriotes. Ils se comportaient comme nous et avaient chacun un numéro comme tous les détenus. Il était donc quasiment difficile voire impossible de les identifier parmi nous. Le seul moyen pour être à l'abri, c'était la méfiance. Quand quelqu'un vous parle dans une langue nationale du Sénégal ou en Français alors que vous ne le connaissez pas, le mieux est de refuser de lui répondre. Aussi, quand vous bavardez et que vous voyez quelqu'un que vous ne connaissez pas, se diriger vers vous, vous êtes obligés de vous taire ou alors vous changez de langue pour ne s'exprimer qu'en dialecte que vous aviez déclaré à l'audience. Ces compatriotes policiers, je ne les considérais pas comme des espions mais je les prenais plutôt pour des mouchards. Tout le monde était angoissé dans le camp et tous les migrants sénégalais étaient déterminés à régler le compte à ces policiers s'ils avaient été démasqués. Seuls les autres enquêteurs chargés d'auditionner les gens au camp ne se masquaient pas du moment où à l'audience on était face à eux. Comme à la première audience au commissariat.

Toutefois, avant l'ultime audience au camp avant les quarante jours maximum de détention prévus, les policiers-espions réussissent quelquefois à identifier certains migrants de par leur comportement, la langue etc. et fournissent donc des informations aux enquêteurs avant l'audience. Puisque chacun a un numéro, ce sont ces numéros qu'ils filent à leurs collègues chargés de vous auditionner pour leur signaler que tel et tel autres numéros sont tous des Sénégalais. Les enquêteurs détiennent alors dans ce cas un bon alibi pour vous déstabiliser lors de l'audience. Certains migrants se transforment en muets. Même au cours des audiences dans le camp, ils refusent de parler. Mais cela n'est toutefois pas une astuce pour se sauver car lorsque vous refusez de répondre aux questions des enquêteurs, vous finissez par la chicotte. Le plus souvent, ces enquêteurs et quelquefois des policiers espagnols vous torturent et vous tabassent jusqu'à ce que vous lâchiez les mots. Et d'ailleurs dans ce cas, vous êtes facilement plus identifiables. Un jour, un compatriote sénégalais soumis à cet interrogatoire avait refusé de parler. Quand les enquêteurs lui posaient des questions, il faisait semblant de ne rien comprendre. Ils avaient beau le gifler, le menacer mais le pauvre n'avait pas cédé. Puis la grande méthode a été utilisée : la chicotte. Deux policiers espagnols avaient intervenu et après avoir reçu quelques coups, le fameux muet avait crié *« wooy sama ndey*[12] *»*. Les enquêteurs ont dit aux policiers « ça y est, vous pouvez le lâcher », il est sénégalais. Le pauvre compagnon avait donc ainsi été retenu sur la liste des expulsés. Sa méthode l'avait trahi. Quelquefois, c'était par des questions toutes bêtes auxquelles vous ne vous attendiez pas qu'on vous piégeait. A un camarade qui avait déclaré être gambien, on lui avait posé la question de savoir « comment on dit carte d'identité en Gambie » ; et le pauvre, sans réfléchir, a lâché « carte d'identité » - comme en Français. Automatiquement, un des enquêteurs lui a dit *« monsieur, vous êtes sans aucun doute un Sénégalais car vous ne pouvez pas être gambien et ignorer comment on appelle carte d'identité dans votre propre pays »*. C'est ainsi que Modou, du nom de ce camarade,

---

[12] Expression wolof souvent prononcée quand on a mal subitement ou quand on est effrayé. Littéralement, cette expression signifie *« aï ma mère »*

avait été aussi retenu sur la liste des gens à expulser vers le Sénégal.

L'interrogatoire au camp est de loin plus terrifiant que celui du commissariat. Ici, vous êtes soumis à une très forte pression pour vous pousser à dire la vérité. Rien que la vérité. Tout en ignorant que cette situation pousse au contraire d'autres migrants à la confusion. Parmi les Sénégalais venus pour les besoins d'identification des compatriotes clandestins, il y avait monsieur N. T. maire d'une ville aux encablures de Dakar. Etant une personnalité politique connue au Sénégal, quand cet élu avait été identifié par les jeunes clandestins sénégalais et sachant qu'il courait un risque de s'exposer devant ces jeunes plus que jamais déterminés à en découdre avec tous ceux qui pouvaient être à l'origine de leur expulsion, il avait tout simplement préféré se cacher dans une autre salle. Des rumeurs couraient également dans le camp qu'en dehors de N. T., il y avait également une dame dakaroise aussi très connue qui figurait parmi les enquêteurs. Mais comme N. T., celle-ci avait préféré aussi se cacher car en cas d'expulsion, ces jeunes pouvaient une fois au pays, leur créer des situations indésirables. Une de nos journées de détention à Fuerteventura avait été très chaude. Tout le monde avait décidé, avant le début des interrogatoires, d'attacher un brassard rouge et ce, en guise d'avertissement aux enquêteurs sénégalais. Il a fallu ce jour-là l'intervention de la police espagnole pour faire baisser la tension. Parmi les enquêteurs sénégalais, un était réputé être le plus méchant. C'était monsieur Diallo, un agent de la Division des Investigations Criminelles. Quand un jeune sénégalais avait la malchance de tomber sur lui lors des interrogatoires, il avait peu de chance de s'en sortir. Monsieur Diallo était d'ailleurs celui qui avait le plus causé l'expulsion de beaucoup de compatriotes sénégalais.

A l'intérieur du camp, de petites salles ou tentes étaient aménagées pour les besoins d'audition. Les migrants désignés pour l'interrogatoire y entraient un par un. Dans chaque salle, il y avait 4 à 6 enquêteurs. Chaque pays avait sa ou ses propre(s) salle(s) d'audience. Au cours de l'interrogatoire, les quatre personnes qui vous interrogeaient ne vous laissaient même pas le temps de respirer. Au moment où l'un d'entre eux vous posait par exemple une question en Français, avant même de prendre la parole, un autre pouvait vous balancer une parole piquante en wolof par exemple en vous disant : *« répondez vite sinon vous êtes tabassé. Ce qui est sûr, nous savons que vous êtes sénégalais et même si vous cherchez à dissimuler votre identité, vous ne vous en sortirez pas, pauvre con ! »*. Et au moment de vous tourner vers ce dernier, le troisième pouvait renchérir en Alpoular, en Mandingue, en Diola ou en Sérère pour vous choquer davantage avec des mots blessants. A la longue, vous finissez par craquer et raconter n'importe quoi. La pression psychologique était si forte que certains clandestins déliraient surtout lorsqu'ils étaient en plus frappés, giflés de gauche à droite par les enquêteurs. Cheikh, un des voisins de cellule au cours de son interrogatoire avait déclaré qu'il était ivoirien. Il imitait si bien l'accent ivoirien qu'il était difficile de ne pas le croire. Mis sous pression en plus des mots qui blessaient et quelques gifles ici-et-là, le pauvre lorsqu'on lui avait demandé de savoir dans quelle ville il est né, avait lâché : Kolda ! Alors que Kolda est une ville du Sénégal et de surcroît une capitale régionale. On ne pouvait pas se permettre une telle monumentale erreur. Cheikh n'ignorait pourtant pas cela, lui qui a été jusqu'en deuxième année à la fac de droit à l'université de Dakar. Certains compatriotes se déclaraient guinéens alors qu'ils ne connaissaient même pas ce pays. Mais le pire dans cette situation, c'est que le gouvernement Bissau-guinéen ayant lui aussi signé l'accord d'expulsion de ses compatriotes, il arrivait ainsi, en cas d'expulsion, que ces pauvres virtuels Guinéens fussent directement reconduits à Bissau. Dans un pays où ils ne connaissaient personne. Et à eux maintenant de se débrouiller pour rentrer au Sénégal. Ce qui n'était pas sans conséquence pour ces individus. En effet, les autorités espagnoles prévoyaient 50 euros pour chaque migrant expulsé. Dans le cas précis du Sénégal, c'étaient les policiers sénégalais chargés de raccompagner leurs compatriotes qui récupéraient cet argent qu'ils se devaient de le leur remettre une fois au pays. Ces cinquante euros devaient pouvoir permettre à chaque migrant expulsé de pouvoir rentrer chez lui à partir de Saint-Louis. Mais le plus hallucinant, c'est qu'une fois à Saint-Louis, les pauvres aventuriers ne recevaient chacun que 10 000 francs CFA plus un sandwich. Du coup, beaucoup d'entre eux se retrouvaient bloqués quelque part, faute d'avoir de l'argent pour rentrer jusque chez eux. Imaginons quelqu'un qui habite vers Kidira à la frontière avec le Mali. Comment peut-il arriver chez lui avec seulement 10 000 FCFA ? Jacob, un jeune originaire de la même communauté rurale que moi a vécu une telle mésaventure. Refoulé sur Saint-Louis, le pauvre, avec les 10 000 francs qu'on lui a remis, ne pouvait pas rentrer jusqu'en Casamance. Arrivé à Dakar, il a appelé ses proches établis en France pour qu'on l'aidât avec un peu de sous. Pour son transport mais aussi pour un peu d'argent de poche puisqu'il n'avait plus rien laissé comme économie derrière lui. Comme tous les autres migrants, Jacob avait bradé toutes ses petites économies et autres biens pour pouvoir voyager par la mer. Le jour qu'il a reçu un mandat d'un de ses cousins germains qu'il avait sollicité en France, il apprit le même jour la mort de sa maman au village. A son arrivée chez lui le lendemain, les gens revenaient du cimetière. Pour l'inhumation de sa pauvre mère. Et voyons, cette pilule est amère à avaler car on se dit forcément être victime d'une injustice. Et c'est pourquoi, certains jeunes, même expulsés, décidaient de reprendre encore la mer quand les moyens le leur permettaient. Et cette obstination à partir vaille que vaille, quitte à mourir en mer, n'a plus la même motivation que le premier voyage. Du coup, l'émigration qui était à l'origine pour ces gens-là, un moyen d'aller à la recherche d'une autre possibilité de vie meilleure se transforme finalement en une sorte de défi face aux autorités. Qu'elles soient sénégalaises ou espagnoles. Pour ces pauvres migrants, leur avenir n'appartient à personne, ni au président du pays d'origine, ni à celui du pays d'accueil, lancent certains jeunes. Ecœurés. Leur seul refuge c'est Dieu. Leur seule consolation et leur force, c'est la croyance au destin. Avec cet état d'esprit, il est hélas difficile de dissuader ces jeunes déterminés à partir. Mourir ou entrer en Espagne leur est indifférent. Ils se prennent du coup pour des victimes. En vérité, comment un type, qui n'a rien d'autre que ces dix mille francs peut-il rentrer chez lui ? Où sont alors passés les cinquante euros destinés à chaque expulsé ? 50 euros, c'est un peu plus de 32 500 francs CFA ! Où rentre donc la monnaie de 22 500 francs CFA ? Que l'on ne nous dise surtout pas que le prix du sandwich ajouté aux dix mille francs fait 50 euros! Pourquoi donc ce mépris et surtout cette injustice à l'endroit de ces pauvres gens qui n'ont fait de tort à personne ?

Un compatriote, Y. Mané qui avait voyagé dans la même pirogue avec moi, me disait qu'il était à son second périple. Il avait eu la malchance d'être refoulé lors de sa première tentative. Monsieur Mané m'expliquait que lorsqu'on leur avait informé à la sortie du camp-même, qu'ils allaient être expulsés, il avait vite fait d'approcher un policier espagnol pour lui signaler le fait qu'à chaque expulsion, les policiers sénégalais à qui on remettait de l'argent destiné aux ayant-droit, ne donnaient jamais l'intégralité des cinquante euros. Tétanisé par cette information, ledit policier espagnol avait passé la mauvaise nouvelle à ses collègues et autres agents de la croix rouge espagnole. Tous stupéfaits. Rapidement, tous ces gens s'étaient concertés en aparté avant leur départ puis, quelques minutes plus tard, le même policier était retourné vers eux avec des enveloppes qu'il avait distribuées à chacun d'eux. Personne parmi eux ne savait combien il y avait dans son enveloppe. Après leur avoir distribué ces enveloppes, le généreux policier avait dit à Y. Mané : *« dis à tes camarades que chacun cache son enveloppe à l'intérieur de son slip car si les policiers sénégalais découvrent ce qu'il y a dans vos enveloppes, ils peuvent vous les arracher »*. Ce qu'ils avaient donc fait. A l'insu des policiers sénégalais chargés de les raccompagner. Après leur arrivée à l'aéroport de Saint-Louis, les pauvres jeunes gens avaient l'agréable surprise de découvrir dans leurs enveloppes des sommes d'argent qui variaient entre 250 000 et 350 000 en valeur CFA. Mané lui, avait eu la chance d'avoir ce gros pactole : 350 000 francs CFA et c'était donc cet argent qu'il avait à nouveau réinvesti pour financer son voyage qu'il avait effectué en même temps que nous. Heureusement pour lui, cette fois-ci, il a été comme la plupart d'entre nous dans le groupe, libéré.

Au camp, certains jeunes sénégalais passaient quasiment des nuits blanches à écrire et à faire des tags sur les murs de leurs cellules. La plupart de leurs tags consistaient à accuser le président Wade d'avoir vendu leur avenir. Certains allaient même plus loin en disant des grossièretés à l'endroit du président ou du gouvernement sénégalais. La plupart de ces jeunes étaient ceux déjà identifiés et en attente d'être expulsés. Sachant qu'ils n'avaient plus rien à gagner, ils s'en foutaient éperdument du reste et se permettaient à la limite n'importe quoi.

On vivait perpétuellement dans la peur et la psychose. Mais cette peur n'était plus la même peur vécue en mer ou dans le désert. C'est-à-dire, la peur de mourir. Cette autre peur était même plus terrifiante. C'était en effet cette peur de voir son rêve brisé. Dans les centres de détention, on était entouré du néant car personne n'avait la certitude sur ce qui pouvait lui arriver. Chacun se questionnait toujours en se disant *« qu'est-ce qui va m'arriver ? Avec tous les sacrifices consentis pour avoir pris cette mer et pour avoir bradé toutes mes économies, si on me refoulait, que deviendrais-je ? Comment reprendrais-je ma vie ? Comment ferais-je pour rattraper tout cela ? »*. Et puis là, on se trouvait forcément un refuge. Dieu. La solidarité et la spiritualité dont les gens faisaient preuve dans les camps tiraient donc leur source de cette angoisse qui habitait les esprits de tout le monde. Les gens se regroupaient en effet en fonction de leurs croyances religieuses. Les Chrétiens d'un côté et les Musulmans d'un autre. La seule occupation c'était la prière. Tout le monde devenait croyant dans les centres de détention. Tous les jours, dès 5 heures du matin, les Chrétiens commençaient leur prière. Comme s'ils étaient dans une cathédrale. Dès qu'ils finissaient, les Musulmans enchainaient à partir de 6h du matin. C'était ainsi tous les jours avant la sortie pour le petit déjeuner puis le soir après le dîner aussi. Pour les Musulmans en plus de ces deux horaires de grand rassemblement pour prier en communion, chacun faisait le reste des cinq autres prières recommandées par jour en Islam.

Chaque fin de semaine, il y avait des interrogatoires à l'issue desquels des listes étaient dressées. Puis le dimanche soir, un policier se présentait dans les cellules pour faire le rappel des numéros inscrits sur ces listes. Même si le passage du policier dans votre cellule vous trouvait en train de prier, vous deviez tout de suite interrompre votre prière. Car si jamais votre numéro était appelé et que vous ne répondiez pas, sous le prétexte que vous étiez en train de prier, hélas vous risquiez ce jour-là de passer une sale soirée. Une fois le rappel effectué, le policier annonçait ainsi aux concernés qu'ils devaient quitter définitivement le camp le lendemain. Mais pour quelle destination ? Mystère. Le plus souvent, on ne vous le disait jamais à l'avance. Le suspense était gardé jusqu'à la dernière minute avant (ou même après) votre départ à l'aéroport. On ne pouvait donc pas savoir la veille si on devait être refoulé ou libéré. Après votre départ du camp, un policier sans doute sympa avec vous, pouvait vous souffler à l'oreille comme quoi vos camarades qui venaient de quitter le camp étaient soit libérés, soit expulsés. Par ailleurs, il y avait souvent des signes qui ne trompaient pas. Il suffisait de savoir faire attention à certains signes pour savoir à l'avance si on devait être refoulé ou libéré. En effet, dès votre arrivée, lors de votre passage au commissariat avant de rejoindre un centre de détention, on y prenait vos empreintes et vous y étiez aussi photographiés. Ainsi, le jour que vous quittez définitivement le camp, deux signes précurseurs peuvent à l'avance vous donner une idée sur le sort qui vous est réservé. Pour les gens programmés à être expulsés, dès le départ, tôt le matin ou tard le soir avant de sortir même des cellules, les policiers vous reprennent vos brassards sur lesquels sont inscrits vos numéros. Vous ne recevez jamais aussi les photos qu'on vous avait prises à votre arrivée au commissariat. Avec donc ces deux signes, il est clair que vous allez être expulsés même si on ne vous a encore rien dit. Mais lorsque vous devez être libérés, c'est seulement dans le bus au départ du camp, qu'on vous demande gentiment de rendre tous vos brassards.

Dans le bus, on remet à chacun son dossier. Une fois dans l'avion, on remet également à chacun ses photos prises au commissariat. Ceci étant, même si on ne vous a pas encore annoncé la bonne nouvelle, vous pouvez déjà sourire. Toutefois, il n'est pas si simple de remarquer ces signes ci-haut décrits si au préalable on n'a jamais fait attention à la manière dont les gens quittent le camp.

Les départs se font toujours en début de semaine. Tôt le matin ou tard le soir, un bus vient vous chercher. Vous pouvez passer par le commissariat en charge de votre centre de détention comme on peut aussi directement vous conduire à l'aéroport. En général, pour ceux qui doivent être expulsés, on ne vous dit jamais très précisément où l'on vous conduit. Tout dépend de l'état psychologique du groupe devant être reconduit à la frontière. Pour d'autres, c'est à partir du commissariat qu'on leur fait part de la décision mais pour certains ce n'est que dans l'avion qu'ils sont informés. Et dans ce dernier cas, le plus souvent, on vous dit au départ que vous partez pour telle ville d'Espagne. Et ce n'est qu'une fois sur le ciel de votre pays (ou de celui que vous aviez déclaré au camp) que le commandant de bord vous annonce la triste nouvelle. A la sortie du camp, vous êtes toujours accompagnés d'un groupe de policiers espagnols. Mais quand il s'agit d'une expulsion, vous êtes avec des policiers sénégalais seulement mais le plus souvent déguisés en civil.

Hormis le processus d'identification au commissariat d'Arona à Tenerife, je n'avais pas eu d'autres entretiens au cours des quinze jours passés au camp militaire Las Raices. Toutefois, dès le deuxième jour après mon arrivée à Fuerteventura, un autre enquêteur, toujours de nationalité sénégalaise, était passé nous interroger.

Cette audition était similaire à celle faite au commissariat d'Arona. On nous avait juste demandé nos filiations pour vérifier s'il y avait concordance avec les premiers éléments de l'enquête à notre arrivée. Le vingt-huitième jour de ma détention, j'ai passé l'ultime interrogatoire. Dans la petite salle où j'ai été interrogé, il y avait quatre personnes. Contrairement à la première audience à Tenerife où l'on m'avait posé beaucoup de questions, cette fois-ci l'interrogatoire a été très simple. Les enquêteurs n'étaient même plus revenus sur des détails concernant mon pays. Peut-être que c'était parce que j'avais bien réussi la première audience. En tout cas, généralement, lorsque vous réussissez à fournir au moins trois bonnes réponses relatives à votre pays (du moins celui que vous avez déclaré être votre pays), il est fort probable que vous ayez la chance d'être libéré. Moi j'avais eu cette chance. J'avais également eu la chance de tomber sur des gens très posés qui ne m'avaient vraiment pas harcelé comme ce fut malheureusement le cas pour beaucoup d'autres camarades.

Certains interrogatoires débouchaient souvent sur des polémiques entre les enquêteurs et les migrants. Ces incidents étaient fréquents chez les ressortissants ghanéens et nigérians. Plusieurs fois, des migrants avaient boudé des entretiens et avaient même menacé physiquement les enquêteurs. Certains menaçaient de mort leurs compatriotes venus les identifier ; leur promettant l'enfer au pays si toutefois ils étaient expulsés. Finalement, au niveau du camp, pour éviter les incidents qui se répétaient et pour préserver la sécurité de ces enquêteurs, une autre méthode d'entretien avait été exclusivement mise en place pour ces ressortissants d'Afrique Centrale. Le migrant ne voyait plus jamais son enquêteur. Ce dernier se trouvait dans une salle voisine équipée d'une vidéo.

Le migrant disposait de son côté d'un micro lui permettant de pouvoir répondre directement aux questions qui lui étaient posées.

L'identification des migrants dans les centres de détention est une tâche assez délicate. Certains migrants, quel que soit le harcèlement qu'ils subissent, tiennent le coup et réussissent à cacher leur identité réelle. Mais là aussi, même si libérés, d'autres soucis peuvent se poser plus tard dans certaines situations surtout dans le cadre d'authenticité des documents administratifs. Dans mon groupe par exemple, nos enquêteurs avaient signalé aux autorités espagnoles en charge de nos dossiers que nous étions tous des Sénégalais mais que certains d'entre nous avaient tout simplement caché leur nationalité. Nous avions néanmoins tous eu la chance dans ce groupe, d'être libérés mais le problème était que, pour certains camarades, les policiers avaient noté qu'ils étaient des Sénégalais alors qu'en réalité ils ne l'étaient pas. La police s'était donc tout simplement fiée aux déclarations des enquêteurs. Certains étaient réellement des Guinéens et d'autres des Gambiens mais sur papiers délivrés à la sortie du camp, ils étaient tous considérés comme étant des Sénégalais. Ce qui va se passer dans ce cas, c'est qu'au moment de faire des démarches administratives, ces gens-là pourront se confronter à d'autres difficultés, faute d'authenticité de leurs documents. Même si cela ne peut pas causer de gros ennuis mais seulement, ces documents qui avaient été délivrés au camp et qui pouvaient servir de preuves d'entrée sur le territoire espagnol, ne vont malheureusement plus servir à grand-chose.

Dimanche 15 octobre 2006. Un policier s'était présenté dans notre cellule avec une liste dans ses mains. Parmi les numéros appelés, il y avait le numéro 66. C'était le mien. J'avais tout de suite répondu mais en même temps, je ne pouvais plus tenir sur mes jambes. Paniqué. Le policier nous lança : *tous les numéros appelés devront quitter le camp demain lundi.* Mais pour quelle destination ? Personne ne le savait encore. Nous avions quitté le centre de détention à 5 heures du matin. Six policiers étaient venus nous chercher dans les cellules. Un car nous attendait à l'entrée du camp. C'était une fourgonnette Mercedes 207. Le véhicule n'avait ni vitres, ni fenêtres. Elle n'avait que la seule porte de l'arrière. Nous étions surchargés comme de la marchandise. Les policiers espagnols avaient sans doute choisi ce véhicule pour juste empêcher les journalistes de filmer la scène ou de prendre des photos car ce jour-là, il y avait en réalité plein de reporters qui attendaient devant le camp. Comme si cette journée avait quelque chose de particulier par rapport aux autres jours. De toute façon, nous ne comprenions rien. A la sortie de ma cellule pour rejoindre le véhicule, je marchais comme un prisonnier aux pieds enchaînés car j'avais une grosse boule au ventre. Une fois montés dans le car, un policier nous annonça que nous partions sur Malaga. *« Votre groupe est envoyé à Barcelone. Mais puisque nous n'avons pas un vol prévu pour Barcelone, nous vous conduisons à Malaga et de là-bas, vous prendrez un autre vol pour Barcelone »,* nous avait-il précisé. Mais jusque là, personne ne croyait à cette version. Pour nous, c'était juste une façon de nous tromper. Le mot Malaga faisait en fait peur. Le plus souvent, même quand vous deviez être expulsés, on vous disait que vous partiez à Malaga, puis vous vous retrouviez à Saint-Louis ou à Bissau. Beaucoup de nos camarades du camp avaient connu la même mauvaise surprise. Parmi mes camarades du périple depuis Diogué, nous étions ce jour là au nombre de vingt neuf personnes à quitter le camp. D'autres étaient déjà partis. Expulsés. Tandis que certains avaient déjà été libérés et d'autres étaient encore restés dans les camps Las Raices et

Fuerteventura. C'était la dispersion totale et personne n'avait plus les nouvelles de personne. La libération était aussi une question de chance. Vous pouvez arriver le même jour avec des camarades au camp et être libéré ou refoulé avant eux. En principe, il fallait 40 jours avant de quitter le camp mais certains faisaient même moins de 30 jours. Tout dépendait aussi du camp dans lequel vous étiez détenus. Les règlements étaient plus flexibles dans certains camps que dans d'autres. A Fuerteventura par exemple, on ne nous permettait même pas de sortir en dehors des heures de repas alors que dans certains sites, il y avait plus de liberté et de respect des droits fondamentaux des migrants. On permettait même aux migrants dans certains camp, de sortir de leurs cellules pendant deux heures de temps voire plus. Certains pratiquaient même un peu de sport à l'intérieur du camp. D'autres qui avaient des possibilités, pouvaient même avoir des téléphones portables pour pouvoir rester en contact avec leurs proches. Toutes ces faveurs, nous ne les avions pas à Fuerteventura. Ce site était le plus mal loti. Dans ma tête, j'avais l'impression d'être à Guantanamo. Je commençais donc à découvrir le côté pervers de cette Europe dite Terre des droits de l'Homme. La chose qui me faisait le plus mal c'était lorsque je voyais des policières tabasser des hommes. Voir un homme hurler sous les coups de bâton d'une femme comme une mère qui frappe son enfant, c'était à Fuerteventura que j'avais vu ces scènes obscènes. Je ne pouvais jamais l'imaginer. En Afrique et au Sénégal en particulier, même si une femme est physiquement plus forte que son mari, jamais elle ne peut se permettre de lever la main sur son conjoint. Dans certaines traditions, c'est même une malédiction pour une femme qui ose le faire. Alors qu'à Fuerteventura, c'étaient le plus souvent des policières qui nous frappaient. Heureusement que je n'avais pas vécu cette situation. J'allais peut-être mourir d'une crise cardiaque.

Sortis du camp de Fuerteventura à 5 h du matin, nous avions été acheminés directement au commissariat de police de La Playa de las Americas pour les derniers détails avant le départ définitif. Mais jusque là, personne ne croyait encore que nous étions réellement libérés. Nous étions sortis du commissariat un peu avant 10h pour rejoindre l'aéroport. Un vol était exclusivement programmé pour nous. Un vol d'immigrés clandestins. Nous étions partis de Fuerteventura à 11h40 pour arriver à Las Palmas à 12h20. Nous y étions restés jusqu'à 19h45 avant de prendre un autre vol pour l'aéroport international Pablo Ruiz Picasso de Malaga. A partir de là, les policiers qui nous avaient accompagnés, avaient demandé à chacun de nous, les coordonnées de contact des proches ou amis susceptibles de nous accueillir. Certains contacts avaient donc été pris avant le décollage de notre avion à Malaga. L'heure d'arrivée à l'aéroport El Prat de Barcelone étant prévue pour 00h40, un hôtel était prévu où nous devions passer la nuit. Mais il nous fallait quitter les lieux à 7 heures du matin. Tous ceux qui devaient passer récupérer leurs proches avaient été contactés par les policiers. L'adresse de l'hôtel où nous devions passer la nuit leur a été donnée. Ceux qui n'avaient personne pour les accueillir étaient ainsi appelés à se débrouiller seuls une fois à Barcelone. Je faisais partie de ces gens-là. Prêts à affronter une nouvelle situation sans doute de SDF. Toutefois, même si on s'attendait à cette autre vie qui ne devait sans doute pas être facile pour nous dans cette Europe où il n'y a pas de cadeau, on se disait néanmoins que quoique nous puissions vivre, cela ne pouvait être que le moindre mal par rapport au calvaire vécu en mer et au camp. Notre objectif était de toute façon atteint. Barça. Et non plus *Balsaak*. Notre rêve s'était enfin réalisé.

BOLETIN DE INFORMACIÓN DE DERECHOS Y OBLIGACIONES
BULLETIN D'INFORMATION DES DROITES ET LES ENGAGEMENTS

Vous présentez à un centre d'internamiento de l'employé aucun penitenciari d'Étrangers de caractère de la direction principale du police vos sérums que l'entrée a communiqué la personne qui vous désigne en Espagne à votre avocat et le consul de vos pais.

Vous êtes à la disposition de l'indice I de la cour D'instruction _______ de Puerto del Rosario (Las Palmas) cela que j'autorise votre entrée par une période de 40 jours.

Votre permanence à ce centre de sérums par le très peu essentiel de temps tandis que votre expulsion est traitée.

Pendant votre permanence a ce centre vous avez a :

- Droit à informer dans votre asi de situation comme des dispositions administratives et les résolutions juridiques qui affectent ou peuvent affecter à vous.
- Pour faire demande et pour déposer plainte- à la défense votre droite avant que organisme et établissement que vous considérer opportun.
- Pour être occuper par nommer avocat- si avant que flamme avocat pour être.
- Occuper leur moment près dedans non interpréter si vous non parler ou vous no comprenez castillan.
- Pour recevoir docteur assistance et pour être prendre en compte par service social assistance.
- Pour recevoir visite parent et ami avec programme qui être indiquer et votre avocat n'importe quel temps besoin
- Pour faire appel l téléphoner installez téléphone public dans centre pour cela et établir programme.
- Inviter l'entrevue personnelle avec le directeur du centre pour déposer des plaintes sur l'opération du centre pouvant faire cela en écrivant.
- Pour pratiquer votre croyance et activité religieuse librement.

D'envoyer et recevoir le courrier également

Pendant votre permanence dans les vous avez centraux pour accomplir les normes qui ont le centre et les formations générales a distribué par la direction et les individus qui donnent les employé civil dans l'exercice de leurs fonctions pour maintenir l'ordre et la sécurité et dans spécial ceci :

- Pour maintenir une attitude correcte et de respect aux police internes utilisés et aux d'autres du centre n'insultant pas ne pas menacer tels.
- Pour respecter les programmes établis et pour maintenir l'ordre et la sécurité dans le centre.
- Pour ne pas favoriser ou ne pas participer aux gressions vous combat désordre et d'autres actes qui changent la coexistence pour conserver dans le bon état les équipements matériels se déplaçant et les effets de l'asi central comme respecter les marchandises les internes et des employés civils.
- Pour accomplir de la manière spéciale les normes et les instructions sur la propreté et le nettoyage et l'hygiène personnels du centre d'aller également au medico à l'entrée et à la sortie du centre quand le directeur du centre l'a par santé collective de problèmes.

Annexe 1 : brochure d'informations distribuée aux clandestins dès l'arrivée au camp.

EXPTE. NUM. XXXX

CERTIFICADO ACREDITATIVO DE PERMANENCIA

Don José Luis Pula Torrejón, Director del Centro de Internamiento de Extranjeros de "El Matorral" (Fuerteventura).

CERTIFICO:

Que DON/DOÑA, XXXXXXXXX ,de nacionalidad XXXXXX ha permanecido ingresado en este Centro desde el día XXXXXXXX hasta el día XXXXXXXX a disposición del Juzgado de Instrucción número SIETE DE ARONA.

Y para que conste, según lo dispuesto en el artículo 38 de la Orden Ministerial de 22 de febrero de 1.999, expido el presente en Puerto del Rosario a XXXXXXXXXXXXXXXXXXXXXX

Annexe 2 : Certificat accréditif de permanence - document remis aux clandestins au moment de leur libération (sortie du camp).

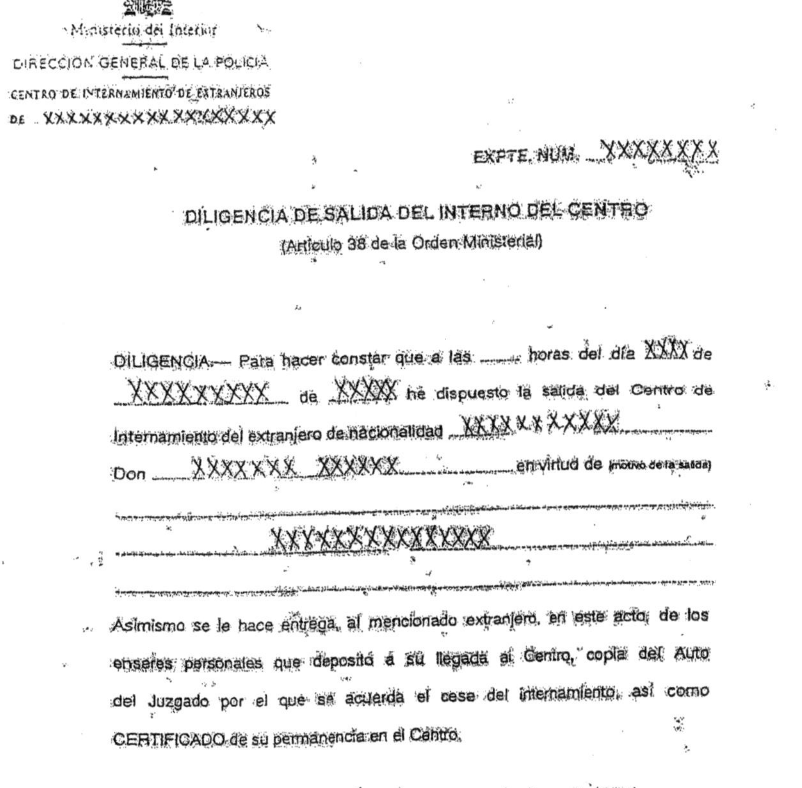

Ministerio del Interior

DIRECCIÓN GENERAL DE LA POLICÍA

CENTRO DE INTERNAMIENTO DE EXTRANJEROS

DE XXXXXXXXXXXXXXXXXX

EXPTE. NUM. XXXXXXXX

DILIGENCIA DE SALIDA DEL INTERNO DEL CENTRO

(Artículo 38 de la Orden Ministerial)

DILIGENCIA.— Para hacer constar que a las ...... horas del día XXXX de XXXXXXXXXX de XXXXX he dispuesto la salida del Centro de Internamiento del extranjero de nacionalidad XXXXXXXXXXX Don XXXXXXX XXXXXX en virtud de (motivo de la salida)

XXXXXXXXXXXXXXXX

Asimismo se le hace entrega, al mencionado extranjero, en este acto, de los enseres personales que depositó a su llegada al Centro, copia del Auto del Juzgado por el que se acuerda el cese del internamiento, así como CERTIFICADO de su permanencia en el Centro.

Firma el recibí en la presente diligencia en prueba de conformidad.

EL DIRECTOR, P.A.

RECIBI, (El interno).

Annexe 3 : diligence de sortie de l'internat du centre

DELEGACIÓN
DEL GOBIERNO
EN CANARIAS

SUBDELEGACIÓN DEL GOBIERNO
EN SANTA CRUZ DE TENERIFE

OFICINA DE EXTRANJEROS

O F I C I O

S/REF. XXXXXXX
N/REF. XXXXXXX
FECHA XXXXXXX
ASUNTO Resolución de devolución

Nº XXXX

Visto el expediente de devolución instruido en la Comisaría Provincial del Cuerpo Nacional de Policía de Santa Cruz de Tenerife, B.P.E.D., al ciudadano de XXXXXXXXXXXXXXXX XXXXXXX y teniendo en cuenta los siguientes:

HECHOS

PRIMERO; **Interceptada a las XXXX horas del día XXXXXXXX 12 millas del Sur de la Gomera por la patrullera de la Guardia Civil y Salvamento marítimo, embarcación del tipo Cayuco con 81 inmigrantes subsaharianos a bordo y el arriba filiado. Posteriormente son trasladados al muelle de los Cristianos en el municipio de Arona, donde llegan a las XXXX horas del día XXXXXX haciéndose cargo miembros del Cuerpo Nacional de Policía.**
SEGUNDO; Que el reseñado fue detenido en fecha XXXXXX, por infracción L.O. 4/2000 art. 58.2.b. Asimismo el referido se encuentra indocumentado, careciendo de las autorizaciones que la Ley establece. Que de los hechos referidos se establece la entrada ilegal del mismo en el territorio Nacional por carecer de la documentación requerida al efecto.

FUNDAMENTOS DE DERECHO

Primero.- El artículo 58.2.b) de la Ley Orgánica 4/2000, de 11 de enero, sobre derechos y libertades de los extranjeros en España y su integración social (BOE núm. 10, de 12 de enero), reformada por Ley Orgánica 8/2000, de 22 de diciembre (BOE núm. 307, de 23 de diciembre), por la L.O. 11/2003, de 29 de septiembre y la L.O. 14/2003 dispone que no será preciso expediente de expulsión para la devolución de los extranjeros en los siguientes supuestos: **"los que pretendan entrar ilegalmente en el país"; considerándose incluidos, a estos efectos, a los extranjeros que sean interceptados en la frontera o en sus inmediaciones.**

Segundo.- Esta Subdelegación del Gobierno es competente para la resolución de los expedientes de devolución, en virtud de lo establecido en el artículo 58.4 de la citada Ley Orgánica 4/2000, reformada por Ley Orgánica 8/2000, por la L.O. 11/2003 y la L.O. 14/2003 en relación con el artículo 55.2 del mismo texto legal.

RESUELVO: Acordar la devolución a su país de origen al ciudadano de XXXXXXXXXXXXXXX XXXXXXXXX XXXXXXXXX

La devolución acordada conllevará **prohibición de entrada en España durante TRES años.**

Notifíquese la presente resolución al extranjero afectado, con la advertencia de que contra la misma, que no pone fin a la vía administrativa, cabe interponer recurso de alzada ante el Excmo. Sr. Delegado del Gobierno en Canarias en el plazo de un mes contado desde el día siguiente al de su notificación.

Comuníquese a la Comisaría Provincial de Policía, para que disponga la notificación al interesado y efectos.

EL SUBDELEGADO DEL GOBIERNO:

Notificado;

Fdo. Carlos González Segura

Annexe 4 : document remis aux clandestins au moment de la libération et faisant l'objet d'un état des lieux.

Chapitre 5. L'espoir déçu

7 octobre 2006. Plus d'une centaine de nos camarades du camp étaient rapatriés à Saint-Louis. Parmi eux, certains compagnons de fortune avec qui nous avions effectué le voyage ensemble. C'était la première fois qu'une expulsion a été faite dans ce camp depuis que j'y suis entré. Fuerteventura. Je venais exactement de faire quinze jours.

Pour le premier groupe qui était expulsé, au départ du camp, on leur avait dit qu'ils allaient être libérés et qu'on les amenait à Malaga. Après quelques heures de vol, ils s'étaient retrouvés sur le ciel du Sénégal. Direction aéroport de Saint-Louis. Le groupe auquel j'appartenais devait être programmé pour la semaine qui suivait. Je devais compléter les 40 jours maximum autorisés dans le camp. Mais quand nous apprîmes, le lendemain du départ du premier groupe, que ces camarades-là avaient plutôt été retournés au Sénégal contrairement à ce qu'on leur avait dit au départ du camp, tout le monde avait peur. Chacun se disait *« ça y est, c'est foutu pour nous aussi »*. L'ambiance qui régnait au camp au départ de nos camarades qu'on croyait libérés, s'était vite transformée en tristesse. Chacun se mettait dans son petit coin. A méditer sur son sort. Seule la prière nous rassemblait.

En outre, quand vous n'avez personne pour vous accueillir, vous risquez une expulsion dans la mesure où les autorités se disent quelquefois qu'elles ne peuvent pas prendre la responsabilité de libérer quelqu'un alors qu'il n'a pas où aller. Mais notre groupe avait sans doute été l'un des plus chanceux car beaucoup de camarades dont moi-même, n'avions personne pour nous accueillir. On ne connaissait même pas quelqu'un en Espagne. La seule personne que je connaissais c'était ce jeune de mon village qui y vit déjà depuis quelques années. Mais je n'avais

jamais de contact avec lui. Je n'avais pas son adresse. Hélas.
Arrivés à l'aéroport El Prat, à la descente de l'avion, les autorités catalanes avaient au départ refusé que nous sortions de l'aéroport. Prétextant qu'avant qu'il ne soit décidé d'amener des clandestins dans la province catalane, les autorités locales devaient avant tout, être informées pour qu'une solution fût préalablement trouvée. Nous avons ainsi été maintenus près de deux heures dans une cellule de l'aéroport, le temps qu'une issue fût trouvée entre les autorités de Barcelone et le pouvoir central de Madrid. Puis au milieu de la nuit, un groupe d'environ 6 policiers vint nous chercher dans la cellule où nous étions entassés. On nous sortit de l'aéroport pour nous loger dans un petit hôtel le temps de fermer l'œil d'autant plus qu'il fallait débarrasser les lieux à 7 heures du matin. La plupart des camarades étaient sans destination. Comme moi. Chacun avait juste reçu 3 euros à la sortie de l'hôtel. Sans doute pour pouvoir prendre un métro. Le métro, c'était la première fois que je le voyais. Je n'en avais jamais même entendu parler. Métro ou train, je ne savais jamais faire la différence. A la sortie de l'aéroport, hormis quelques uns de nos camarades qui avaient des proches, amis ou connaissances qui étaient venus les chercher, tout le reste devait se débrouiller.

Deux semaines et demie, c'était exactement le temps que j'avais passé à Barcelone. Sans domicile. Je venais de découvrir les SDF dont j'entendais parler depuis mon pays. En même temps, je l'étais devenu aussi. La *Staciòn Norte* de Barcelone était mon dortoir. Comme beaucoup de mes camarades. Nous attendions jusque tard dans la nuit, au moment où il n'y avait plus de trafic, pour aller nous coucher là-bas. A même le sol. Juste le temps de somnoler un peu. A cinq heures du matin, il fallait déjà se relever, car le trafic devait recommencer. Nous étions des indésirables pas seulement auprès des autochtones mais même auprès de nos compatriotes sénégalais et africains. Eux aussi nous fuyaient. Un jour, mes camarades et moi, durant nos habituelles errances dans Barcelone, nous rencontrâmes trois Sénégalais. A une dizaine de mètres d'eux, nous les avions entendus parler Wolof. Mais dès que nous les avions interceptés, ils avaient changé de langue. Si deux des trois personnes s'étaient tues, la troisième personne, elle, essayait de nous parler en Anglais. Histoire de dissimuler leur nationalité car ils ne voulaient pas que nous sachions qu'ils étaient des Sénégalais. Mais on le savait. De toute évidence. Mais eux, ne savaient sans doute pas qu'on les avait entendus converser en Wolof. Notre seul interlocuteur tentait de nous faire croire qu'ils étaient des Ghanéens. Ayant compris leur jeu, cela nous avait vite énervés et on avait préféré les ignorer et continuer notre petit chemin. En effet, les immigrés sénégalais qui vivent régulièrement en Espagne, débordés à un moment donné par les clandestins qui débarquaient toutes les semaines, n'en pouvaient plus. Un cousin, un proche, ou simplement un ami, peut vous appeler pour vous demander de l'héberger. Vous l'acceptez. Or, en venant, certains sont accompagnés d'autres camarades du camp et vous ne pouvez pas garder votre cousin ou ami et les renvoyer alors qu'ils n'ont pas où aller. Vous vous retrouvez banalement dans une situation où vous avez plus d'une dizaine de bouches à nourrir. Tout seul. Hospitalité africaine ou sénégalaise en particulier, oblige ! Quiconque est malade, reste sous votre charge. Jusqu'au moment où, tous ces individus auront chacun, petit à petit, les moyens de se débrouiller seuls. Ce qui n'est pas évident. Dans cette situation, il paraît que certains appartements d'immigrés sont si surpeuplés que certaines personnes dorment dans les couloirs et dans les cuisines. On ne parlera même pas du salon. L'idéal est déjà juste de pouvoir trouver une petite place où pouvoir étaler son petit matelas qu'on a sans doute ramassé dans la rue. Et là, bonjour l'insalubrité. Mais aussi l'insécurité.

C'était le mois de novembre et on commençait déjà à découvrir peu à peu le froid glacial de l'Europe. Heureusement que nous avions trouvé un local qui n'était jamais fermé à clef à la *stación Norte*. C'était là où nous nous reposions. Après une journée d'errance sans objet. Dans l'espoir de rencontrer quelqu'un qui puisse avoir la générosité de nous offrir des jetons pour payer de quoi mettre sous la dent pour tromper la faim. Nous étions dispersés en de petits groupes. Depuis notre sortie de l'aéroport, personne ne connaissait plus personne. On se regroupait en fonction des familiarités tissées au camp ou lors du voyage en mer. Nous étions un groupe de cinq personnes qui nous promenions toujours ensemble. Parmi nous, Justin, un ancien étudiant à l'université de Dakar. Justin avait fait deux années de fac en LEA. Il parlait donc bien Espagnol. N'ayant pas eu la chance de passer en année de licence, Justin a fini par arrêter ses études. Comme la plupart des étudiants cartouchards. Et pour tous ces pauvres citoyens, tous les jours se ressemblent. Du coup, la belle vie n'est décidément pas chez eux mais ailleurs.

Nous avions donc eu de la chance dans notre groupe. Le fait que Justin s'exprimait bien en Espagnol était une chance pour nous. Avec Justin, nous arrivions à nous débrouiller chaque jour. Ne serait-ce que pour trouver de quoi manger. Mieux que les autres camarades. On attirait souvent la sympathie de certains Espagnols qui étaient agréablement surpris d'entendre Julien s'exprimer si aisément dans leur langue. Un clandestin qui venait de débarquer et qui parlait couramment Espagnol, cela pouvait plaire à certains autochtones. Et c'était donc la chance qu'on avait dans le groupe. Il y avait aussi Falilou. Contrairement à Justin et aux deux autres copains du groupe que je n'ai connus qu'à partir du camp de la croix rouge, Falilou lui, était un compagnon de fortune depuis le Sénégal. Nous avions fait connaissance depuis les îles Diogué, au moment du départ. Nous étions en plus assis côte à côte dans la barque. C'était à partir de là que nous avions sympathisé. Nous étions très vite devenus des amis. Falilou avait son frère à Torino en Italie. Depuis le voyage en mer, il me disait que son intention n'était pas de rester en Espagne mais d'aller rejoindre son frère en Italie. Dans la souffrance qu'on endurait tous les jours à Barcelone, un jour nous avions eu la chance de tomber sur un groupe de jeunes sénégalais à la *stación Norte.* Ils partaient à Zaragoza. Quand nous les avions entendus parler Wolof - notre langue nationale, nous nous sommes approchés d'eux. Bien qu'ils fussent déjà sur le point de prendre le bus, nous avions quand même pu échanger quelques mots. Puis ils nous ont laissé trente euros. Quelle aubaine. Contrairement aux premiers qui nous avaient fuis, ceux-ci étaient sympa avec nous ! Cet argent, nous nous le sommes partagés à raison de six euros chacun. Falilou avait tout de suite eu la présence d'esprit de payer une carte téléphonique. Depuis que nous étions arrivés à Barcelone, une semaine déjà, Falilou n'avait pas encore joint son frère Mbaye établi en Italie depuis de longues années.

Le soir, nous sommes entrés dans un *locutorio* (télécentre) situé à côté de la *stación Norte.* Falilou paya une carte et nous fumes dans une cabine publique pour appeler son frère. Par coup de chance, il a pu avoir Mbaye au bout du fil. Puisque Falilou avait utilisé son argent pour payer une carte, je lui ai proposé qu'on se partageât le mien. Chacun avait donc trois euros. Après sa conversation avec son frère Mbaye, Falilou lui a communiqué le numéro de téléphone de la cabine publique où en cas de nécessité, il pouvait nous joindre. A une heure précise. 21 heures, c'était l'heure pendant laquelle Mbaye pouvait appeler, le temps d'être rentré de son boulot. Et alors, depuis ce jour, à 21 heures précises, on allait rester près de la cabine. Dans l'attente d'un probable coup de fil. Deux jours après le premier contact téléphonique, Mbaye rappela. Après leur seconde conversation, il fut convenu entre les deux frères que Falilou tentât de partir en Italie. Il fallait donc dans les 72 heures qui suivaient, se renseigner sur l'itinéraire Espagne/Italie. Falilou avait fait comprendre à son frère qu'il avait un ami avec qui il partageait tout depuis le périple en mer jusqu'à Barcelone. Moi. Il ne pouvait donc pas partir et me laisser dans la galère. Il avait réussi à convaincre son frère qui accepta de nous envoyer le billet tous les deux même si pour ma part, je devais lui rembourser une fois que j'aurais les moyens. Quatre cent euros par western union, nous avait-il promis. Nous étions déjà en fin de semaine. Il faudra encore être à la cabine publique à 21 heures pour répondre à l'appel. Lundi soir Mbaye appela. Nous percevions le mandat le lendemain. Une grande chance pour nous car rien n'était évident pour pouvoir percevoir ce mandat à la poste d'autant plus que nous n'avions ni passeport, ni pièce d'identité authentique. Les seuls documents d'identification que nous avions en notre possession étaient les papiers qu'on nous avait délivrés à la sortie du camp. Heureusement que nos photos y étaient apposées. Mais nous savions que l'agent qui nous avait reçus à la poste avait simplement agi par compassion ou par pitié à notre endroit. Il savait que nous étions dans le besoin et donc il n'avait pas voulu être exigeant envers nous.

Il ne restait donc qu'à se préparer pour le voyage sur l'Italie. Un voyage à risque dans la mesure où nous étions des clandestins. Nous en étions conscients.

Notre petit groupe était donc sur le point de se disloquer. Justin devait quitter la même semaine pour Almeria où vit un de ses anciens potes de lycée. Ils étaient déjà entrés en contact et ce dernier avait accepté de l'accueillir. Il ne restait plus que les deux autres camarades du groupe, Khadim et Antoine. Eux n'étaient pas encore très décidés. Mais ils comptaient, au cas où on serait parti, se rendre à Zaragoza. Apparemment, les clandestins étaient bien accueillis là-bas. Les autorités locales avaient aménagé des espaces où pouvaient dormir des jeunes fraîchement sortis des camps de la croix rouge. Le temps de leur trouver des solutions ou le temps que chacun puisse trouver un tuteur au sein de la communauté sénégalaise de Zaragoza. N'ayant pas un autre choix, tel était donc le recours de nos deux autres camarades. Se rabattre sur Zaragoza.

Les associations de Sénégalais de Cataluña avaient aussi soumis un projet au gouvernement local catalan pour l'acquisition de locaux – des sortes de centres – pouvant accueillir des compatriotes clandestins qui débarquaient régulièrement en Espagne. Ce qui permettrait à ces jeunes désorientés de pouvoir trouver un abri, le temps de se caser ailleurs plus tard ; et en même temps cela permettrait d'alléger la charge des compatriotes déjà dépassés par le surnombre d'étrangers dont ils n'étaient plus capables de prendre la charge. Mais le gouvernement local barcelonais, après étude de la proposition, n'avait pas accepté de leur accorder une suite favorable dans la mesure où, selon lui, cela ne permettrait pas une réelle insertion des nouveaux migrants dans la société espagnole.

Nous avions essayé de nous renseigner au sujet des bus qui partaient en Italie. On nous avait dit qu'il y avait souvent des risques pour les clandestins. Mais nous rassurait-on aussi, les weekends, il n'y avait pas assez de contrôle. Autant donc voyager le weekend. C'était le moindre risque à prendre dans ce voyage. Nous avions ainsi décidé de partir le samedi. Un samedi du 18 novembre 2006. Comme le fameux 14 août 2006 où je venais de prendre la pirogue pour Barça ou "*Balsaak*", ce voyage était aussi un voyage à risque. Sauf qu'il n'y avait plus le risque de se noyer en mer.

Il n'y avait plus le risque de se faire dévorer par les gros poissons. Mais il y avait tout de même un grand risque : celui de voir son espoir déçu si toutefois nous tombions sur un contrôle de police des frontières.
Nous quittâmes Barcelone le soir du 14 octobre. Direction Italie. Mais il fallait passer impérativement par la France. Trait d'union entre les deux pays. Ce que nous ne savions pas. En pleine nuit, nous voilà à la frontière entre la France et l'Espagne. Mais cette fois-ci, ce weekend-là n'était pas un de ces rares weekends cléments à l'endroit des clandestins. La police française était bel et bien là. Après identification des passagers, on nous fit descendre du bus. C'était la terreur. On se disait *« ça y est, c'est foutu. Nous serons expulsés ».* A défaut d'être renvoyés en Espagne comme on pouvait l'espérer un tant soit peu. Les flics nous avaient conduits dans une cellule, Falilou et moi, où nous devions attendre le sort qui devait nous être réservé. Il y avait aussi trois autres clandestins dont deux Africains et un Arabe. Tous partaient, comme nous, en Italie. On nous enferma dans une cellule de je ne sais combien de mètres carrés. Nous étions tous les cinq entassés dans cette petite cellule. On ne pouvait même pas s'asseoir correctement. La psychose de la pirogue en mer me revenait en tête. J'étais traumatisé. Falilou lui, versait des larmes de crocodile. Mais cette fois-ci, j'avais cessé de pleurer, bien que moralement abattu. A quoi bon pleurer continuellement? J'avais déjà l'impression d'être aguerri depuis le périple en mer et les deux autres semaines de calvaire vécu dans Barcelone. Je m'en étais remis à Dieu et j'exhortais mes camarades d'en faire autant. Rien de plus. Car j'étais convaincu que ça ne devait pas être par pitié que les flics français allaient nous libérer. Soit on repartait reprendre la galère à Barcelone soit c'était le Sénégal. Des deux choses, l'une.
Entre-temps, les flics français d'Interpol étaient rentrés en contact avec leurs homologues espagnols pour décider du

sort à nous réserver. Les policiers espagnols, apparemment avaient décidé que nous soyons refoulés. Ils avaient de toute façon, assez de ces milliers d'immigrés qui débarquaient depuis cet été dans leur pays. Ils ne devaient donc pas rater la belle occasion de refouler certains qui se trouvaient dans une situation comme la nôtre.
La police française n'avait toutefois pas le droit de nous refouler directement. Tout ce qu'elle pouvait faire, c'était de nous livrer aux autorités espagnoles qui devaient se charger de régler notre cas. Et nous voilà donc sur le point d'être reconduits au Sénégal.
Après deux jours de détention à la frontière, nous avions été très tôt embarqués le matin de la troisième journée, par des flics espagnols venus nous chercher. Direction Madrid où nous devions sans doute prendre le vol pour le Sénégal. Dans la fourgonnette des flics espagnols, nous étions menottés comme des voleurs. Peut-être plus, comme des délinquants ou des gens qui ont commis un crime odieux. Oui j'allais même oublier que c'est presqu'un crime crapuleux que de fouler le sol des Européens sans papiers. "C'est inacceptable" selon les termes du nouveau président français Nicolas Sarkozy. Eux qui viennent pourtant chez nous sans visa. Comme si les hommes sur terre ne sont pas égaux !
Nous avions retrouvé à l'aéroport de Barajas de Madrid, plusieurs dizaines d'autres malheureux clandestins, entassés dans une grande salle réservée pour les clandestins en situation d'être expulsés. Nous avons encore passé trois nuits. En attente d'un vol disponible. Puis un après-midi du 19 novembre, on vint nous chercher dans la salle. Falilou et moi étions sur la liste de ceux qui devaient partir ce jour-là. Le refoulement était devenu inévitable pour nous. Nous ne connaissions personne. Pas même un avocat pour solliciter ses services au cours de notre détention, pour introduire un recours. De toute

façon, on ne savait pas tout cela. Et même si on le savait, aurions-nous les moyens de le faire ?
On nous avait menottés à la sortie de la salle sans doute pour éviter une éventuelle résistance de notre part. Mais nous avions dû garder notre sang froid. Sans riposte. Sans broncher un seul mot, nous embarquâmes dans le vol Iberia.
Nous étions arrivés à Dakar un peu avant minuit. Le vol a connu un petit retard. De toute façon ce n'était plus un vol normal car il y avait en effet cette fois-ci des clandestins à bord. Dans l'avion, certains ne s'étaient même pas rendu compte de notre situation. Mais les passagers qui étaient à nos côtés avaient bien compris que nous étions des refoulés puisque nous avions des menottes. Mais pour ne pas attirer l'attention des passagers, nous avions essayé de camoufler notre situation. En ne ripostant pas. Et en ne jouant pas le malheureux dans l'avion. Juste pour éviter des regards humiliants. Mais dans tous les cas, nous étions arrivés à Dakar, humiliés. On ne pouvait pas passer inaperçus puisque les flics espagnols qui nous avaient raccompagnés devaient nous livrer à la police sénégalaise de l'aéroport de Dakar. Ces flics espagnols étaient au nombre de deux. Ce qui nous a sauvés, c'était qu'ils étaient en civil et du coup beaucoup de passagers ne pouvaient pas se rendre compte de ce qui se passait au juste.
A Dakar, je ne connaissais personne. Je ne connaissais même pas cette ville. J'entendais seulement parler de cette capitale de mon pays. Falilou m'avait ainsi amené chez son oncle dans un quartier nommé Khar-Yallah. Un joli nom. Comme si notre passage dans ce quartier nous aurait permis de nous consoler un petit peu. Car *Khar-Yallah* en Wolof, signifie littéralement en Français « Se remettre à Dieu » ou « attendre le Seigneur ». Ce nom en dit long car le quartier qui fait partie des pauvres banlieues de la capitale est essentiellement peuplé par des

socioprofessionnels à l'image des petits commerçants banabanas, des ouvriers et de petits fonctionnaires aux revenus très faibles. Comme la plupart des banlieues, le taux de chômage des jeunes y est aussi très élevé. Les policiers espagnols nous avaient donné à nous deux chacun cinquante euros. De quoi pouvoir rentrer jusqu'où on venait. Ils étaient cléments ! Les cinquante euros m'ont permis de rentrer au village.

J'ai passé la nuit du 19 au 20 novembre à Dakar puis le lendemain matin du 20, Falilou m'a accompagné à la gare routière de Dakar. Les Pompiers, la plus grande gare routière de la capitale, située à la sortie du centre-ville et adjacente à l'autoroute. Gare officielle de la capitale, elle offre ainsi un grand nombre de destinations nationales et internationales (Guinée-Bissau, Mali, Guinée Conakry et Gambie).

Je pris un véhicule pour Ziguinchor mais je devais descendre à Carrefour Diaroumé, là où je pouvais avoir un car pour Sédhiou. Je ne voulais pas arriver à Ziguinchor. Pas même chez la famille de ma tante qui m'avait hébergé et s'était occupée des préparatifs de mon voyage quand je partais. Je ne voulais qu'une chose : rentrer directement chez moi. Après un douloureux et vain périple. Arrivé au carrefour Diaroumé vers 18 heures, j'ai préféré attendre le dernier véhicule en partance pour Sédhiou. Juste pour arriver la nuit et pour que personne ne me voie. Heureusement, je n'ai rencontré aucune connaissance à Diaroumé. J'étais arrivé à Sédhiou aux alentours de 23 heures. La ville se vidait déjà de ses promeneurs. J'ai alors pris tranquillement le chemin de mon village. A pieds.

Je suis arrivé au village au milieu de la nuit. Tout était calme. Seuls quelques aboiements de chiens dérangeaient quelques fois le silence de la nuit. J'ai frappé à la porte de la case de papa. Il se réveilla puis alluma une lampe torche. J'étais devant la porte. Comme un cauchemar. Papa, en me voyant, était abattu. Il n'en revenait pas. Je lui expliquai tout mon périple. Il me prit dans ses bras puis fonda en larmes. Pour la première fois, j'ai vu papa pleurer. Quelles que soient les circonstances. Je ne pouvais donc plus résister et à mon tour j'ai aussi fondu en larmes. Il me serra à nouveau dans ses bras et me consola. Tout le monde dormait dans la maison. Personne à l'heure-là, à part papa, ne savait que j'étais rentré. Papa et moi n'avions presque pas dormi. Nous étions les premiers à vivre l'espoir déçu de toute la famille. Puis tôt le matin, il réveilla tout le monde dans la maison. Comme d'habitude, papa réveillait toujours tous les adultes, hommes et femmes, pour la prière du matin. Mais ce jour-là était différent des autres. Ce n'était plus pour implorer le Seigneur, mais pour annoncer la mauvaise nouvelle à la famille. Mon retour. Cela a été sans doute le plus mauvais réveil de la famille. Tout le monde pleurait dans la chambre de papa. Sauf maman. Elle était la seule qui ne savait pas que j'étais refoulé. Elle était la seule personne de la famille qui ne savait rien de ce qui se passait ce jour-là. Maman était déjà sur le chemin de la mort. Elle agonisait. On la voyait lutter contre la mort. Elle ne parlait plus et donc je n'ai pas réussi à lui adresser la moindre parole. Quand j'entrais dans sa chambre, elle me fixait de son faible regard. Me voyait-elle ? Ce qui est sûr, elle était devenue inconsciente. On n'attendait que son repos. La mort. C'était tout ce qui pouvait y avoir de mieux dans la souffrance qu'elle endurait. Puis deux jours plus tard, maman était décédée. J'avais quand même pu faire l'ultime adieu au cercueil de ma mère même si je ne l'avais pas souhaité dans de pareilles circonstances.

Chapitre 6. La vie d'un immigré racontée à son ami

Totala,

J'espère que tu ne m'en veux surtout pas pour ce long silence depuis que j'ai quitté le village. Tu étais mon meilleur pote d'enfance et tu resteras toujours mon ami. Je ne t'ai jamais oublié. Seulement, parti très tôt du village dès mon plus jeune âge, puis confronté à d'autres réalités sociales et même culturelles, il arrive des moments où l'on est totalement déconnecté de ses propres valeurs culturelles ; surtout que depuis plus de vingt ans, je n'ai plus eu l'occasion de revenir au village. Mais crois-moi Totala, je ne t'ai pas oublié.

Par ailleurs, j'ai eu le plaisir de faire la connaissance de Justin B. qui est actuellement ici à Roquetas. Il me racontait régulièrement son périple et la souffrance vécue au camp de Fuerteventura. C'est ainsi qu'au cours d'une de nos habituelles causeries, il m'a parlé d'un de ses compagnons de fortune qui a eu la malchance d'être expulsé au pays et ce, après avoir tenté, à partir de Barcelone, de se rendre en Italie. Ce dernier, me disait-il, avait pourtant eu la chance d'être libéré du camp. Mais hélas, son ambition lui a joué un mauvais tour. Dans les détails, j'ai pu apprendre que cet ami dont il regrettait le sort, n'était personne d'autre que toi. Quand j'ai appelé mon oncle à Dakar pour avoir plus de renseignements sur cette affaire, il m'a confirmé lui aussi, être au courant de ton malheur par le biais de ton cousin germain Abou qui est actuellement à Dakar. Mon cœur a vraiment saigné et je ne pouvais pas rester sans t'écrire. C'est donc l'objet de la présente correspondance qui vient briser le silence de vingt années passées. C'est tout de même dommage que le contact ne puisse être rétabli que dans de pareilles et malheureuses circonstances. Mais le moins que je puisse te dire, c'est de tenir bon et de continuer à croire en Dieu et surtout de comprendre qu'Il (Dieu) ne fait rien de mauvais à l'endroit de ses humbles créatures. Certes, après toute la galère que vous avez endurée durant votre périple, vous ne méritez vraiment pas ce qui vous est arrivé mais en fait qui sait ce que le Seigneur lui réserve pour l'avenir ? Tu n'as qu'à voir autour de toi durant votre périple aussi bien en mer qu'au camp. Certains de vos camarades n'ont même eu la chance d'arriver au camp car ils étaient morts puis jetées en mer comme de la marchandise pourrie. Leurs parents n'ont pas eu l'occasion de leur dire un dernier adieu. D'autres sont morts dans les déserts algérien, marocain et libyen et leurs cadavres ont servi de nourriture aux charognards et à d'autres bêtes sauvages. Certains encore, ont eu la chance d'aller jusqu'au camp avant d'être expulsés. Autant de malheurs vécus par beaucoup de vos camarades qui avaient pourtant les mêmes ambitions. Qu'ont-ils fait à Dieu pour mériter de tels sorts ? Rien. Vraiment rien. Ne dit-on pas d'ailleurs que *tout ce qui arrive, arrive en vertu d'un décret divin fixé de toute éternité.* Cela n'est pas une fatalité mais il faut simplement savoir accepter son destin. Tu n'as rien perdu Totala et par conséquent, ne baisse pas les bras. Un jour viendra, je suis convaincu, tout ce qui t'est arrivé comme malheur ne sera plus qu'un vieux souvenir. Tu as eu la chance de survivre à l'issue de ce périlleux voyage en mer. Seul Dieu sait donc la suite qu'Il te réserve. Je ne peux donc que t'encourager encore une fois. On dit bien chez nous que *tant qu'on n'est pas au bout de son chemin, on ne doit pas arrêter sa course de fond.* Le conseil que je peux surtout te donner, c'est aussi de réfléchir davantage sur des projets réalisables pour ton avenir. Au pays. L'Europe ne doit pas se présenter aux yeux de la jeunesse africaine comme étant la seule solution pour réussir dans la vie. L'Afrique est même l'avenir de cette planète. Il suffit d'un peu de réalisme pour s'en sortir. Toi qui as eu l'occasion de fouler le sol de cette Europe, je sais que tu as pu découvrir le côté pervers de ce supposé Eldorado. En effet, lorsqu'on dit souvent à quelqu'un resté en Afrique

que la vie est dure en Europe, la réponse la plus souvent servie est *« et pourquoi tu n'es donc pas rentré ? »*. Or, là n'est vraiment pas le problème. L'immigré est comme cette femme qui, après avoir fait beaucoup d'enfants avec son mari, se résigne, même si ça ne va plus dans le ménage, à rester dans la maison conjugale pour, soi-disant, veiller sur ses enfants. Et donc, on vit dans une perpétuelle impasse. C'est pourquoi, j'aime souvent dire à l'endroit de qui veut l'entendre, qu'en Afrique, on ne doit pas au contraire envier un émigré mais on doit plutôt avoir pitié de lui. Eu égard à la vie qu'il mène dans son pays d'accueil. Malheureusement, la réalité de cette Europe tant convoitée est comme le mythe de la circoncision dans nos coutumes au village : celui ou celle qui n'est pas circoncis(e) ne peut jamais connaître le secret de cette vieille pratique qui relève d'un mythe et d'une tradition et ceux qui le sont ne disent jamais aux non-circoncis ce qui s'y passe. Même aux personnes les plus confidentes. Mais un chanteur malien résume bien ce genre de situation par un proverbe assez convaincant : *« le plus ignorant est celui qui n'a jamais dépassé le seuil de sa maison »*. En d'autres termes, certains immigrés une fois chez eux, ne disent jamais la réalité sur leur vécu quotidien et c'est ce qui maintient malheureusement le mythe de l'Europe qui se transforme aujourd'hui en virus qui tue comme une épidémie et ravage comme les guerres.

Entre mythe et réalité

Après tout le périple qui s'est étendu sur plus de deux ans avant d'atteindre l'Eldorado européen, j'ai fini par découvrir en Espagne la face cachée du paradis terrestre supposé comme tel par beaucoup de nos frères et sœurs africains. J'ai découvert en Espagne des boulots que je n'aurais jamais acceptés dans mon propre pays. C'est au Sud de ce pays, notamment à Murcia que j'ai appris à cultiver. A la main. Comme au pays. Moi qui n'ai jamais cultivé au village pour avoir été très tôt récupéré par mon oncle à Dakar où cette activité n'existe même pas. Et encore qu'avec la pénibilité des travaux, les migrants vivent souvent dans des conditions déplorables. Quelquefois même maltraités par leurs employeurs. Quand je travaillais encore dans les champs agricoles à Murcia, ça me rappelait même les images de la traite négrière. Nous travaillions dans les champs de tomates. Dans ces champs couverts de bâches, la température moyenne sous laquelle nous travaillions, avoisinait les 45 degrés. Sans compter la pression de l'employeur qui pesait sur nous. J'avais l'impression de me retrouver dans un autre univers autre que l'Europe dont je rêvais depuis mon plus jeune âge.

Loin d'être un paradis terrestre, l'Europe est plutôt une école. Une école de la vie où chacun est appelé à savoir se débrouiller, à partir d'un certain âge, tout seul et ce, contrairement à l'Afrique où, même jusqu'à quarante ans, on continue – même avec son épouse et ses enfants – à dépendre de ses parents ou de la seule personne qui travaille dans la famille. Ce n'est pas une critique mais je me demande simplement si nous ne devons pas revoir le mode d'organisation de notre société. En Europe, rien n'est donné gratuitement. On se prend au sérieux ou on dort dans les rues.

Deux mois après mon arrivée à Murcia, je vivais dans une baraque de fortune dans les champs agricoles. C'était la seule solution qui se présentait à moi. J'avais été hébergé pour un mois puis j'étais obligé, comme tout le monde, de me débrouiller. En général, les immigrés vivent en colocation. Ils s'associent pour prendre un appartement ou alors quelqu'un peut, soit louer soit acheter un appartement pour ensuite le louer à un groupe de migrants sans-papiers ou en règle, pourvu qu'à chaque fin de mois, chacun puisse honorer son engagement de paiement. Le

loyer mensuel par personne peut varier entre 100 et 150 euros par mois ; voire plus ou moins en fonction du montant total du loyer de l'appartement. Deux à plusieurs personnes peuvent partager une même chambre mais n'empêche, chacun des occupants de la pièce paie individuellement le prix fixé par le titulaire du bail de l'appartement. Pour la bouffe, les pauvres immigrés se cotisent environ plus ou moins 20 à 30 euros par mois et par personne. Chacun a son tour pour faire la cuisine.
Comme je venais d'arriver et je n'avais pas encore les moyens de vivre en ville, un ami m'a conseillé d'aller dans les *campos* où il est plus facile pour les sans-papiers de trouver un emploi. Les travailleurs sont logés sur place, bien que sous des toits de fortune. *La quasi-totalité des immigrés sans-papiers commencent toujours par ces emplois. C'est une fois après avoir obtenu son propre papier qu'on est libre d'aller où l'on veut et de choisir le type d'emploi qu'on désire*, m'avait rassuré cet ami. Jean-Paul, frère d'un de mes amis à Dakar a ainsi décidé de me prêter son papier pour que je puisse travailler. Ce prêt de papier est très courant en Espagne. Un seul papier peut être utilisé par plusieurs immigrés. Les autorités espagnoles, même quand elles le découvrent, ferment les yeux car c'est aussi une aubaine pour les caisses de l'Etat. La sécurité sociale en est la grande bénéficiaire car lorsque plusieurs personnes travaillent avec un seul papier, elles cotisent toutes pour la sécurité sociale sous le même nom. Mais là aussi, en dehors du gain collecté par la sécu, il y a aussi le titulaire du papier qui gagne beaucoup d'argent car plus il cotise, plus son gain est important pour les allocations de chômage ou de retraite. Ce qu'on appelle là-bas le *« paro »*.
Toutefois, si certains immigrés en règle prêtent à leurs camarades leurs papiers, d'autres par contre, louent les leurs. Le prix de la location varie entre 100 et 300 euros par mois selon les relations. Certains immigrés profitent

de cette astuce pour se faire beaucoup d'argent car rien qu'en louant à trois ou quatre personnes son papier, on se retrouve chaque mois avec 900 à 1200 euros environ par mois. Sans compter son propre salaire. Ainsi, au bas mot, le "pauvre" immigré peut empocher chaque mois 2 000 euros voire plus. Avec le fameux système de colocation qui leur permet d'économiser davantage, hormis les mandats envoyés à leurs familles, les migrants qui vivent dans cette situation peuvent facilement se retrouver avec une économie minimale de 1 500 euros par mois. Soit en moyenne 1 million de francs CFA d'argent mis de côté mensuellement, - plus qu'un salaire d'un haut fonctionnaire dans la plupart des pays africains. Ainsi, en l'espace de quelques années seulement, le pauvre *modou-modou* (comme on appelle l'immigré au Sénégal), se donne facilement les moyens de construire une très jolie villa que n'importe qui ne peut s'offrir en Afrique, fût-il ministre.

A cette possibilité de se faire beaucoup d'argent par le biais de la location de son papier, s'ajoute également la bravoure de certains immigrés. Il faut en vérité reconnaître à certains *modou-modou* leur courage et les sacrifices qu'ils consentent dans la quête des sous. Dans le domaine de la ferraillerie par exemple, la plupart des travailleurs immigrés bossent en moyenne 12 heures par jour, soient 4 heures de temps supplémentaires par jour. En fin de semaine, certains vont même au-delà des 12 heures par jour. Quelqu'un peut par exemple enchaîner son boulot depuis le jeudi matin à 8 heures pour ne s'arrêter que le vendredi soir à 20 heures, soient 36 heures de travail non-stop (jour et nuit). Il profite alors du samedi et du dimanche pour se reposer et reprendre à nouveau le même rythme à partir du lundi à 8 heures. D'autres qui ne peuvent pas le faire, préfèrent travailler 12 heures par jour du lundi au samedi pour ne se reposer que le dimanche.

A cet effet, il arrive à ces *modou-modou* de gagner facilement 3 000 euros le mois. Comment donc s'étonner de la fortune que se tapent ces braves soldats du développement en l'espace de quelques années ? Et alors, ces gens-la sont dans ce cas, soit enviés, soit méprisés. Le plus souvent, leurs camarades restés au village ou dans le quartier, les envient. Rêvant d'aller eux aussi en Europe pour y faire fortune ; alors que certains compatriotes de mauvaise foi, sans doute égoïstes, disent dans les rues que ces émigrés qui réussissent de telles réalisations ne font rien d'autre en Europe que vendre de la drogue. Alors que non ; leur réussite est bien méritée !

Par ailleurs, si dans les zones agricoles comme Murcia, Almeria, Malaga, etc., les immigrés sans-papiers réussissent à trouver facilement du boulot dans les *campos*, ceux-là qui vivent dans les grandes agglomérations comme Barcelone, Madrid etc., ont moins de possibilités pour se débrouiller. Etant plus difficile dans ces grandes villes de trouver un papier à louer ou à emprunter, eu égard surtout à l'affluence des migrants clandestins qui passent par la mer ces dernières années, la plupart de ces migrants clandestins se livrent dans un premier temps à la vente de cassettes piratées (Cd et Dvd) ou d'autres objets de contrefaçon et ce, le temps de trouver le précieux papier pour pouvoir chercher du travail. Ce commerce d'articles de contrefaçon dans les marchés hebdomadaires n'est toutefois pas sans difficultés et constitue même un risque pour les sans-papiers. Régulièrement pourchassés par la police, celui qui se fait arrêter peut même connaître un à deux jours de détention dans un commissariat avant d'être libéré, en plus d'une amende à payer. Et le risque de cette situation est que si vous êtes pris au moins trois fois, vous risquez de connaître de gros ennuis au moment où vous allez solliciter un titre de séjour car vous êtes fiché au niveau de la police. Ce boulot à risque n'est donc pas une activité que l'on fait de gaité de cœur. On y est souvent contraint par la force des choses, faute de trouver un papier pour travailler ou alors étant obligé de contribuer au loyer et à la bouffe comme tout le monde. On est donc obligé de chercher de l'argent. De toutes les manières. Même s'il faut vendre de la drogue. C'est d'ailleurs cette situation qui justifie l'attitude de certains migrants (une toute petite minorité) qui, faute de retenue, se livrent à cette autre activité périlleuse de vente de haschisch la plupart des cas, qui peut leur coûter la prison ou l'expulsion du territoire national.

Les "campos", une zone de non-droit pour les sans-papiers

J'ai vécu six mois dans un *campo*. Six mois sans jamais revoir une seule fois le centre-ville de Roquetas el Mar. Je travaillais 12 heures par jour. Parfois plus. Sept jours sur sept. On commençait habituellement le boulot à 7 heures pour ne finir qu'à 19 heures. Avec seulement une heure de pause. Quelquefois, on travaillait jusqu'au-delà de 20 heures.

Chaque semaine, le patron nous fournissait la ration alimentaire pour toute la semaine. L'eau aussi. Nous étions 18 personnes à vivre dans une baraque de fortune de 15 m^2 environ. Cet espace qui n'avait ni électricité, ni chauffage nous servait de chambre à coucher et de salon en même temps. De tout quoi ! Nous étions au mois d'octobre. Le froid annonçait déjà son arrivée. La nuit, on allumait du feu de bois pour nous réchauffer. L'employeur nous avait fourni de vieux matelas ramassés je ne sais où, que nous étalions la nuit pour dormir. A Même le sol. Pour faire nos besoins, il fallait sortir juste derrière la baraque où un petit endroit a été aménagé pour cela. Toutefois, lorsqu'il fait froid, on fait tout à l'intérieur. Pendant six mois j'étais dans ce nouveau monde. En plus, en dehors de

ce manque de confort, il était difficile de gagner 500 euros la fin du mois car non seulement chacun était payé en fonction de son rendement mais en plus même le toit de fortune sous lequel "on se refugiait" la nuit si on peut s'exprimer ainsi, était aussi comptabilisé comme un loyer à déduire de la paie. Le patron déduisait 75 euros de la paie de chacun. C'était le prix. Hélas.
A tout cela, s'ajoutait enfin la pression de l'employeur qui pesait sur nous durant les heures de travail. Chaque matin, le patron venait toujours au champ avec sa chaise. Assis derrière nous comme un berger qui surveille son troupeau de moutons, il avait l'œil sur tout le monde. On n'avait pas le droit de souffler tant que ce n'était pas lui qui donnait l'ordre. Certains camarades recevaient même des gifles quand le patron n'était pas content de leur rendement de la journée. Et dans ce cas, vous risquez de perdre votre emploi.
A Murcia, Almeria comme dans beaucoup d'autres villes d'Espagne, il y a souvent des places où se regroupent tous les matins les immigrés à la recherche d'emploi. Ces places sont surnommées les marchés d'immigrés. Les employeurs, en général les agriculteurs, y passent chaque matin pour choisir leur main-d'œuvre. Il n'y a aucune règle dans le recrutement. Le patron choisit les personnes qui lui plaisent et les amène dans son champ. Vous pouvez travailler toute la journée, il vous paye et le lendemain il cherche à nouveau d'autres travailleurs. Tout comme vous pouvez avoir la chance d'être gardé si dès le premier jour, vous lui apportez satisfaction. Les *campos* sont quasiment une zone de non-droit. Les immigrés, qu'ils soient en règle ou sans-papiers, sont considérés par certains employeurs comme des bon-à-tout-faire. Il n'y a malheureusement pas de choix pour ces pauvres individus dont la plupart, sans papiers, sont confrontés à des réalités sociales qui les obligent à accepter n'importe quoi pour survivre. Survivre,

c'est réellement cela la réalité que vivent les sans-papiers surtout dans les régions agricoles.
Les employeurs quelque peu malhonnêtes profitent dés fois de la posture de faiblesse dans laquelle vivent ces gens pour essayer de les exploiter. Avec des rémunérations de misère. Durant les heures de travail, même pour faire ses besoins, il faut demander la permission au chef qui est libre de l'accepter tout comme il peut prendre volontairement son temps avant de vous accorder cette faveur qui est pourtant votre droit fondamental. Certains travailleurs se font renvoyer pour ce genre de détails. Sans dédommagement. Au cours du travail, baissés, vous n'avez pas le droit de vous relever un tant soit peu, ne serait-ce que pour soulager votre colonne vertébrale ou vos hanches. Vous risquez à cet effet de prendre toutes les injures les plus déplacées que vous ne puissiez imaginer. Mais vous n'osez jamais répondre sous peine de perdre votre emploi.
Toutefois, de tels employeurs savent souvent avec quels types de personnes ils ont affaire. Ils s'arrangent à choisir une main-d'œuvre malléable et corvéable selon leur volonté. Et ce type de migrant ne manque pas en Espagne. La plupart des jeunes garçons qui y débarquent - surtout avec la dernière vague de clandestins -, sont des innocents. Innocents dans le sens qu'ils ne savent rien de leurs droits. Ils n'ont jamais été à l'école et de surcroît, beaucoup d'entre eux n'avaient jamais quitté leur village natal. Ils se retrouvent du coup dans un univers où ils sont complètement en perte de repères. Aussi, les sans-papiers sont souvent considérés comme des personnes sans droit. Ils ne peuvent, sous aucun prétexte, faire prévaloir leurs droits. Souvent, lorsque vous avez un problème avec un tiers et que vous allez à la police, la première des questions que vous posent les flics en tant qu'étranger c'est de savoir si vous avez des papiers. Si vous n'en avez pas, alors, ils ne vous écoutent même pas. On vous

demande d'aller vous débrouiller ailleurs comme vous pouvez.

Dans les « marchés d'immigrés », il peut arriver par exemple qu'un employeur vous prenne le matin. Vous travaillez jusqu'en début d'après-midi puis il vous dit que vous ne répondez pas à ses attentes. Résultat : vous êtes de facto remercié et il repart à nouveau chercher un autre employé. Les heures que vous avez déjà travaillées sont nulles et ne seront en conséquence pas rémunérées. Ce type d'employeur sans état d'âme profite de ce genre d'astuce pour faire travailler les migrants sans-papiers sans les payer. La seule différence qu'il y a entre ces migrants et les esclaves du temps de la traite négrière, c'est qu'ici, ils ne sont pas au moins enchainés et battus. Mais hormis cette répression physique, la discrimination est de même nature. Il m'arrivait même d'oublier que j'étais dans l'Europe du XXIème siècle.

Dans les *campos*, on cuisinait dehors. Comme du temps de nos grands-parents dans les villages reculés d'Afrique. On cherchait du bois avec lequel on devait le faire.

La baraque où nous dormions était un vieux mur couvert de tôles de fortune. Dans certains *campos*, ce sont les migrants qui fabriquent eux-mêmes leur baraque. Et pourtant, ils payent après tout, le loyer de ce toit.

En période d'hiver, on faisait nos besoins à l'intérieur de la baraque dans un pot et ensuite, le lendemain avant d'aller au travail, on s'en débarrassait. Chaque soir, il fallait ramener du bois qui nous servait de chauffage. On le faisait par groupe de deux personnes par jour. Tel jour, telle et telle personnes sont chargées d'en chercher et une autre personne est programmée pour faire la cuisine et ainsi de suite. Quand les tours sont complets, on reprenait à nouveau par le premier groupe. Concernant l'eau à boire, chaque dimanche, le patron venait chercher les bidons qu'il remplissait le lundi matin et les ramenait au lieu de travail. Il fallait ainsi gérer cette eau toute la semaine.

Jean-Paul m'avait déjà prévenu que la vie dans les *campos* était difficile mais qu'il fallait tenir bon. Et de toute façon, j'étais moralement aguerri pour pouvoir faire face à toute autre situation de misère. Car j'avais tellement souffert toutes les trois dernières années que je me crois mentalement capable à présent de pouvoir affronter n'importe quelle difficulté d'ici-bas. Telle était la source de mon courage qui m'a permis de tenir pendant quinze mois dans les *campos*.

Je ne suis pas allé en Europe par visa. De Dakar en Espagne, via la Libye où j'ai passé presque deux ans, puis le Maroc, je n'avais que mes pieds, en dehors de quelques moyens de transport de fortune ici-et-là pour effectuer certains longs trajets.

Quand je me préparais pour l'émigration après avoir réalisé une maigre économie de 150 000 francs CFA dans mon boulot de docker au port de Dakar, je suis parti du Sénégal en train pour Bamako. Le billet coûtait à l'époque 15 000 francs.

Même si les gens prenaient l'avion à Dakar pour aller au Maroc puis tenter à partir de là-bas d'entrer à Ceuta ou à Melilla, moi je n'avais vraiment pas les moyens d'emprunter ce circuit. En effet, même si entre le Maroc et le Sénégal il n'y a pas de visa, mais face aux vagues de migrants clandestins qui défiaient chaque jour les barbelées de Ceuta ou le détroit de Gibraltar pour tenter d'entrer en Espagne, les autorités marocaines, avaient commencé à exiger à tous les voyageurs en provenance de l'Afrique subsaharienne, de l'argent de poche. Ça avoisinait les 500 000 francs CFA, hormis le billet d'avion. Je n'avais pas ces moyens. Ce n'était pas en tout cas mon job du port qui pouvait me procurer toute cette fortune. Déjà que, pour économiser les 150 000 francs, j'ai travaillé plus d'une année en serrant bien ma ceinture et en me privant de tout loisir. Je gagnais en moyenne 1000 à 1500 francs CFA par jour. Je refusais de manger à midi juste pour pouvoir réaliser des économies. Je travaillais du lundi au samedi. Un pénible travail qui consistait à charger et à décharger les camions qui transportaient du riz. Tous les jours.

Tu vois donc Totala, la vie d'immigré ou la vie tout court, n'est pas forcément rose. Pas la mienne en tout cas. Cette vie n'est qu'une illusion. Cet Eldorado tant convoité chez nous a aussi une face cachée. Avec ses abris d'infortune pour ne pas parler de taudis. Ses boulots de merde, parfois plus pénibles qu'on ne puisse l'imaginer. C'est aussi ça l'Europe, mon cher ami ! La réalité est parfois illusoire et il est difficile de faire croire à beaucoup de gens de chez nous qu'en Europe, il existe aussi des taudis comme tu le constateras dans ces photos que je t'envoie.

Certes, Totala, on ne peut pas comparer nos pays africains avec ceux de l'Europe car la différence est énorme et le retard que nous accusons par rapport à eux demande plusieurs décennies d'efforts et de sacrifices pour arriver au niveau où ils sont aujourd'hui. Mais il faut aussi reconnaître que l'Europe a simplement gagné la bataille de la communication sur l'Afrique. Tu ne verras jamais dans une télévision occidentale, une belle image de l'Afrique. Tout comme tu ne découvriras jamais dans les mêmes médias, des images comme celles que je viens de te décrire. Et crois-moi, il y en autres pires que ça !

Une vie de docker pour réaliser le rêve de partir…

Pendant plus d'une année j'ai fait ce boulot pour réaliser mon rêve. Partir. Oui je ne voyais que le voyage vers l'Eldorado devant moi. C'était pour moi, plus qu'un rêve mais un défi qu'il fallait relever pour pouvoir être utile et soutenir ma famille restée au village que je n'ai pas revue depuis 20 ans. Seuls papa et maman étaient quelques rares fois passés me rendre visite à Dakar. Le fait que je me retrouve chez mon oncle à Dakar depuis mon plus jeune âge n'est pas une affaire fortuite. J'étais très maladif durant mon enfance. Plusieurs fois, je frôlais la mort. On aurait ainsi dit à mes parents que ce sont les mauvais esprits de mon village qui voulaient ma peau. Heureusement pour moi, l'ange gardien des enfants du village me protégeait toujours. Mais la seule sécurité pour moi pour préserver ma vie, c'était de m'éloigner de mon village. Maman fit ainsi appel à son frère qui vivait à Dakar pour qu'il m'adoptât. Curieusement, depuis mon éloignement du village, rien ne m'arrivait plus.

Après avoir laissé les bancs en classe de terminale, j'ai tout tenté à Dakar pour réussir à autre chose en vain. Je faisais partie des élèves qui, même sans succès au Brevet mais ayant une très bonne moyenne en troisième, pouvaient être orientés, selon leurs choix, en seconde pour ensuite se représenter en candidature libre l'année suivante. J'avais donc eu à repasser le fameux Brevet. Mais en essuyant le second échec, j'étais découragé et finalement je n'avais qu'un seul objectif : le Bac. Malheureusement encore, là aussi, la poisse ne m'a pas abandonné et j'ai finalement quitté l'école avec un seul diplôme, celui du CFEE (Certificat de fin d'études élémentaires).

Pour trouver une porte de sortie dans ce pays, il faut avoir quelqu'un qui puisse vous la montrer ; à défaut de vous tenir par la main. La plupart des gens de mon âge qui n'ont pas de parents ou connaissances aux bras longs ou qui n'ont pu réussir leur vie de rêve, sont en vérité ceux-là qui émigrent en Europe. Hormis bien évidemment l'élite ! Et donc, à un moment donné, je me disais qu'il n'y avait qu'une solution. Partir. J'étais si obsédé par cette idée qu'au mur de ma chambre, du haut de mon lit, j'avais collé le texte du célèbre écrivain Aimé Césaire, intitulé "*Partir*" extrait de son œuvre "*Cahier de retour au pays natal*" que l'on étudiait en classe de Première au lycée.

Sauf que pour moi, *partir* n'était pas ici ce retour au pays natal mais plutôt un départ vers un autre « monde » à la recherche d'une autre possibilité de vie bien meilleure. *Partir*, quoi qu'il arrive ; oui *partir* où que ça puisse être, pourvu que j'y trouve mon bonheur pour devenir un homme. Le vrai, celui capable de soutenir sa famille. Tous les matins, avant de partir au travail, je priais pour implorer le Seigneur et lui demandais de m'aider à réaliser mon rêve. Chaque soir avant de me coucher, je récitais cet extrait du texte de Césaire. C'était assez banal, mais c'était à partir de là que je trouvais la force de tenir dans mon boulot de docker au port. Un boulot tellement dur que chaque soir à la rentrée, je me demandais si j'allais pouvoir y retourner le lendemain. Mais je retournais toujours travailler car la volonté et le courage étaient là. Et de toute façon, il n'y avait pas une autre alternative.
Tous les jours, nous avions des objectifs à atteindre en termes de chargement ou de déchargement des camions au port. Quand il fallait charger ou décharger tant de camions dans la journée, alors pas de cadeau, quitte à travailler toute la journée. Sans repos. Pour les déchargements, généralement, afin d'aller plus vite, deux personnes montaient dans le camion (en général les chefs d'équipe) et il fallait se positionner au bas du véhicule, donnant le dos à la grande porte. Les deux personnes dans le camion vous balancent le sac de 50 kg sur vos épaules et vous devez aussitôt courir pour le déposer et revenir rapidement prendre un autre et ainsi de suite. Il faut bien se tenir debout pour ne pas faire tomber le sac ou même tomber soi-même. Faire vite, c'est la règle de ce boulot. Avec un peu de lenteur seulement ou si le sac vous échappe, vous pouvez vous faire insulter par votre chef d'équipe. Et vous n'y pouvez rien même si vous êtes physiquement plus fort. Soit vous acceptez les règles soit vous arrêtez le boulot. Mais pour moi, il était hors de question d'arrêter. Je ne voyais nulle part ailleurs où je pouvais gagner de l'argent.

Faire vite pour réaliser des économies et partir, c'était cela le seul objectif. A part ce travail au port et quelques emplois dans les usines ou entreprises, les autres employeurs dans les ateliers de métiers ne rémunèrent pas leurs employés plutôt appelés « apprentis ». Dans les ateliers de menuiserie, de mécanique, de couture, tout comme dans la maçonnerie et tous autres travaux de bâtiment, vous pouvez passer plusieurs années chez votre patron sans jamais percevoir un seul sou dans le mois. Le patron est libre de vous faire plaisir de temps en temps en vous offrant un peu d'argent, de quoi passer un weekend et ce, jusqu'au jour où ce dernier jugera que vous avez suffisamment maîtrisé le métier pour enfin vous permettre d'aller ouvrir votre propre atelier ou vous délivrer un fameux certificat qui puisse vous permettre de chercher du travail. Encore que ce certificat qui vous est délivré n'a aucune valeur académique car n'étant pas reconnu par le ministère de l'éducation nationale et de la formation professionnelle.
J'ai donc tenu pendant de longs mois dans mon travail de docker au port et ce, en acceptant tout, jusqu'aux injures qui m'étaient insupportables. Avec une économie de 150 000 francs dans ma tirelire, j'ai enfin décidé de partir. Je ne devais donc plus chanter ce verbe comme je le faisais tous les soirs avant de me coucher. Je devais à présent le conjuguer.

Une aventure au bout de l'humiliation, de l'indignation et de la peur ... mais il fallait se résigner

Parti de Dakar à bord du train bleu, je suis arrivé à Bamako après une très longue journée. J'ai passé trois jours dans le pays de Modibo Keita, le temps de m'organiser pour poursuivre mon voyage. Le plus dur de ce voyage c'était à partir du Niger. La route du désert.

Vous pouvez vous y faire déposséder de votre argent. Si vous n'êtes pas agressé ou tué.
Informé de cette situation, j'ai donc pris le soin, avant de quitter Bamako, de rouler soigneusement mes billets de banque dans du papier puis je l'ai amené chez un cordonnier pour le confectionner. Comme un gris-gris que j'attachais à ma taille. Je n'avais mis de côté qu'un peu d'argent pour payer mon billet de transport jusqu'à Agades. Tout était évalué au centime près. Avec cette astuce, même en rencontrant les assaillants, ils le prendront pour un gris-gris, chose qui n'est pas méconnue en Afrique subsaharienne surtout. Les contrebandiers ou les policiers qui dépouillent les passagers de leurs biens, ne pourront jamais s'imaginer que ce fameux gris-gris est plutôt mon porte-monnaie. Telle est la stratégie que peaufinent beaucoup de migrants sur la route du désert en partance pour la Libye, le Maroc ou l'Algérie. Mais aussi, d'autres migrants sans doute plus perfectionnistes mettent tout leur argent dans un petit sachet qu'ils attachent ensuite avec un fil mince. Ils se débrouillent de sorte à introduire ce petit sachet dans leur anus et ne laissent apparaître que le bout de la ficelle. Chaque fois que le pauvre voyageur a besoin de son pécule, il n'a qu'à se mettre à l'abri des regards indiscrets pour tirer sur la ficelle afin de sortir son pognon. Il prend ce dont il a besoin puis retourne à nouveau le reste dans sa cachette. Délicate, cette procédure est toutefois plus intelligente et plus sécurisée. Avec le système des gris-gris, il peut arriver que les assaillants vous tabassent, vous déshabillent et arrachent tout ce que vous avez en possession sur vous. Même ne sachant pas qu'il y a de l'argent à l'intérieur du fameux gris-gris, ils peuvent l'arracher et le jeter. Mais avec le second système, même tué, on meurt avec son argent. Les agresseurs n'ont aucun moyen de découvrir cette cachette.

A partir de Bamako, il y a des bus communément appelés *Bus sans frontières* qui font le trajet Bamako-Ouagadougou-Niamey via Sikasso, Bobo-Dioulasso, etc. A partir de Niamey, il y a des cars qui partent pour Agadès. Le voyage sécurisé s'arrête là car tout le reste du périple n'est que le désert. Au cœur du Sahara. La clandestinité commence à partir du Niger. On n'est plus dans l'espace CEDEAO et donc, commence le voyage de la peur avec tous les risques qu'il comporte. Agades est une ville plantée au cœur du Niger entre le Sahel et le désert. Elle est la plaque tournante du trafic de clandestins en partance pour la Libye mais aussi pour la Tunisie et enfin le Maroc et l'Algérie les deux principales villes-transit vers l'Europe. Point de convergence des clandestins venus de toutes les régions de l'Afrique subsaharienne, de l'Ouest et du centre, Agades s'est vite transformée en une véritable ville d'affaires dans le cadre du trafic des clandestins : confection de faux documents, transport, etc.
En outre, mon ambition de me rendre en Libye était née de la volonté du chef d'Etat libyen qui, lors du sommet de Syrte tenu les 1er et 2 mars 2001 et portant création de l'Union Africaine, avait lancé un vibrant appel à l'endroit de tous les Africains désirant se rendre en Libye pour travailler, d'y aller sans aucune crainte. Ayant déjà réalisé à cette période un peu d'économie et convaincu qu'il m'était quasiment impossible de trouver un pécule qui allait me permettre de payer un homme d'affaires pour trouver un visa sachant qu'il aurait fallu dans ce cas au minimum 3 à 4 millions de francs CFA, cette ouverture vers la Libye prônée par son guide Kadhafi était donc pour moi tombée à point nommé. Dans mes calculs, il fallait donc commencer par la Libye. Y trouver les moyens avant de chercher à partir en Europe via le Maroc. Cette idée était d'ailleurs le projet de beaucoup de migrants qui partaient en Libye ces dernières années.

A Agades, nous étions plus d'une centaine de migrants à avoir débarqué le même jour. Nous avions eu la chance de trouver un camion programmé pour le départ la veille. Il n'y a que les moyens de transport de marchandises pour atteindre les frontières de la Libye. La plupart, ce sont des remorques de type 16/21 qui, en plus des marchandises, peuvent transporter plus de deux cents personnes. Pour notre groupe, nous avions même été avec des chameaux dans le camion. Mais il n'y avait pas de choix. C'était à prendre ou à laisser d'autant plus qu'il était imprudent de prendre la route du désert à pieds à cause des agressions qui y sont fréquentes. Encore que le trajet est très long. Dès le lendemain de mon arrivée à Agades après avoir passé la nuit à l'air libre à la gare routière de la ville, j'ai eu la chance de partir dans le premier camion qui était programmé. Le nombre de migrants désireux de partir avait largement dépassé la capacité du véhicule. Nous étions plusieurs centaines à vouloir partir alors que le véhicule ne devait prendre que 250 personnes. Plus des chameaux. Des prescriptions pour monter à bord n'existant pas, il revenait donc à chacun de se débrouiller pour trouver une place. Le spectacle avait ainsi donné lieu à quelques échanges de coups de points et d'empoignades ici-et-là car personne ne voulait rater l'occasion de partir.
Pour le voyage, chacun devait prévoir un petit bidon d'eau à boire.
Contrairement à certains camionneurs qui réussissent à contourner les postes de contrôle de police à la frontière de la Libye, d'autres refusent par contre de prendre ce risque.
A une trentaine de kilomètres de Tadjeri une ville libyenne à la frontière avec le Niger, le chauffeur du camion nous a ordonnés de descendre. C'était au milieu de la nuit. Il fallait maintenant terminer le reste du trajet à pieds. Marcher trente kilomètres, il fallait le faire avant qu'il ne fît jour pour ne pas tomber sur une patrouille des garde-frontières.

J'avais eu la chance de voyager avec un compatriote sénégalais, Cheikh C. qui, lui, était un habitué de ce circuit. Cheikh avait déjà vécu quatre ans en Libye. Arrivés à Tadjeri à l'aube, nous avions pu trouver un passeur qui devait nous conduire à Sabha. C'était à bord d'une land-rover et nous étions à peine une vingtaine de clients. Entassés comme du bétail. Chacun respirait à peine, tellement on était coincés les uns sur les autres. Et en plus, le chauffeur avait mis une bâche au-dessus de la carrosserie du véhicule pour nous cacher.

A Sabha, les autorités locales comme d'autres trafiquants de faux documents procurent des carnets de santé aux étrangers, à prix modique. Ce document est indispensable en Libye pour pouvoir chercher du travail. Cheikh m'a aidé à l'obtenir très rapidement auprès des autorités locales des services de santé. Il m'a ensuite conduit au niveau d'un foyer des Sénégalais avant de poursuivre sa route sur Ghadamès, sa ville d'accueil où il séjournait et travaillait comme éboueur. A Sabha comme dans plusieurs villes de Libye, il y a des foyers, autrement appelés des ghettos pour les ressortissants de chaque pays. Pour les Sénégalais par exemple, il y a un foyer pour les ressortissants de Tambacounda, un autre pour Kolda, etc. Les migrants, même ressortissants d'un même pays, se regroupent en fonction de leurs origines natales. Mais n'empêche, chacun est libre de vivre dans tel ou tel autre foyer, pourvu que vous puissiez y trouver un logement. Chaque personne, considérée comme locataire, paie 100 dinars libyens par mois. Dans une seule chambre, il peut y avoir 8 à 10 personnes mais chacun des occupants de la pièce paie toujours 100 dinars. Ce qui fait qu'une seule chambre peut banalement revenir à 800 voire 1000 dinars ou plus par mois. Une fortune pour les propriétaires de ces ghettos.

Je suis resté près de deux semaines à Sabha avant de trouver mon premier emploi. Je travaillais comme

vulgarisateur auprès d'un compatriote M. Ndiaye, propriétaire d'un atelier situé dans le centre-ville. M Ndiaye a passé plus de vingt ans dans ce pays. *Dans ce pays*, me disait-il un jour, *il faut faire avec leur mentalité à l'égard des Noirs. Ne jamais répondre aux provocations. Moi, je suis à présent habitué de ces actes de racisme qui sont monnaie courante ici. Tu es encore jeune et tu es juste ici pour ton avenir. Limites-toi à ton objectif et ne calcule plus rien d'autre.* Je gagnais auprès de monsieur Ndiaye, 250 dinars par mois, de quoi payer mon loyer, régler de petites obligations comme la bouffe et d'autres petits détails puis je réussissais à mettre de côté au moins 50 dinars chaque fois. Une économie sur laquelle je devais compter pour pouvoir, dans un proche avenir, réaliser mon rêve de partir au Maroc pour tenter d'entrer en Espagne. Après six mois de travail, j'ai décidé de partir à Tripoli où les gens sont mieux rémunérés même si la vie y est aussi plus chère. De Sabha à Tripoli, j'avais également sollicité les services d'un passeur. Nous étions 32 personnes à bord d'une Toyota. Dans la voiture, on respirait à peine sous une chaleur infernale ajoutée à l'odeur de certains passagers. Le chauffeur avait hermétiquement bâché le véhicule pour nous cacher.
A Tripoli, j'ai trouvé rapidement un boulot d'agent d'entretien à la banlieue nord de la capitale. J'étais ici mieux rémunéré. Avec un salaire de 350 dinars, j'arrivais à mettre de côté au moins 100 à 150 dinars en fonction de la nature des charges supportées dans le mois. Je commençais aussi à envoyer un peu d'argent à ma famille au village. Tous les mois. Parfois à mon oncle resté à Dakar.
La plupart des migrants qui résident à Tripoli n'ont pas pour vocation d'y rester longtemps. La capitale libyenne est juste un pont de passage pour l'Italie mais aussi une ville-transit pour ceux qui désirent transiter par le Maroc et l'Algérie pour atteindre les îles de la péninsule ibérique.

J'ai travaillé 14 mois à Tripoli. J'avais enfin réuni la somme nécessaire pour réaliser mon rêve de poursuivre ma route vers l'Espagne. Au moment où je me préparais pour quitter Tripoli, un jour, Mass G., un des amis du foyer où je résidais m'a posé un problème et qui avait du coup chamboulé la programmation de mon voyage. J'ai connu ce jeune Franco-sénégalais au foyer. Nous avions très vite sympathisé. Au cours de nos causeries, Mass m'avait expliqué qu'il était étudiant en Tunisie. Il faisait un troisième cycle de spécialisation m'avait-il confié. Je n'avais aucune certitude puisqu'il ne m'avait jamais montré sa carte d'étudiant ou tout autre document qui pouvait prouver qu'il était réellement étudiant. La seule chose dont j'étais sûr, c'était son identité car j'avais vu tous ses documents administratifs français (Passeport, carte d'identité et de sécurité sociale, etc.). Mass m'avait fait comprendre qu'il s'était retrouvé en Libye par malheur car un jour, alors que la police tunisienne procédait à l'arrestation d'un groupe de jeunes qui faisaient du bruit à la sortie d'une boîte de nuit, ils l'ont raflé en même temps. Alors qu'il n'y était pour rien. N'ayant pas pu alerter les services diplomatiques français à Tunis à l'instant même puisqu'il faisait très tard la nuit, toutes les personnes arrêtées, exceptés les locaux, ont toutes été reconduites cette nuit-là à la frontière libyenne. C'était ainsi qu'il avait dû se retrouver ici selon ses explications. Je n'étais toutefois pas trop convaincu de ses explications eu égard à quelques incohérences dans son récit. Mais je ne pouvais que le croire sur paroles.
De toute façon, je n'avais rien à cirer de son histoire pour chercher à comprendre s'il disait la vérité ou pas. Mass n'avait qu'un seul souci : rentrer en France. Mais il n'avait pas d'argent. Quand je lui avais parlé de mon projet de voyage sur le Maroc afin de pouvoir tenter d'aller en Espagne, il m'avait tout de suite dissuadé, me promettant qu'il pouvait m'aider à partir en France par visa plutôt que

de risquer ma vie dans un voyage à issue incertaine. Il m'avait demandé de lui prêter 3 000 FF à l'époque pour qu'il pût se payer le billet de retour en France. Une fois arrivé, me promettait-il, il allait tout faire pour que je trouvasse un visa à Dakar. Comme envoûté, je n'avais même pas cherché à comprendre ou à trouver une garantie avant de lui remettre l'argent. J'avais tout de suite accepté sa proposition. Rentré à Strasbourg (du moins je le suppose !), Mass m'avait tout de même appelé en Libye. Il me demanda de retourner très vite au Sénégal car il avait des contacts sur place à Dakar déjà prêts à m'aider pour l'obtention d'un visa pour la France. J'ai quitté ainsi précipitamment Tripoli. Mass au cours de cet entretien téléphonique m'avait communiqué son adresse postale et ses numéros de téléphone fixe et mobile. Arrivé à Dakar, j'avais aussitôt essayé de l'appeler mais aucun des deux numéros qu'il m'avait donnés, ne marchait. Je n'étais pas encore au bout de ma surprise car je pensais tout simplement avoir commis une erreur en prenant les numéros. Du coup, j'ai décidé de lui écrire une lettre. Mais un mois plus tard, le courrier m'avait été retourné avec pour motif, « destinataire inconnu ». Je venais de comprendre ce jour-là que j'avais commis une bêtise. J'avais une foi aveugle en cet homme que je connaissais peu d'autant plus que je n'avais aucune certitude, aucune garantie qu'il allait tenir la promesse qu'il m'avait faite.
Profondément tétanisé dans cette situation, il me fallait aussitôt retourner en Libye. Reprendre à nouveau le chemin de la peur. Et de la mort aussi. Heureusement qu'en rentrant au Sénégal, j'avais des sous. Je n'avais même pas osé raconter cette situation à mon oncle à Dakar. De Dakar, j'ai tenu à envoyer un peu d'argent à ma famille au village et à en donner aussi à mon oncle presque devenu mon père adoptif. Puis je repris la route. Après un voyage de près d'une semaine, j'avais à nouveau retrouvé ma vie d'esclave à Tripoli. Esclave, je l'étais par

appellation, comme tous les autres étrangers noirs africains. En Libye, les Noirs sont tous assimilés à des esclaves. Dans la rue, même quand on vous connaît, on vous appelle très rarement par votre prénom. Le racisme y est très développé. Plusieurs fois en compagnie de certains camarades, des enfants nous jetaient des pierres et en criant derrière nous, « esclaves ! Esclaves !... ». Mais dans de telles situations, personne n'osait répondre au risque d'être lynché dans la rue même sous les yeux des forces de l'ordre.

Parfois, on était obligé de se priver de sorties la nuit. Juste pour éviter des désagréments.

Mais c'était dans les bus que l'indignation atteignait le comble. Lorsque vous entrez dans un car de transport en commun, les femmes à l'intérieur bouchent leur nez, sous prétexte qu'un Noir pue. En plus, il faut surtout éviter de rencontrer le regard d'une femme sous peine de recevoir une bonne baffe. Lorsque, dans un car de transport en commun, une femme est assise en face de vous, le mieux c'est de descendre et d'attendre un autre véhicule. A défaut, vous devez alors avoir tout le long de votre trajet, la tête baissée pour vous éviter un désagrément car si jamais vous rencontrez son regard, histoire !

L'impasse

Revenu à Tripoli pour reprendre à nouveau ma vie à zéro dans cette quête perpétuelle du mieux-être, j'avais encore passé huit mois dans cette ville et deux à Al Khums au bord de la Méditerranée et trois mois à Ghadamès d'où j'étais parti pour le Maroc via l'Algérie. Durant les treize mois, j'avais principalement travaillé dans le maraichage, l'une des activités qui pouvaient rapporter beaucoup d'argent. Si certains employeurs proposaient une rémunération intéressante, d'autres préféraient plutôt

travailler avec leurs employés puis se partager les gains à la fin des récoltes.
Après les trois derniers mois passés à Ghadamès, l'argent dans la poche, j'ai enfin décidé, avec un groupe d'autres migrants africains, de partir au Maroc. Il nous fallait passer par l'Algérie. Ghadamès étant à la frontière, nous avions plutôt opté d'aller à pieds afin d'éviter d'éventuels contrôles de police ou des patrouilles de militaires qui sillonnaient quasiment toute la frontière. Prendre un passeur dans une telle situation était encore plus périlleuse dans la mesure où certains passeurs malhonnêtes peuvent vous encaisser des sous puis au cours du voyage, font exprès pour prendre la route où on est susceptible de rencontrer une patrouille de militaires. En les apercevant, le malhonnête passeur peut vous obliger de descendre de son véhicule. Il est souvent armé de sabres et de pistolet et si jamais un voyageur tente de s'opposer à sa volonté, il peut y perdre la vie. Dans cette situation, il est en conséquence difficile d'échapper aux militaires qui vous dépouillent à leur tour de tout votre argent puis vous abandonnent en plein désert. C'est à partir de là que beaucoup de migrants meurent car dépossédés de leur argent et devant effectuer à nouveau plusieurs jours de marche, certains finissent par succomber suite à la faim, aux malaises et ou à la chaleur.
Nous avons marché plusieurs jours avant d'atteindre la frontière marocaine. A ce niveau, il y a un ghetto dans le territoire algérien qui constitue l'un des plus grands points de chute des clandestins. Durant ce périple, avant de quitter Ghadamès, chacun de nous avait prévu un petit bidon de 4 litres d'eau qu'il devait boire en route. Chacun avait aussi payé quelques bonbons pour sa nourriture. Mais trois jours avant d'atteindre le ghetto de Maghnia à la frontière algérienne avec le Maroc, personne n'avait plus rien. Ni eau, ni nourriture. Pendant trois jours, certains buvaient leurs propres urines. Terrassé par la soif,

la seule solution, c'était d'essayer de faire pipi dans le creux de sa paume et de boire cette urine. Ne serait-ce que même quelques gouttes pour se mouiller la gorge.
Au départ de Ghadamès, nous étions 141 personnes mais à l'arrivée nous n'étions que 124 à entrer à Maghnia. Dix sept de nos camarades étaient morts dans le désert. Chaque fois qu'un de nos compagnons de fortune rendait son âme, on creusait le sable avec nos mains et on l'inhumait. Juste pour couvrir le cadavre de sable mais il suffisait d'un grand vent pour exhumer ces cadavres-là. Toutes ces scènes odieuses que nous vivions se passaient la nuit. Le jour, on se cachait quelque part non seulement pour nous reposer mais aussi et surtout pour éviter de se faire arrêter par des militaires en patrouille. Puis, dès la tombée de la nuit, on reprenait à nouveau le chemin. Le chemin de croix des clandestins pour la destination de l'Eldorado. On nous disait souvent dans notre éducation religieuse que l'Homme est poussière. C'est durant ce périple que je l'ai cru. Je me suis rendu compte que l'Homme n'est au juste rien. Il faut se retrouver dans certaines situations de la vie pour le comprendre. Rien que la mort à laquelle vous faites toujours face en vous disant « *dans combien de minutes succomberai-je* ». Hélas. Et là, vous n'avez plus peur dans la mesure où vous vous croyez déjà mort.
Nous étions pendant des jours, des morts-vivants. Le désert que nous traversions était l'un des plus grands cimetières du monde jamais imaginé. Des tombes partout. Mais enfin disons des espèces de tombes puisque la grande partie des corps des victimes était exhumée par le vent ou même des animaux qui s'en nourrissaient. Des ossements humains ne se comptaient plus dans ce paysage macabre.
A Maghnia, nous vivions comme des rats. Cette ville d'Algérie se situe dans la province de Tlemcen à l'Ouest du pays. C'est une zone limitrophe avec un relief désertique très accidenté et qui constitue donc la zone de

transit des migrants clandestins en partance pour Oujda au Maroc. Nous étions plus d'un millier de clandestins – hommes et femmes – à se retrouver dans ce trou, à quelques kilomètres de la ville de Maghnia. Ce trou est entre deux montagnes. Nous y vivions à la merci du climat et de l'insalubrité. Les chutes de neige au sommet des deux montagnes retombaient toujours sur nous. Pour descendre dans ce trou, des escaliers sont confectionnés. On y a fabriqué des huttes et les clandestins y vivaient en communauté selon les pays d'origine. Tous les pays d'Afrique noire y sont représentés : Sénégal, Mali, Guinée-Bissau, Guinée-Conakry, Côte-d'Ivoire, Ghana, Nigéria, etc. C'est presqu'un continent à l'intérieur de ce trou. Chaque pays est délimité par une surface qui lui est propre. Chaque clandestin qui vient d'arriver verse 50 euros au chef de sa communauté pour frais de droit de séjour. Chaque communauté forme en effet un "gouvernement" puis met en place ses propres règles de fonctionnement. Un président est nommé pour six mois. Celui-ci choisit les membres de son gouvernement à l'image de ses ministres. Il a un ou une secrétaire et des garde-corps. Ces derniers sont censés veiller sur la sécurité du président de la communauté. Le mandat est non renouvelable tant pour le président que pour tous les membres de son équipe. Après les six mois, une autre équipe est à nouveau mise en place. Pour la même durée non renouvelable et dans les mêmes règles de l'art. A la fin du mandat de chaque équipe, les membres du fameux "gouvernement" se partagent l'argent issu des versements de frais de droit de séjour mais aussi des intérêts perçus sur les frais honoraires versés aux passeurs pour les départs de certains membres de la communauté en partance pour Oujda ou Rabat. En effet, lorsqu'un membre de la communauté désire quitter pour continuer son périple vers Oujda et Rabat, le règlement exige que ce dernier se confie au président de la communauté. C'est ce dernier qui doit prendre contact avec un passeur pour le conduire à la destination voulue. Dans les frais honoraires à verser au passeur pour le voyage de leur camarade, une commission est versée à la caisse noire de la communauté. Ces différentes commissions, ajoutés aux frais de droit de séjour peuvent facilement atteindre 10 000 euros voire plus en l'espace de six mois. Les "membres du gouvernement" se partagent ainsi cette somme à la fin de leur mandat et laissent enfin la place à une nouvelle équipe qui s'installe.

Cette astuce qui paraît bizarre est pourtant très intelligente. En effet, c'est à partir de là que certains migrants qui n'ont plus d'argent pour continuer leurs périples et ce, pour avoir été dépouillés de leur pécule, par des forces de l'ordre algériennes ou marocaines ou encore, comme c'est le cas le plus fréquent - lorsqu'ils ont été agressés par des bandits au cours de leur voyage dans le désert -, de pouvoir réunir ici la somme minimale pouvant leur permettre de continuer le périple. Certaines personnes se retrouvent le plus souvent dans des situations délicates à cause aussi de l'insincérité de leurs proches. Au départ de leurs pays d'origine, certains proches établis en Europe disent aux leurs de se déplacer et qu'une fois au Maroc, ils pourront les aider avec de quoi payer un passeur. Malheureusement beaucoup de ces gens ne respectent pas, par la suite, leurs promesses. C'est ce qui fait que certains migrants, faute d'argent pour cette raison ou pour une autre, sont obligés de faire escale à Maghnia, y passer des mois voire plus d'une année dans ce trou, le temps d'être nommé membre d'un gouvernement pour pouvoir avoir, à la fin du mandat, de l'argent pour continuer leur chemin. C'est la seule solution pour beaucoup de migrants qui n'ont plus les moyens de poursuivre leur aventure. Là au moins, ils sont sûrs, quel que soit le temps qu'ils passeront dans ce trou, qu'un jour ils auront de l'argent. Ici il n'y a pas de discrimination. Chacun est sûr qu'il fera tôt ou tard

partie d'un gouvernement. A moins qu'on ait déjà son propre argent et qu'on ait décidé de quitter très tôt. Ce qui fut mon cas. Je n'avais passé que dix sept jours à Maghnia puis j'ai décidé de continuer sur Oujda. Là, le clandestin peut soit solliciter les services d'un passeur soit partir à pieds. Il faut juste une nuit de marche dans le désert pour atteindre Oujda. C'est en général à partir d'Oujda qu'on trouve des passeurs pour Rabat, Tanger ou une autre destination des villes du Maroc. Capitale de la région du Maroc oriental, Oujda, de par sa situation géographique particulièrement privilégiée fait d'elle le carrefour entre le Maroc et les autres Etats du Maghreb mais aussi entre le Maroc et l'Europe ; faisant ainsi de cette ville le point de chute de la plupart des migrants clandestins qui tentent d'atteindre la péninsule ibérique des îles de Ceuta et Melilla.
La vie des migrants à Oujda est exactement similaire à celle de Maghnia. Ici aussi, les clandestins se regroupent par communautés d'origine et s'organisent exactement de la même façon qu'à Maghnia. Même style de vie. Même galère. Encore un continent au cœur du désert. Je n'avais pas voulu y rester longtemps de peur de perdre tout l'argent que j'avais sur moi. Non seulement il y avait des vols mais aussi les agressions étaient très fréquentes. Les personnes qui vivent en général à Maghnia et Oujda sont la plupart des clandestins qui n'ont plus de ressources. Ils sont obligés de se confiner là, le temps de trouver à nouveau des sous pour se relancer. En effet, même sans argent et avec toutes les difficultés dans les conditions de vie à Oujda et Maghnia, les migrants préfèrent toujours endurer le choc. Tenir jusqu'au bout. Pour ces gens, il est hors de question de penser à retourner au pays. Le retour est perçu comme un échec et surtout aussi comme une humiliation auprès des siens. Certaines personnes préfèrent donc mourir dans le désert que de retourner chez eux. Ceux qui se résignent à rentrer chez eux sont le plus

souvent des gens qui avaient laissé une petite économie derrière eux. Ils étaient soit des commerçants (pour la plupart) ou à défaut ils exerçaient une activité lucrative. Mais pour ceux-là qui se sont débrouillés pour réaliser une économie pour financer leur aventure et qui de plus n'ont aucun espoir d'un lendemain meilleur en cas de retour au pays, ces gens ne voient rien d'autre que le voyage. Continuer ou mourir.
A Maghnia comme à Oujda, j'ai rencontré des gens qui ont pratiquement déjà passé des années dans ce désert dans cette vie de misère éternelle. Ils sont presque des morts-vivants. En perte d'espoir mais aussi en perte de repères parce que ne sachant plus quoi faire de leur vie, ils sont livrés à eux-mêmes. A les voir, on ne peut pas rester insensible. Lorsqu'un jour je bavardais avec un compatriote sénégalais dans notre grotte à Oujda et qu'il me racontait sa vie, toutes les peines subies depuis plus de trois ans qu'il errait dans le désert entre le Maroc et l'Algérie, je n'ai pas pu retenir mon émotion. J'ai pleuré. J'ai oublié ma propre peine. Doudou, du nom de ce malheureux garçon, était pourtant étudiant à la faculté des sciences de l'université de Dakar. Titulaire d'un Bac S avec mention bien, ce jeune garçon avait pourtant un avenir prometteur devant lui. Mais l'euphorie de l'émigration clandestine a bouleversé sa vie. A la base de sa misère, il y a ses propres parents, eux qui l'ont poussé à partir comme tous ses camarades. Doudou était l'aîné de sa famille. *« J'aurais bien voulu poursuivre mes études. Mon rêve était de devenir au pire des cas, professeur de Sciences physiques. Tout jeune, j'ai eu la chance de rencontrer le savant Cheikh Anta Diop. C'était en 1983, lors de la campagne électorale pour la présidentielle. Il était venu faire un meeting dans mon village. J'étais en classe de CI. Mon maître nous racontait que ce type était un savant. Un grand physicien et historien de renommée internationale. Depuis lors, bien qu'étant encore tout*

petit, je ne rêvais que d'une chose : être comme lui quand je serai grand. Oui, Anta était devenu déjà mon idole. J'y croyais et j'étais persuadé que je pouvais aller loin. Mais mes parents m'ont gâché ma vie. Ce n'est sans doute pas de leur faute. Ils n'ont rien compris et je les pardonne. Quand j'ai eu mon bac, papa ne cessait de me mettre la pression. Chaque fois il me disait " qu'est-ce que tu attends pour partir ? Je t'ai inscrit à l'école pour que tu apprennes la langue des Toubabs. Maintenant que tu la parles couramment, que tu peux converser avec n'importe quel Blanc, alors, ça suffit maintenant. Il est temps que tu partes en Europe. Tu as l'âge de prendre ma relève dans les charges de la famille et t'occuper de tes frères cadets. Je vais vendre quelques bœufs et tu vas partir ". Au départ, je n'avais jamais voulu prendre l'avis de papa au sérieux, mais conscient que son propos devenait presque un ordre, j'étais obligé de céder pour me protéger et protéger en même temps maman car mon père pouvait être capable de me renier et cela aurait pu forcément avoir une conséquence négative sur ses rapports conjugaux avec maman. J'ai alors cédé. Avec amertume. En deuxième année de fac Maths/Physiques, je raccroche mes études pour me retrouver dans cette vie de misère ici au Maroc. En me l'imaginant, même quand j'arriverai en Espagne, qu'est-ce que je pourrai faire comme boulot et qui serait en rapport avec mon parcours scolaire ? Toutes ces années passées sur les bancs de l'école deviennent presque nulles pour moi. Hélas. Quand je suis arrivé ici, il y a deux ans, j'ai été victime d'une agression. On nous a dépouillés de tous nos sous et même deux de nos camarades qui avaient voulu résister ont été poignardés et avaient par la suite succombé à leurs blessures. Depuis lors, je suis resté sans argent. Je ne peux compter sur personne pour avoir de quoi payer un passeur. Et voilà, je suis ici ; dans l'espoir qu'un jour peut-être, si je réussis donc à faire partie d'un "gouvernement" deux à trois fois, je pourrai enfin payer un passeur pour continuer mon chemin. Pour l'instant, j'ai gardé quelque chose après avoir été membre d'un "gouvernement" il y a presque neuf mois de cela. J'attends donc encore ma prochaine insertion et peut-être, là, je pourrai compléter les frais honoraires d'un passeur. D'ici là, mon cher, je suis à la merci de la galère. Hélas, il y a certes des gens qui ont de la chance et vivent leur vie dans le bonheur, mais il y en a aussi d'autres qui traînent par contre la poisse toute leur vie sans jamais savoir aussi pourquoi ; j'ai peur d'être parmi ces malheureuses créatures humaines! ». Cette histoire de Doudou m'avait complètement bouleversé. Je venais de me persuader à quel point l'émigration a bouleversé la vie de beaucoup de jeunes. Plus qu'une réalité économique, l'immigration est devenue une logique sociale qui se présente aux yeux de beaucoup de familles comme la seule alternative de réussite sociale. Elle n'a pas seulement pour motif la quête d'un avenir meilleur mais il y a aussi en cette immigration, un côté missionnaire. A Uchon manjacu par exemple, l'immigration constituait pour des familles en difficulté, une alternative pour préserver l'honneur de la famille. Deux choses sont fondamentales dans cette communauté : l'organisation des funérailles et le mariage. Ce sont deux évènements en effet au cours desquels la communauté procède à l'inventaire de la famille. En effet, derrière la réalité du mariage traditionnel manjack, se cache une dynamique purement économique. On ne donne jamais sa fille en mariage à un homme fainéant ou à une famille dont les mœurs ne correspondent pas aux valeurs incarnées par la communauté ; et la première de ces valeurs est celle du travail. L'organisation des funérailles des parents et des grands-parents est un moment d'évaluation car c'est ce jour-là que les membres de la communauté se rendent compte des possibilités économiques ou simplement du pouvoir d'achat de votre propre famille ou simplement de votre foyer. Il n'y a pas un plus grand déshonneur que d'être incapable d'organiser des funérailles dignes de ce nom pour ses défunts parents et grands-parents. Et si cela arrive, vous êtes à la risée de toute la communauté. C'est pourquoi, certains pères de famille en difficulté sont obligés d'envoyer leurs enfants à l'étranger. En quittant la maison familiale, le jeune migrant a conscience qu'il part pour la cause de la famille. On lui dit *« vas-y mais veille à toujours penser à l'idéal qui t'a conduit à l'immigration : la cause familiale ».*

Barbarisme, prostitution et proxénétisme....

A Oujda où j'ai passé un peu plus d'une semaine avant de payer un passeur pour aller à Rabat, tous les chefs de communautés avaient à leur disposition des femmes. Ces dernières étaient sous leurs ordres comme si elles étaient leurs propres épouses. C'était la règle. Mais le plus stupéfiant c'est que ces jeunes dames étaient également des objets sexuels pour faire rentrer de l'argent dans les caisses de la communauté. Chaque fois qu'un homme veut satisfaire sa libido, il n'a qu'à aller voir le chef de la communauté auprès de qui il doit verser une certaine somme – en général 10 à 15 dinars – puis il choisit parmi les quelques femmes de la communauté, celle avec qui il veut coucher. Ce cas est particulier lorsque ces pauvres jeunes femmes ne sont sous la responsabilité d'aucun homme. Mais il arrive en effet que certains hommes viennent avec leurs épouses ou copines. Ces dernières servent presque de voie alternative de génération de ressources au cas où le couple n'aurait plus d'argent. Dans ce cas, la femme est obligée de se prostituer jusqu'au moment où le couple aura suffisamment de quoi payer le passeur pour eux tous les deux. Dans certains cas, même lorsqu'après plusieurs mois, l'argent généré par la prostitution ne suffit pas pour payer le voyage du couple, l'homme peut décider de partir en premier et laisser sa femme ou sa copine dans la grotte. Pour cela, il va chercher un homme de confiance pour la lui confier. Celle-ci pourra entretemps continuer à se prostituer pour enfin trouver les moyens de partir aussi rejoindre son conjoint ou compagnon au camp ou en Espagne si ce dernier a eu la chance de s'en sortir très vite. Il y a enfin un troisième cas qui est le cas typique de proxénétisme au niveau de ce désert. Certains hommes promettent à des jeunes filles de les amener en Europe et ce, moyennant une certaine contrepartie financière. Si par exemple, le gars doit dépenser deux mille euros, la fille devra lui rembourser au minimum le double. Ainsi, à partir du désert marocain déjà, la femme doit commencer à se prostituer pour rembourser petit à petit les frais engagés pour financer son voyage. Il peut arriver qu'à partir du Maroc, si le bonhomme voit que la génération des ressources est plus faible qu'il ne l'espérait, vu ce que peut gagner par jour sa cliente, il peut décider de la « revendre » à un autre homme. Revendre, c'est bien le mot sans exagération aucune car la jeune femme est bel et bien marchandée. Et son mec continue tranquillement son chemin. La pauvre dame reviendra sous le contrôle d'un autre homme avec qui ils doivent continuer cette sale activité jusqu'à ce qu'ils aient les moyens de continuer leur périple ensemble. A défaut, elle peut être à nouveau revendue à quelqu'un d'autre et ainsi de suite. Pour éviter tous ces ennuis, ces jeunes filles sont obligées de se mettre à bras-le-corps dans cette activité sexuelle pour avoir rapidement beaucoup d'argent et se libérer. Et là, il y a souvent des actes de malhonnêteté et à la limite inhumains qui se passent. Lorsqu'une femme soupçonne par exemple que tel gars a beaucoup d'argent sur lui, elle peut passer par tous les moyens pour se rapprocher de lui. L'homme étant par nature faible devant la femme, le pauvre peut facilement se faire piéger par la jeune dame qui va

l'inviter quelque part derrière la grotte et ce, en lui faisant croire que son bonhomme n'est pas au courant. Alors qu'au fond tout est orchestré par la jeune fille et son compagnon pour tendre un piège au pauvre garçon désireux de satisfaire sa libido. En conséquence, le pauvre garçon sera dépouillé de tout son argent pour payer la faute commise. S'il tente de refuser, il peut être vachement tué par le couple. De toute façon c'est une zone de non-droit et les assassins n'auront pas en tout cas de compte à rendre à qui que ce soit.
Dès mon arrivé à Oujda et après avoir vite sympathisé avec Doudou, ce fut le premier conseil qu'il m'avait donné : faire attention aux femmes qui sont dans les grottes – surtout les femmes en provenance d'Afrique centrale, m'a-t-il dit. Doudou me racontait qu'il y avait seulement une semaine avant mon arrivée à Oujda, un compatriote du nom d'A. D. s'était fait vachement tuer par une prostituée. Cette dernière, persuadée que le pauvre avait de l'argent, a tout fait pour l'inviter derrière la grotte. La victime était loin de s'imaginer que c'était un piège tendu. Après avoir dépouillé le jeune garçon de tout ce qu'il avait comme argent sur lui en plus de l'avoir sauvagement tué, la jeune dame et son complice avaient disparu aussitôt de la grotte. Ce n'est que deux jours plus tard que le corps de la victime a été retrouvé. Sans organes sexuels.

… mais aussi un grand réseau de corruption d'Etat

L'immigration clandestine est une grosse machine de corruption au Maroc et en Algérie aussi dans le moindre cas. Les passeurs sont généralement en complicité avec les chefs militaires et paramilitaires. En général, lorsqu'un guide a une équipe de clandestins à faire traverser, - le temps que ces derniers logent encore dans un foyer en attendant une date pour le départ et ce, après avoir terminé la confection de la barque devant les transporter -, il doit en effet verser quotidiennement une rente au chef de la police ou de l'armée et ce, pour éviter que ses clients soient arrêtés et reconduits à la frontière. Certains policiers et militaires profitent souvent de cette situation pour faire chanter les guides avec qui ils font pourtant la combine, histoire de leur soutirer encore plus d'argent. Quand, à un moment donné, le guide a marre des manœuvres de la police ou de l'armée, le seul moyen pour ne plus donner de l'argent, c'est d'amener ses clients au désert. Il y a là-bas des endroits surnommés « *tranquilo* » difficilement accessibles. Comme le nom l'indique, dans ces endroits, une fois qu'on y est, c'est le silence de cimetière. Pas de bruit. Personne ne doit bouger, de peur d'être aperçu par les militaires en patrouille. Le séjour peut durer plusieurs jours tant que la confection de la pirogue n'est pas terminée. Les clandestins dorment à même le sol. Sans abri, même quand il pleut, ils n'ont pas de quoi se protéger. Jour et nuit, ils sont à la merci du climat et de l'insalubrité. De temps en temps, le guide leur amène un peu de nourriture. Chacun n'a droit qu'à un petit bout de pain et un demi-litre d'eau toutes les 24 heures. Une baguette de pain peut être partagée par au moins cinq à six personnes.

Chaque fois que les policiers veulent de l'argent, ils font exprès pour débarquer dans les foyers qui abritent les clandestins à Rabat, Casablanca, Tanger ou encore à Agadir, etc. sous prétexte qu'ils procèdent aux contrôles d'identité. L'heure de rafle c'est généralement à 4 heures ou 5 heures du matin. Tous les migrants arrêtés sont systématiquement conduits vers un commissariat où ils devront passer au moins 48 heures. A la suite de cela, ils sont jugés au tribunal et à partir de là, tous ceux qui ne sont pas en règle conformément au droit de séjour sur le territoire national, sont appelés à être reconduits à la frontière. Mais c'est là en réalité que se passent des manœuvres de basse morale. Avant de dresser la liste des personnes à refouler, certains chefs de la police peuvent discuter avec des migrants. Ainsi, celui qui a de l'argent, il peut payer et on le libère. Et pourtant, dans le procès verbal, son nom figurera bel et bien sur la liste des expulsés. Mais pire encore, au lieu que ces pauvres migrants soient retournés dans leur pays d'origine, la police marocaine les embarque pour les jeter simplement en plein désert algérien sachant que sans issue, ces gens – là sont obligés de revenir encore sur le territoire marocain. C'est d'ailleurs à partir de là que certains migrants meurent car, de la frontière algérienne, il faut au minimum une semaine de marche pour atteindre le Maroc. Sans nourriture, sans eau, en plus des risques d'agressions très fréquentes. Parfois même, ce sont vos propres compagnons de route qui, profitant de votre faiblesse physique, vous agressent (ils peuvent même vous tuer) et arracher tout votre argent si vous en avez. Il arrive en effet que la police arrête des clandestins en pleine ville. Mais au lieu de les contrôler sur place, les fameux policiers préfèrent les embarquer pour les amener tout à fait loin de la ville ; parfois en pleine forêt. C'est là qu'ils les fouillent, arrachent tout leur argent avant de les conduire à la frontière algérienne.

Pour preuve sur ladite complicité de certains chefs militaires et paramilitaires marocains avec les guides, même les préparatifs pour la traversée du détroit de Gibraltar sont souvent assurés par certains hommes en uniforme. Puisqu'ils maîtrisent les réalités de la mer, c'est donc eux qui indiquent aux guides le moment propice pour effectuer la traversée afin d'éviter des ennuis avec les garde-côtes espagnoles. Et généralement d'ailleurs, ce sont même certains garde-côtes marocains qui peuvent accompagner les clandestins jusqu'à l'entrée des eaux espagnoles avant de les laisser partir et ce, afin de ne pas être suspectés par leurs homologues espagnoles.

Tout ça pour ça !

Lorsque nous avons atteint les côtes de Ceuta, tout le monde s'est mis à prier systématiquement. Chrétiens comme Musulmans. Jusqu'ici, je ne peux pas m'expliquer cet acte. Mais le moins que l'on puisse dire, c'est qu'on reconnaît avoir vu la mort de tout près. On se persuade qu'on n'a simplement échappé à la tragédie grâce à la protection du Seigneur. Du coup, il y a forcément une marque de croyance qui surgit à l'intérieur de soi-même. Chacun se dit intérieurement « en vérité, Dieu existe ». Au cours des douze heures de traversée du détroit de Gibraltar, quelques mots échappaient souvent de la bouche des gens : *Allahou Akbar* pour les Musulmans, et *Seigneur Jésus* pour les Chrétiens. Durant tout le trajet, on dépassait des morceaux d'habits qui flottaient à la surface de l'eau. Nous prenions conscience que c'étaient des clandestins comme nous qui y avaient laissé leur vie. Dans cette situation cauchemardesque où il ne s'agit pas d'être intelligent ou physiquement fort pour échapper à la mort, on ne peut donc pas avoir un autre refuge que Dieu.
Quand nous sommes arrivés aux côtes, à cinq heures du matin, 1 heure à deux heures de temps environ, un car de policiers était venu nous chercher pour nous conduire au commissariat. C'étaient sans doute des passants qui ont signalé à la police notre présence sur les côtes. Nous avions passé deux jours au commissariat de police de Ceuta pour des besoins d'enquête préliminaire avant qu'on ne nous acheminât vers un centre de détention. Les procédures d'identification des clandestins étaient exactement les mêmes que celles opérées dans les nouveaux centres des îles Canaries à savoir la pression psychologique, les questions-piège et même quelque fois

la torture physique car certains clandestins étaient souvent tabassés pour les obliger à dire la vérité sur leur identité. A l'époque, il y avait moins de chance pour les Sénégalais de s'en sortir. Les clandestins sénégalais étaient alors obligés de choisir d'autres nationalités comme la Guinée-Bissau, le Mali, la Gambie ou encore la Guinée-Conakry. Toutefois, cette exception du Sénégal n'était pourtant pas liée au fait que le gouvernement sénégalais avait sans doute signé un quelconque accord avec l'Espagne sur le rapatriement de ses ressortissants comme c'est le cas actuellement. En effet, les autorités espagnoles s'étaient plutôt fâchées avec l'ancien président sénégalais M. Abdou Diouf qui, dans ses propos, avait une fois déclaré ne pas comprendre l'intérêt pour un Sénégalais de se rendre en Espagne dans la mesure où, dans ce pays d'accueil, il n'y a que l'agriculture comme activité principale alors qu'au Sénégal, le même travail existe. Ces propos avaient choqué le pouvoir central espagnol qui n'avait pas pu tolérer un tel discours surtout venant d'un pays du tiers-monde. A cet effet, les ressortissants sénégalais étaient systématiquement expulsés des camps de détention de Ceuta et Melilla ; ce qui obligeait les jeunes clandestins à changer de nationalité au cours des procédures d'identification.

La libération à partir du centre de détention est une période d'intense bonheur et de vive émotion. Lorsqu'on est informé qu'on doit être libéré, on se voit systématiquement dans les nuages. On croit aussitôt qu'on est enfin au bout de ses peines ; que l'objectif est atteint. On est pressé d'appeler la famille, les proches, les amis pour les tenir au courant de la bonne nouvelle et de partager son bonheur avec eux. Toute la souffrance vécue pendant des semaines, des mois voire des années dans les déserts libyen, algérien et marocain est vite rangée dans les tiroirs des vieux souvenirs. On se voit déjà heureux puisqu'en Afrique, on croit souvent que le plus dur c'est d'entrer en Europe. Une fois dedans, le reste vient tout seul. Même celui qui ne travaille pas gagne plus d'argent qu'un fonctionnaire en Afrique avait-on l'habitude d'entendre. Idée totalement fausse. On faisait allusion aux allocations de chômage or comment peut-on en bénéficier si on n'a jamais travaillé et donc jamais cotisé ? On ignore chez nous que l'allocation de chômage est comme une tontine : celui qui ne cotise pas n'y a pas droit. Certes, il y a plusieurs années en arrière, certains pays comme la France par exemple, venaient souvent en aide aux immigrés même sans papiers qui ne travaillaient pas. Mais on ignore que cette période est révolue. L'Europe a d'autres chats à fouetter et a comme tous les pays du monde que ce soit en Asie, en Amérique comme en Afrique, des problèmes, des urgences à régler pour faire face aux réalités de l'économie mondiale. Et donc une fois sorti du centre de détention, après quelques jours, quelques semaines ou quelques mois, l'on se rend finalement compte que ce bonheur tant imaginé depuis l'Afrique jusqu'au jour de la libération au niveau du centre de détention n'est en vérité qu'un rêve. Un rêve bien loin de la réalité. Qui aurait cru que le travail manuel dans les champs agricoles en Espagne est beaucoup plus dur que les travaux champêtres dans n'importe quelle contrée du Sénégal ? Beaucoup de gens ne seraient jamais venus en Europe s'ils avaient su à l'avance qu'en y arrivant, ils auraient fait des travaux qu'ils n'auraient jamais pu accepter dans leurs propres pays. On se rend compte alors que l'Europe n'est pas une fin en soi et que cet Eldorado tant convoité de l'extérieur n'est pas en réalité la terre promise. Oui, cette Europe-là est très loin du cliché populaire qui le peint sur un tableau lumineux où jaillissent des étincelles de bonheur. Puis s'en suit un tant soit peu un regret, celui d'avoir risqué sa vie. Et on se dit fort intérieurement « tout ça pour ça ? Est-ce vraiment cette Europe que je vois qui fait rêver tant de millions d'êtres en Afrique et ailleurs dans le Tiers-monde ? ».

Sans regrets...

S'il y a un dernier mot que je peux dire au sujet de mon aventure d'immigré, en dépit de toute la souffrance vécue et de tout ce que j'ai vu de plus atroce et de plus abominable, je dirais toutefois que je ne regrette rien. L'immigration a eu quelque chose de très positif pour moi : j'ai à présent un autre regard sur le monde et je me suis forgé une autre personnalité que je n'aurais jamais eue si je n'avais jamais dépassé les frontières de mon pays. Pendant le périple qui m'a amené de Dakar en Espagne en passant par le Mali, le Niger, la Libye, l'Algérie, le Maroc, je me suis rendu compte à quel point l'être humain peut souffrir dans la vie. Cette aventure représente pour moi deux choses qui demeureront à jamais dans mes convictions : la foi et l'humilité.

Cette immigration a renforcé davantage ma croyance car lorsqu'on survit devant certaines conditions de vie si atroces qu'on ne peut l'imaginer dans ce bas-monde, on se rend forcément compte que seul Dieu est protecteur de ses humbles créatures. Ensuite, lorsqu'on voit des tombes d'êtres humains dans les déserts mais aussi des ossements humains qui trainent aux abords du Gibraltar et de la Méditerranée et ce, peut-être après que les corps de ces victimes furent tout simplement rejetés par les eaux ou aient été mangés par des poissons, l'on se rend également compte que l'être humain n'est rien.

Un autre fait qui justifie mon « non-regret »dans cette aventure est aussi que je me rends compte aujourd'hui qu'il n'y pas un seul endroit sur cette planète où il n'existe pas de souffrances. Ce que nous fuyions en Afrique est bien présent partout : la misère. Seulement, j'ai dû comprendre que les Occidentaux ont su dominer la leur

pour ne pas la faire apparaître à la face du monde. Et cette domination n'a été rien d'autre que le fruit d'un grand travail. Jusqu'au moment où je quittais mon pays, j'avais toujours cru que le Noir bosse plus que le Blanc. Jadis, lorsque quelqu'un jouait le fainéant, on disait de lui qu'il était un Toubab. Comme si le Toubab était un fainéant ! Mais je viens de comprendre que la seule valeur qui vaille dans cette Europe, c'est le travail. Dans nos pays, on ne se soucie jamais du temps perdu et de l'argent dépensé. Même pour une simple visite d'un chef d'Etat étranger (surtout européen ou américain), le gouvernement est prêt à décréter une journée chômée et payée. Des milliers de pauvres citoyens devront alors venir des quatre coins du pays pour bonder les rues de la capitale et dans tous les endroits où doit passer l'hôte et ce, juste pour applaudir. Dans le cas du Sénégal, on ne parlera jamais assez de ces innombrables fêtes religieuses où chaque confrérie présente dans le pays a les siennes. Généralement, on a dans ce pays singulier, 3 jours de Korité, 3 jours de Tabaski, les nombreux « *magal* » et « *gamo*u » confrériques, sans compter autant de jours fériés officiels comme ceux décrétés chômés et payés par le gouvernement relativement à certains évènements nationaux.
Ainsi donc se pose un problème récurrent dans nos pays : la culture de l'essentiel. Et j'ose parier à ce titre que nos Etats ne verront jamais le bout du tunnel si nos dirigeants tout comme les populations ne changent pas d'approche.
Dans tous les pays européens, on ne parle que du travail. Les citoyens ne demandent que du travail. Rien de plus. Et donc, ma conviction est que pour que l'Afrique décolle de son sous-développement, il n'y a pas de magie, il nous faudra, nous les Africains, travailler. Toujours travailler. Travailler très dur. En Afrique, il suffit d'obtenir son baccalauréat pour se croire aussi important au point de ne pas accepter certains types de travaux. Mais en Europe,

j'ai pu rencontrer des ingénieurs qui deviennent éboueurs, un métier qui n'a rien à voir avec leurs compétences académiques et professionnelles. J'ai aussi vu ces ingénieurs qu'on a du mal à identifier au milieu des ouvriers dans les chantiers ou les ateliers, tellement ils bossent comme tout le monde. Contrairement à beaucoup de ces ingénieurs africains qui passent la plupart de leur temps dans les bureaux climatisés ou dans les voitures de luxe. J'ai découvert dans cette Europe que dans les entreprises, les patrons sont les premiers à arriver pendant les jours de travail et les derniers à rentrer et ce, contrairement encore à beaucoup de ces patrons africains qui ne savent même pas comment fonctionnent leurs services. Oui, j'ai découvert cette Europe où le peuple demande régulièrement des comptes à ses gouvernants. Sans brutalité. On ne se bat qu'avec les idées, contrairement, hélas, à cette Afrique, où il suffit d'une toute petite contestation électorale pour qu'un pays bascule dans la bêtise humaine avec ces atroces guerres civiles qui endeuillent de pauvres familles innocentes et ruinent les ressources du continent. L'on me dira que ce sont les Occidentaux qui créent ces guerres. Allons donc ! Qui peut nous convaincre de prendre une arme pour tuer un frère, un ami, un voisin ou même simplement un compatriote parce qu'il est un adversaire politique ? Jamais l'on ne doit céder à cette bêtise quelle que soit la promesse faite pour ce délit! Et donc il faut regarder la réalité en face et se convaincre qu'après plus d'un demi-siècle d'indépendance, il est enfin grand temps que notre continent puisse se prendre en charge et se « décomplexer » vis-à-vis de ses anciens colons. Nous devons comprendre que le chemin à parcourir pour accéder au confort minimum est aussi long et parsemé d'embuches et que seul le travail, le patriotisme civique et la bonne gouvernance en sont les clés de la délivrance. Dieu n'a rien offert de particulier aux Occidentaux et qu'il

a refusé aux Africains. Nous devons simplement reprendre notre destin entre nos mains. La question des APE en est un exemple mais seulement pourvu que ce cas ne soit pas simplement une histoire de manœuvre politicienne.
J'ai pu enfin me rendre compte d'une évidence : l'organisation de la société occidentale et je me dis que si le développement est passé par là, alors, ces gens-là l'ont mérité. On dit souvent en Afrique que la richesse du continent noir, c'est la solidarité, la famille, l'amour du prochain et que sais-je encore. On pense à tort que les Occidentaux n'incarnent pas ces valeurs. Ce qui est une grosse erreur. Oui, ils ont simplement réfléchi sur des alternatives qui leur permettent une meilleure organisation de leur société. Les ASSEDIC, la Sécurité sociale, ainsi que les différents et nombreux organismes sociaux publics comme privés, remplacent le soutien familial. La famille, c'est l'Etat en un mot. J'ai pu aussi découvrir une autre réalité dans cette Europe, le respect que le Blanc a pour l'argent. Certaines mauvaises langues croient que c'est parce que l'argent est le dieu des Blancs ! Faux. C'est parce qu'encore, chez ces Blancs-là, rien n'est gratuit. Rien n'est banal, contrairement à chez nous où la culture du gaspillage lors des cérémonies fait partie de nos mœurs. Dans certaines communautés, même pour des cérémonies funéraires, il faut organiser une grande fête où l'argent est dépensé sans compter. En contrepartie de rien : œuvre de tant de jours en un jour effacé.

A droite, vue aérienne d'un champ de légumes après les récoltes

En bas, flaque d'eau servant à arroser les champs en cas de déficit de pluie.

Photo : Toumany MENDY, Janvier 2008

A droite, vue entrée principale d'un champ de tomate en période de récolte

En bas, vue aérienne d'un champ.

Photo : Toumany MENDY, Janvier 2008

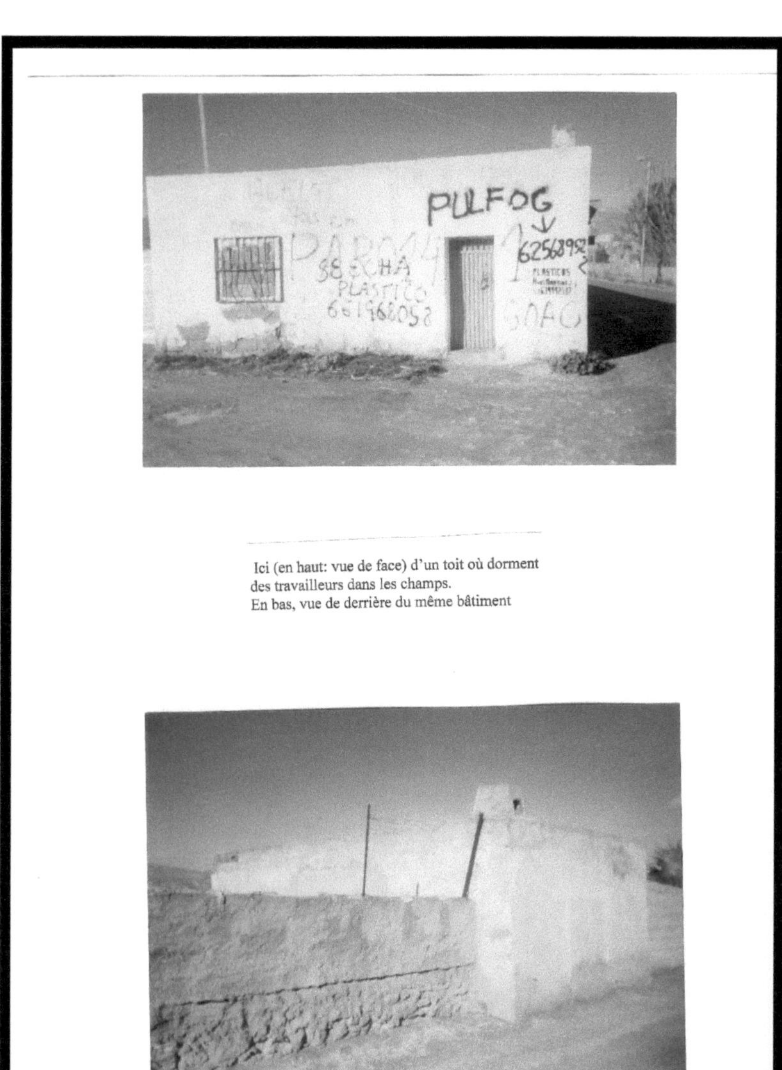

Ici (en haut: vue de face) d'un toit où dorment des travailleurs dans les champs.
En bas, vue de derrière du même bâtiment

Photo : Toumany MENDY, Janvier 2008

A droite, deux immigrés, en vélo qui rentrent du travail

A gauche, rue bitumée entre deux champs.
Voie principale pour accéder à d'autres champs.

Photo : Toumany MENDY, Janvier 2008

Chapitre 7. Et si c'était à refaire ?

Et si c'était à refaire ? Quiconque est passé par la mer et a eu la chance de survivre, se pose forcément cette question. C'est ce qui lui vient à l'esprit dès qu'il remet ses pieds sur terre. « Jamais je n'aurais dû faire ça. Si c'était à refaire, jamais je ne repasserais par la mer. Jamais je ne conseillerais quelqu'un d'emprunter cette voie. Jamais ! ». Oui, chacun de nous tous qui avons effectué ce périple se dit forcément ces mots. Ouvertement ou intérieurement.

Au juste, passer par la mer est-il réellement un acte de courage ou d'héroïsme ? Je pense que non. En tout cas pas pour moi et je sais qu'il en est ainsi pour la majorité des autres voyageurs clandestins. En outre, quand vous êtes au pays et que vous apprenez que votre copain un tel, ou votre ami ou même une simple connaissance, qui était passé par la mer il y a une dizaine de jours a pu regagner le camp de la croix rouge espagnole aux îles Canaries, etc. ; lorsqu'un autre jour plus tard, vous apprenez que le même camarade a été libéré du centre de détention et qu'il vit dorénavant à Madrid, Barcelone, Zaragoza, Almeria ou que sais-je encore, alors cela vous donne forcément l'envie et le courage de partir et vous vous dites : *« moi aussi, je peux y arriver. Il faut que je parte »*. Et voilà, vous vous lancez finalement dans une aventure dont l'issue est incertaine. On oublie que la chance d'un tel n'est pas la chance de tout le monde. On oublie que l'onction du périple d'un groupe de clandestins qui ont parfaitement réussi leur traversée en mer, n'est tout de même pas l'onction de tous les jours et de tous les candidats à l'émigration. Du coup, une fois embarqué dans cette histoire, on se retrouve hélas dans une situation où il n'y a que deux finalités : mourir ou survivre. Rien de plus. Et encore que survivre relèverait d'un miracle pour beaucoup.

Si j'ai donc un conseil à donner à tous ces milliers ou millions de jeunes compatriotes et autres frères africains dont certains ont pourtant un bel avenir devant eux à l'image de ce brillant étudiant qui a effectué le même voyage que moi et qui était malheureusement mort et jeté dans la mer, c'est simplement de leur dire de renoncer à cette aventure clandestine en Europe. Surtout pas par la mer. Rien ne peut justifier l'attitude de défier les grosses vagues de l'océan et d'y laisser sa vie dans la manière la plus tragique que l'on ne puisse imaginer. Nos grands-parents n'avaient pas connu l'immigration comme actuellement. Et pourtant, ils n'étaient pas plus misérables que nous aujourd'hui. Bien au contraire. Et puis cette Europe-là que je viens de découvrir a fini de me convaincre qu'elle n'est pas le paradis terrestre que l'on a toujours imaginé en Afrique. Au contraire, cette vieille Europe ressemble tout simplement à une ville assiégée. Les quelques semaines que j'ai passées à Barcelone m'ont permis de découvrir certaines réalités qui nous échappent en Afrique. J'avais l'habitude de voir tous les jours des personnes pauvres chez moi. Des gens qui sont obligés de quémander tous les jours pour avoir de quoi tromper leur faim. Je pensais que la mendicité n'existait qu'en Afrique. Hélas. Des gens aussi pauvres qui demandent des centimes dans les Métros, les gares ou même dans les rues et les lieux publics et ce, juste pour manger, j'en ai vus plein à Barcelone. Et tous ceux-là sont des Blancs. Pas des Africains. Et d'ailleurs, mieux, l'Afrique n'a pas autant de SDF comme cette riche Europe tant convoitée. Au Sénégal en tout cas, on ne connaît ce terme SDF que de nom. Surtout dans les campagnes.
Certes, on ne peut pas rêver jusqu'au point de prétendre comparer l'Europe à l'Afrique. Non, elles sont incomparables car en matière de développement et de progrès scientifiques et techniques dans son ensemble, un grand décalage sépare encore les deux continents. Comme

le jour et la nuit. Mais il faut aussi reconnaître que ce n'est pas la beauté des villes qui fait le bonheur des populations qui l'habitent. Certes, le cadre de vie, les progrès technologiques ou que sais-je encore, sont pour une grande part, les signes extérieurs de richesse mais ils ne suffisent pas pour rendre la vie meilleure chez ceux qui en bénéficient.

Je n'ai pas été plus brave que tous ces gens qui ont succombé à leur malaise ou victimes « de la méchanceté de la mer ». Je suis convaincu que je pouvais connaître le même sort que tous ces milliers de jeunes disparus à l'océan, dans le désert ou même à la croix rouge espagnole. Tous ces martyrs de la pauvreté ont servi de nourriture aux gros poissons de la mer. Ceux dont les cadavres ont pu être repêchés, ou qui n'étaient morts qu'au camp de la croix rouge à la suite de leurs malaises ou maladies attrapés ou réveillés durant le périple, étaient enterrés dans des fosses communes. Comme des victimes de guerre ou des soldats inconnus tombés sur un champ de bataille. Le plus dur dans tout ça, c'est que les parents, les proches, amis et sympathisants n'ont jamais pu faire le deuil. Ils n'ont jamais pu faire un ultime adieu aux leurs. Ces jeunes étaient pourtant l'espoir de leurs familles, de leur société, de leur pays et même de leur continent. Ils ne s'étaient pas lancés dans cette aventure clandestine sur un simple coup de tête. L'envie de s'affirmer, d'aller à la recherche d'un meilleur confort vital pour soutenir leurs proches était la principale source de motivation de ces émigrés clandestins. Nous ne voulions pas mourir et donc nous n'étions pas des candidats à la mort.

Mais le moins que je puisse demander à ces milliers de survivants et à tous les prétendants à l'émigration clandestine, c'est que chacun puisse rester fier de ce qu'il est. Quelles que soient les difficultés de la vie auxquelles il fait face. Car l'Afrique n'est pas la seule terre de misère. Certes, plus nombreux, sont ceux qui souffrent chez nous mais on est toutefois loin de ce sombre tableau à travers lequel on ne parle que de l'Afrique de la misère, du sida et de tous autres malheurs. La riposte que je recommande à chacun de nous, jeunes, c'est le refus de se faire gouverner les yeux fermés au moment où nos prétendus dirigeants dorment sur des fortunes avec leurs enfants, proches et valets de chambres. Fuir le pays parce que c'est dur n'est vraiment pas la solution. Bonaparte, à ce sujet, disait d'ailleurs que *« ce n'est pas parce que c'est dur que l'on fuit mais c'est parce que l'on fuit que c'est dur »*. L'arme que nous devons donc brandir pour rétablir la justice sociale, c'est d'abord le refus de l'indignation dans nos propres pays où nous sommes nés. Les terres de nos ancêtres. Puis vient ensuite le travail. Oui, nous devons travailler dur. A l école. Dans les chantiers. A la fac. Dans les ateliers d'apprentissage. Dans les champs. Bref, partout où l'Homme se doit de se surpasser pour donner un sens à son existence. Intéressons-nous également à la politique, à la vie publique car nous serons tous responsables de ce qui arrivera à la République et à nos descendants. Mais au juste, si nous aspirons à fuir le pays, n'est-ce pas c'est parce que c'est dur ? Et si rien ne va, n'est-ce pas c'est parce que quelque part, nos dirigeants ont échoué ? Et si nous fuyons le pays, qui gouvernera demain ? Faut-il donc abandonner le destin du pays dans les mains des mêmes hommes qui nous gouvernent depuis les indépendances ? En ne se posant pas ces questions, il va sans dire que l'on risque fort bien de faillir à la responsabilité citoyenne et au devoir de léguer à nos enfants un avenir d'espérance. Regardons donc cette réalité en face pour rester plus objectif. L'Allemagne, l'Espagne, la France, l'Italie et la Grande-Bretagne (pour ne citer que ces pays à fort taux d'immigration) qui nous font rêver ne sont pas arrivés à leurs stades successifs de développement par coup de baguette magique. Ces peuples ont tous connu des révolutions pour retrouver la voie de l'éveil. Et alors,

regardons le fonctionnement de ce monde nouveau et nous saurons sans doute trouver le meilleur moyen de sauver nos pays. Notre continent aussi.
Mais aussi, qu'on se le dise, la jeunesse africaine ne peut pas rester chez elle, éternellement prisonnière de la misère, si les dirigeants du continent ne font rien pour encadrer cette jeunesse-là. L'Afrique a besoin de dirigeants capables de promouvoir des ressources humaines qui pourront à l'avenir, être de véritables acteurs de développement du continent.
J'ai l'intime conviction que ces milliers de jeunes compatriotes sénégalais et les autres Africains que j'ai rencontrés durant mon périple et dont beaucoup parmi eux, étaient des élèves, des étudiants et même des instituteurs et des professeurs vacataires, sans compter les autres travailleurs indépendants dans le tertiaire, pouvaient ne pas céder à la tentation vers l'émigration clandestine si, en vérité, l'Etat leur avait tendu la main. Ce n'est pas parce qu'ils rêvaient simplement de l'Eldorado. Bien au contraire, et je l'ai toujours dit, tous ces gens ne sont pas dupes. Rien que ceux que j'ai cités ci-haut à l'image de l'étudiant, du professeur ou de l'instituteur, sont des gens avertis. Informés. Ils savent plus que quiconque la réalité qui les attendrait aussi bien durant le périple en mer que de l'autre côté de la Méditerranée.

Durant la campagne présidentielle de février 2007, j'étais incapable de vaincre ma rage face à l'hypocrisie des candidats qui avaient apparemment banalisé le drame lié à cette immigration clandestine. Ils en avaient fait un sujet de campagne pour conquérir l'électorat jeune. Hélas, faire croire à cette jeunesse désespérée, qu'il est possible de décrocher une vingtaine voire une trentaine de milliers d'emplois chaque année en Espagne, relève d'un incroyable mensonge politique. Seulement, ces candidats qui avaient osé aborder ce thème devant les parents de victimes ne se rendaient pas compte qu'inconsciemment, ils se moquaient de toutes ces victimes et de leurs familles. Mais ce qui désempare le plus encore dans cette histoire, c'est l'attitude à la fois du pouvoir sénégalais et des autorités espagnoles. On a vu à la télévision nationale et ce, à plusieurs reprises, l'Etat célébrer le départ de quelques émigrés dits légaux qui repartent en Espagne, contrats de travail en mains. Les pauvres jeunes brandissent parfois à l'écran de la télévision nationale, lesdits contrats de travail comme pour justifier que tout s'est passé dans la légalité et comme pour dire aussi à ces millions d'autres jeunes qui se nourrissent du même rêve: *« ne soyez pas pressés. Votre tour arrivera et vous partirez aussi légalement en Espagne »*. C'est sans doute cela le message que voulait faire passer le pouvoir sénégalais à l'endroit des prétendants à l'émigration clandestine. L'Etat en faisait ainsi un grand évènement à l'écran de la télévision nationale comme si le pays venait de réaliser un exploit. Or la grande hypocrisie dans cette affaire, c'est qu'au même moment où une dizaine de jeunes repartent "légalement" en Espagne dans le cadre des contrats de travail négociés entre les deux gouvernements, parallèlement, des centaines voire des milliers d'autres jeunes émigrés clandestins sont déversés sur le tarmac de l'aéroport de Saint-Louis. Refoulés du même pays. L'Espagne. Un autre paradoxe aussi, c'est que tous ceux qui avaient déjà été refoulés n'avaient plus le droit de bénéficier d'un contrat de travail dans le cadre des accords passés entre le Sénégal et le ministère du travail de l'Espagne. Ces gens-là, se sentant victimes de cette démarche se disaient donc une chose : repartir même s'il fallait mourir en mer. Mais au-delà de tout cela, l'attribution des contrats de travail aux migrants « légaux » a été une grande piste de corruption. Pire, ce processus à créé des divorces au pays car certaines dames ont pu bénéficier des largesses de certains agents chargés de la gestion des dossiers de recrutement pour partir en Espagne. Laissant derrières elles, leurs maris et enfants. Nous avons eu le privilège de rencontrer certaines d'entre elles sur le territoire espagnol et qui disaient d'un ton catégorique que non seulement elles ne repartiront plus au pays mais qu'en plus, leurs maris n'ont qu'à se débrouiller pour trouver d'autres épouses ! Et alors, dans ce contexte, l'on ne comprend vraiment pas le jeu auquel se prêtent les autorités sénégalaises et espagnoles. Certes, du côté sénégalais, le pouvoir tente, à travers ce « jeu », de calmer la jeunesse dont il ne sous-estime pas les capacités de pouvoir déstabiliser politiquement le régime, mais rien ne justifie autant une telle attitude. Encore moins chez les Espagnols. Il ne sert à rien de jouer le jeu dans la mesure où cette façon de faire ne fait qu'encourager davantage les jeunes à partir étant donné qu'ils savent pertinemment qu'ils ne peuvent pas tous avoir la chance ou le privilège de partir (ou de repartir) légalement en Espagne. Et donc, pour ces milliers de jeunes, inutile de perdre du temps, de se nourrir d'illusions. La solution c'est de tenter sa chance par la mer comme ils le disent. Tout ce qui arrivera, dépendra de Dieu, se consolent-ils. Et de toute façon, certains s'en foutent éperdument de ce qui pourrait leur arriver. Barça ou "*Balsaak*", ils se résigneront à leur sort, convaincus qu'ils ne sont ni les premiers et encore moins les derniers à vivre un éventuel drame. Même la mort !

Ainsi donc, un problème de responsabilité du pouvoir se pose et celui-ci doit pleinement l'assumer. Du côté de l'Espagne, il faut la fermeté et une clarté du pouvoir central sur la question. Et pour le Sénégal, l'Etat se doit de rester franc et objectif vis-à-vis de sa jeunesse. Qu'on le sache, l'émigration clandestine ne s'arrêtera pas grâce aux spots publicitaires qui passent régulièrement à la télévision nationale. Voyons le coût de la publicité qu'avait réalisée un célèbre chanteur pour le compte de la RTS dans le but de dissuader les candidats à l'émigration clandestine : 600

millions de francs CFA[13] ! Quel gâchis ! Au-delà même de l'inutilité de cet investissement sur la publicité, les autorités ne se rendent même pas compte que plus de 80% des prétendants à l'émigration ne voient même pas cette publicité. Parce que la majorité de ces gens-là sont des campagnards. Ils n'ont ni télévision, ni électricité et, même pour beaucoup d'entre eux, ni radio pour pouvoir suivre l'actualité dans le monde et ne serait-ce que dans leur propre pays. Il y a donc une ignorance du gouvernement sur les réalités de son propre pays. L'élite politique est en décalage par rapport aux réalités sociales du pays. Tenir une conférence dans un luxueux salon d'un grand hôtel de Dakar pour parler de l'émigration clandestine n'a aucun sens dans la mesure où 90% des citoyens concernés n'entendent même pas ces discours. Ce ne sont pas également les intimidations proférées par certains responsables du pouvoir sénégalais qui décourageront les clandestins. Rien de tout cela.
Promouvoir la jeunesse en lui dotant de tous les outils qui lui permettront de se comprendre et de comprendre le monde dans lequel elle vit, est aujourd'hui une exigence. Surtout pour nous les Africains. Et à cela, doit enfin s'ajouter une petite dose de réalisme, de courage et pourquoi pas même de civisme patriotique pour entreprendre des activités où de nouveaux idéaux peuvent éclore. Telle sera sans doute la porte de sortie de l'Afrique. Toutefois, il faut qu'on soit aussi clair : nous les Africains devons apprendre à vivre notre vie et non plus à vivre la vie que les autres, en l'occurrence, les Occidentaux aimeraient que nous vivions. Une vie de misère. Pour que nous soyons d'éternels assistés et corvéables à merci. Les accords sur le partenariat économique (APE) proposés d'ailleurs par l'Union Européenne allaient dans ce sens même s'il y avait eu trop

---

[13] Chiffre avancé par la presse.

de nuances et d'incompréhension dans cette histoire. En effet, cette question des APE avait fait couler beaucoup de salives avec tout le tapage médiatique qui avait tourné autour. Certes, beaucoup d'Africains de la diaspora et de l'intérieur du continent, plus que jamais déterminés à défendre les intérêts du continent avaient pour une fois parlé d'une seule voix pour défendre la cause de *« Mama Africa »* - *a*ttitude qu'il fallait saluer de vive voix, mais en même temps, notre souci était que le dessous des cartes de cette question ô combien importante avait vraisemblablement pris une tournure de politique politicienne. Et ce qui était regrettable dans tout ça, ce fut que des gens en quête de popularité – fussent-ils dirigeants d'Etats ou d'organisations non gouvernementales ou encore des membres de la société civile – eussent pris à bras-le-corps cette question juste pour faire croire aux peuples déjà fatigués du continent noir qu'ils étaient capables de dire non aux Toubabs et de s'opposer à leur volonté perpétuelle de piller les ressources de notre Afrique. Les dirigeants africains si responsables qu'ils fussent, n'avaient simplement qu'à taper sur la table pour dire à l'Union Européenne *« Non, on ne signe pas ».* Pourquoi faire tout ce bruit, déplacer des milliers de personnes partout à travers les quatre coins du monde pour aller se rassembler à Bruxelles et ce, aux frais du contribuable? Nous les Africains, devons songer à être davantage pragmatiques, qu'on se dise la vérité, tout le problème de l'Afrique ne se résoudra pas sur cette question des APE. Plein de réalités plus désastreuses les unes que les autres se passent tous les jours dans nos Etats et personne, je veux dire aucun chef d'Etat n'élève la voix pour dénoncer quoi que ce soit tout simplement parce que ces dirigeants-là et leur proche entourage trouvent leur compte dans ce pillage quasi-éternel que subit le vieux continent depuis des siècles. Nous les Africains sommes aussi les pilleurs de notre continent et arrêtons chaque fois d'indexer les autres en les accusant de bouc-émissaires de nos maux. Quid de ce dirigeant d'un pays d'Afrique australe qui, lors de la célébration du quarantième anniversaire de son Etat, eut affrété un avion pour huit de ses treize épouses parties renouveler leurs garde-robes en Asie et au Moyen-Orient ? A l'occasion de cette fameuse fête de l'indépendance, le coût des célébrations a été estimé à plus de douze millions de dollars pour cette nation pourtant dont les deux tiers de la population vivent sous le seuil de la pauvreté et dont les malades du sida atteignent un taux record mondial de près de 40% de la population ! Hallucinant non ? E donc, tant que nos dirigeants et le peuple africain y compris, n'assument pas leurs responsabilités face aux multiples défis qu'attend le continent et tant que la bonne gouvernance au sens propre du terme (qui ne doit plus être un slogan de nos chefs d'Etat) ne fait pas l'objet de priorité et de rigueur dans la gestion des Affaires publiques, hélas, l'avancée de notre continent ne sera pas pour demain. Car le progrès économique tire sa source de l'émergence sociale. La vraie question ici n'est pas de savoir si on est pour ou contre les APE proposés par l'Union Européenne. Et d'ailleurs, si les Africains ne défendent pas leurs intérêts, qui le feront à leur place ? Personne. Vraiment personne car ni les Occidentaux, ni les Américains et encore moins les Asiatiques jugés de nos jours comme étant les meilleurs partenaires du continent, n'ont un intérêt dans le développement de l'Afrique.

Il faut reconnaître avec regret que le continent africain est devenu aujourd'hui un véritable milieu d'affaires pour les pays industrialisés. La totalité des pays dits riches – que ce soit en Europe, en Asie ou en Amérique du Nord – ont atteint le sommet de la montagne. Le seul avenir qui reste aujourd'hui c'est l'Afrique et donc pour eux, il faut la reconquérir. Cette reconquête qui n'a plus la "connotation" colonialiste voire esclavagiste s'inscrit désormais dans le

cadre d'une néo-colonisation "ultralibéraliste", fille de cette pauvre dame nommée "mondialisation".
Loin de polémiquer, l'attitude de certains contestataires des APE s'expliquait essentiellement par deux motifs principaux :
- marquer une empreinte dans l'histoire (africaine) pour faire croire aux Africains qu'ils se veulent panafricanistes et libérateurs du continent,
- le deuxième motif et non le moindre est qu'à travers cette manipulation politicienne, certains Etats dont le Sénégal, dans l'impuissance de leurs gouvernements à soulager les populations face à la flambée des prix des denrées de première nécessité, voulaient simplement, à travers cette manifestation de Bruxelles, faire comprendre ceci aux pauvres innocents : *« vous voyez, nous nous battons pour vous. La flambée des prix des denrées de première nécessité est liée aux caprices des Etats occidentaux qui subventionnent exagérément leur agriculture, résultat de l'inflation des prix dans nos pays pauvres (...) »*.

Aujourd'hui, la Chine a inondé le marché africain. Pourquoi ces gens-là n'ont jamais élevé la moindre voix pour dire à cette puissante Chine *« stop, arrêtez-vous là parce que nos commerçants ne vendent plus ? »*. Or la triste réalité est qu'aujourd'hui, dans toutes les villes d'Afrique, les boutiques chinoises poussent comme des champignons et vendent deux fois moins cher que celles des autochtones. Nous avons connu au Sénégal par exemple, les revendications des commerçants sénégalais qui n'ont abouti à rien. De toute façon le cours des choses n'a jamais changé.
Le riz en provenance d'Asie (et qui est d'ailleurs de mauvaise qualité) est le plus consommé chez nous. Et ce riz-là, en plus de sa saleté, contient trop d'amidon. Conséquence, le taux de diabète au pays se répand à une

vitesse inquiétante au moment où, notre riz, le meilleur, cultivé dans la région du fleuve, dans le bassin de rétention d'Anambé ou encore celui du Mali, de la Gambie pour ne citer que ces pays, se vend dans toutes les boutiques des grandes villes européennes. Or ce riz-là en Afrique, n'est pas à la portée de n'importe quel commun des mortels. Notre meilleure huile d'arachide est plus consommée à l'étranger qu'au Sénégal ou ailleurs en Afrique. Les pauvres populations ne se contentent que de l'huile vendue en détail dans les boutiques et dont on ne sait avec certitude sa provenance mais aussi et surtout sa composition. Cette huile de très mauvaise qualité est pleine de matière grasse. Par conséquent, la santé des populations se fragilise davantage. Et malgré les progrès de la médecine, l'espérance de vie chez les Africains ruraux a aujourd'hui fortement baissé par rapport à celle des ancêtres.

Toutes ces carences sont liées au fait que notre agriculture n'est pas subventionnée comme nous l'avons déjà souligné en introduction de cet ouvrage. Mais là encore, d'aucuns nous diront que c'est parce que les Européens nous empêchent de le faire, ou encore que c'est parce que nous n'avons pas les moyens de le faire nous-mêmes. C'est là véritablement où nous clamons haut et fort le combat de l'Afrique. Notre continent ne décollera pas tant que nous n'aurons pas atteint l'autosuffisance alimentaire. S'il est difficile de bousculer le marché européen, asiatique ou simplement mondial, pourquoi les Africains eux-mêmes ne créeraient-ils pas un marché continental viable et puissant où les Africains de toute catégorie sociale en seront les grands gagnants? Mais non, on se préoccupe de former un gouvernement continental alors que nous n'avons rien comme institutions fiables qui puissent garantir la vie économique et judiciaire du continent. Pauvres dirigeants ! Ces gens-là signalent les priorités du continent là où elles ne sont vraiment pas ! La formation d'un gouvernement continental aujourd'hui n'a pas encore de sens. Celui-ci ne peut être pour le moment qu'une machine à gaspillage de sous. Ce qu'il nous faut d'abord, c'est une union économique à l'échelle continentale qui puisse harmoniser le marché africain et permette la libre circulation des personnes et des biens. Les Sénégalais, les Gambiens, les Guinéens ou que sais-je encore, se sentiront mieux lorsqu'ils auront la possibilité de se déplacer librement dans l'espace sous-régional, d'acheter et de vendre leurs produits partout sur le continent.

Le combat de nos dirigeants africains doit donc commencer par l'acquisition d'une indépendance économique de notre continent et ce, à travers des mesures propres et appropriées en fonction de nos réalités sociales et surtout des besoins de notre société. La question des APE, bien qu'importante n'est ni une finalité ni une question essentielle pour faire sortir l'Afrique du gouffre dans lequel elle se noie. Il faut que nous nous attelions à balayer proprement nos cours avant de dire aux hôtes où ils doivent mettre leurs pieds, là où ils peuvent marcher en portant les chaussures et là où ils doivent se déchausser pour respecter les règles de l'art. Ce qu'il faut se mettre en tête – idée difficilement défendable – c'est que même si les clauses pour le partenariat économique proposé par l'Union Européenne vont dans le contresens des intérêts de nos pays (chose évidente !), l'objectif de l'UE derrière tout cela est pour tout simplement concurrencer le marché chinois en pleine expansion en Afrique. Il est toutefois de notre devoir, surtout pour nos dirigeants, de mener la bataille pour que ni les Européens, ni les Asiatiques et encore moins les Américains ne soient les grands gagnants de cette bataille sur notre terre. Seul le peuple africain doit en sortir victorieux pour se libérer de cette dépendance économique.

De toute façon, il ne servirait à rien de gagner la bataille sur les APE vis-à-vis de l'Union Européenne alors qu'au même moment, l'Asie qui inonde notre marché ne fait rien de moins « dégueulasse » que ces Européens. Le mot d'ordre n'est donc pas simplement de dire « **Non aux APE** » mais plutôt de crier haut et fort: « **Tous contre les pilleurs des ressources de l'Afrique** ! » et ce, que ces "ressourcivores" soient des Européens, des Asiatiques, des Américains ou surtout encore des Africains car force est de reconnaître que les attitudes de certains de nos dirigeants sont pires que cette histoire d'APE. Il faut oser le dire tout haut : le malheur de l'Afrique, c'est que ses propres dirigeants se nourrissent de la misère de leurs peuples. Et ceux qui s'abstiennent un tant soit peu au pillage des ressources de leurs pays, s'imposent en monarque au niveau du pouvoir. Nous avons tout vu et tout entendu de pire en Afrique. Un président qui menace ouvertement de tuer des syndicalistes en grève, un autre qui s'en fout pas mal des revendications de ses fonctionnaires et ce, allant jusqu'à leur dire *qu'ils sont libres de poursuivre leurs grèves et que seules les populations démunies en paieraient le prix*. De tels propos paraîtraient incroyables ailleurs. Ailleurs en Occident chez ces gens-là qu'on accuse d'être les bouc-émissaires de nos maux. Que dire de ces immenses fortunes de certains dirigeants africains qui servent pourtant à booster les économies de certains pays occidentaux ?

Qu'on se le dise donc, seuls l'Afrique et les Africains doivent gagner le combat pour accéder enfin à un minimum de confort vital qui permettrait à ces millions de jeunes clandestins de ne plus risquer leurs vies en mer ou dans le Sahara à la quête d'une autre possibilité de vie ailleurs. A nous de jouer pour reprendre le destin de notre continent entre nos mains. Ce grand continent a besoin de grands dirigeants honnêtes et intègres qui se tiennent debout pour regarder le monde en face et refuser

l'indignation. La seule main qu'il faille tendre à l'Europe, c'est cette main d'un homme responsable qui refuse l'humiliation et cherche à se maintenir soi-même dans l'épreuve. Il est temps de cesser d'être d'éternelles victimes. Nous l'avions certes été pendant plusieurs siècles. Rien que la colonisation, pour ne même pas parler de l'esclavage, a été une catastrophe humaine pour le peuple africain. L'Afrique était considérée comme une forêt peuplée de bêtes qu'il fallait civiliser et sociabiliser et cette histoire coloniale a grandement contribué à la blessure du continent qui peine encore à panser sa plaie. On a pillé nos ressources. On a tué nos parents et grands-parents. On nous a divisés et éclaté nos familles. Ce n'est pas un hasard si en Gambie, en Guinée-Bissau, en Guinée-Conakry, au Mali, au Sénégal bref, pour ne citer que ces pays-là, on retrouve les mêmes peuples, les mêmes ethnies, les mêmes familles. Et c'est pareil pour chaque zone géographique en Afrique noire. C'est parce que l'Europe s'est, au cours de la colonisation, partagée le continent sans tenir compte d'aucune considération sociale, politique, culturelle ou simplement humaine. Le tracé des frontières a été hasardeux et à la limite, insolent. Voilà l'humiliation qu'a subie l'Afrique noire et par conséquent, refuser de reconnaître cette injustice serait une insulte à la mémoire de tous les honnêtes gens qui ont vécu cette histoire.
Toutefois, faut-il aujourd'hui utiliser cette histoire pour justifier la misère présente du continent ? Certains dirigeants ou leaders d'opinions justifient même en partie la crise alimentaire qui secoue l'Afrique par le fait que le colon est à l'origine de cela parce que c'est lui qui nous a imposé le riz. Qu'auraient donc proposé ces gens-là à la place du riz? Cette explication n'a pas de sens. Ce qu'il faut, c'est que l'Afrique doit enfin renoncer d'être l'éternel mendiant. Un mendiant pourtant assis sur une mine d'or ! Le Japon avait complètement été dévasté par

la bombe atomique à la fin de la seconde guerre mondiale. Dans les années 45, ce pays n'était pas plus riche que beaucoup de pays africains. Et pourtant, ce peuple a su faire face à son destin. Tout seul, il a su se relever et marcher debout. Et aujourd'hui, il marche devant.

Le continent noir a aujourd'hui besoin de grands dirigeants, - pas de vendeurs d'illusions ou des pseudo-rois de l'antiquité -, qui se tiennent debout pour dire *« oui, nous aussi nous pouvons nous développer et nous y arriverons » ; à* l'image du roi de ce pays d'Afrique australe qui promet à son peuple déjà au bout du gouffre que dans 40 ans, le sous-développement sera vaincu ! 40 ans ! Il faut juste un esprit de pragmatisme, de cohérence dans la gestion de nos Etats mais aussi et surtout, de solidarité interrégionale. Aucun pays du continent ne peut aujourd'hui se passer de son voisin. Il faut que nos dirigeants se détachent un tant soit peu de leur orgueil nationaliste pour faire face ensemble aux multiples défis qui interpellent le continent. Dans l'espace UEMOA par exemple, la pluviométrie est très variable d'un pays à l'autre. Rien que du côté de notre voisin de la Guinée-Conakry et même de la Guinée-Bissau, il pleut beaucoup plus qu'au Sénégal. Et donc, si les différents gouvernements s'entendaient pour relancer ensemble l'agriculture et détaxer les prix des denrées de première nécessité, nous sommes convaincus que l'autosuffisance alimentaire tant espérée pourrait enfin être une réalité.

Table des matières

L'HARMATTAN, ITALIA
Via Degli Artisti 15 ; 10124 Torino

L'HARMATTAN HONGRIE
Könyvesbolt ; Kossuth L. u. 14-16
1053 Budapest

L'HARMATTAN BURKINA FASO
Rue 15.167 Route du Pô Patte d'oie
12 BP 226
Ouagadougou 12
(00226) 76 59 79 86

ESPACE L'HARMATTAN KINSHASA
Faculté des Sciences Sociales,
Politiques et Administratives
BP243, KIN XI ; Université de Kinshasa

L'HARMATTAN GUINÉE
Almamya Rue KA 028
En face du restaurant le cèdre
OKB agency BP 3470 Conakry
(00224) 60 20 85 08
harmattanguinee@yahoo.fr

L'HARMATTAN COTE D'IVOIRE
M. Etien N'dah Ahmon
Résidence Karl / cité des arts
Abidjan-Cocody 03 BP 1588 Abidjan 03
(00225) 05 77 87 31

L'HARMATTAN MAURITANIE
Espace El Kettab du livre francophone
N° 472 avenue Palais des Congrès
BP 316 Nouakchott
(00222) 63 25 980

L'HARMATTAN CAMEROUN
BP 11486
Yaoundé
(00237) 458 67 00
(00237) 976 61 66
harmattancam@yahoo.fr

633535 - Décembre 2015
Achevé d'imprimer par